인지행동 미술치료

Marcia L. Rosal 저 | 정은주 · 김갑숙 공역

Cognitive-Behavioral Art Therapy

학지사

역자 서문

초등학교 교사였던 나는 상담 전공 석사과정을 마치면서 연구나 공부를 좋아한다는 것을 인식하기 시작하였다. 상담 전공으로 박사과정 진학을 고려하며 학교를 검색하던 중 미술치료학과(2005년 우리나라에서 박사과정에 처음 설립)가 오라(aura)를 펼치며 눈앞에 나타났고 그렇게 그 빛을 향해 발걸음을 옮기게 되었다.

박사과정 첫 학기, 김갑숙 교수님께서 강의하신 '미술치료 이론과 실제'라는 과목에서 자기심리학적 미술치료를 발표하게 되었고, 시간이 지나면서 점차 깊이 빠지게 되었다. 그것은 박사논문으로 이어졌고, 임상에서 나의 이론적 배경이 되었다. 졸업 후 미술치료연구소를 운영하게 되면서 많은 내담자와 학생을 만나게 되었고, 자기심리학적 미술치료와 손을 잡고 만난 그들과의 시간은 쏜살같이 지나갔다. 그렇게 상담을 공부하기 시작한 지 17년이 되어 가고 있었고, 멈추어 그려 본 나의 미래는 그 순간과 다르지 않은 모습이었다. 그때, 아주 어릴 적부터 꿈꾸었던 유학이 나의 마음을 사로잡았다. 그 바람은 행동으로 이어져 영국 유학길에 오르게 되었다.

오전에는 정신분석을 받고 오후에는 정신분석연구소에서 공부를 하였고, 주말에는 미술치료를 공부하며 런던에서의 시간을 보냈다. 런던은 세계적인 도시라 전 세계에서 온 심리치료사들을 만날 수 있었고 그중 스페인에서 온 한 심리치료사가 인지행동치료(CBT)를 공부해 보는 것은 어떠냐고 권하였다. 사실 저자 로살 박사처럼 행동주의나 인지치료를 남의 옷처럼 바라보고 있었는데 그

옷에 마음이 끌리기 시작하였다. 그렇게 CBT를 공부하게 되었고 그것의 명쾌함에 눈이 번쩍 뜨이게 되었다. 단기 치료라는 것도 매력적으로 다가왔다. 많은 내담자가 심리치료가 필요하다는 것은 인식하지만 시간과 돈을 무한정으로 쓰는 것에는 부담을 느끼는 것이 사실이기 때문에 심리치료 서비스를 제공하는 입장에서 내담자의 여건을 고려해야 하는 것은 당연한 것이라고 생각한다. 방법(method)이란 누구나 쉽게, 빠르게, 더 높이 향할 수 있어야 하기에, 영국에서도 의료보험 적용과 함께 CBT를 제공하는 것은 심리치료가 필요한 많은 이에게 증거기반 단기 심리치료를 제공하는 것이 의미 있다고 보기 때문이 아닐까.

그렇게 공부를 마치고 한국으로 돌아온 나는 연구소에서 CBT 강의와 함께 CBT와 미술치료를 접목한 치료를 제공하기 시작하였다. 명료한 단기 치료과정에 내담자들의 만족도도 높았다. 첫 회기에 내담자들이 그리는 치료 목표는 방향성을 제공하였고 우리의 노력은 그곳으로 향하였다. 한 내담자는 치료 목표 그리기처럼 실생활에서 이미지를 활용하여 자신이 원하는 대로 직장을 구할 수 있었다. 연구에 참여했던 내담자는 '핫 크로스 번(Hot Cross Bun)'을 한 후 자신의 생각과 감정과 행동이 이렇게 연결되는지 몰랐다며 신기해하였고, '온정적인 대처 이미지' 작업에서 막연하게 생각하는 것보다 그림으로 그리니 이미지가 남아서 떠올리기 쉽다고 하였다.[1)] CBT를 적용한 미술치료는 나에게 또 다른 든든한 이론적 배경이 되어 내담자들과 학생들에게 다가가고 있었다.

그런데 현재 우리나라에서도 인지행동 미술치료라는 이름으로 많은 연구가 이루어지고 있지만 명확하게 그렇다고 단언할 수 없는 연구들이 더 많고, 그렇기에 미술치료사들이나 학생들도 방향을 잘못 잡기가 쉬운 상황이다. 그 과정에서 2018년에 출간된 로살 박사의 『인지행동 미술치료(Cognitive-

---

1) 정은주(2018). 20대 여대생의 불안 감소를 위한 인지행동 미술치료: 사례 연구. 인지행동치료, 18(4), 413-433.

Behavioral Art Therapy)』를 발견하게 되었고, 이 책의 번역은 그 발전과 치료의 방향성을 제시하는 데 의미가 있다고 생각되었다. 번역을 하기로 결정하고 김갑숙 교수님께 함께하기를 부탁드렸다. 미국에서 공부하시면서 만난 『미술치료와 신경과학(Art Therapy & The Neuroscience of Relationships, Creativity & Resiliency)』을 통해 번역의 길로 이끌어 주신 교수님은 명예교수인 최외선 교수님과 함께 나의 박사 논문 지도교수이며, 미술치료학의 발전을 위해 최선을 다하고 계신 분이다. 내 눈에 이젠 느긋하게 하셔도 되지 않을까 하는 시점에서도 새로운 것에 도전하고 학생들을 이끌어 주시며, 목소리 높여 다른 의견을 말하여도 따뜻하게 수용하시는 모습에서 치료사의 태도를 느낄 수 있는 교수님과 함께하게 되어 감사와 기쁜 마음으로 시작하였다.

번역은 새로운 세계를 여행하는 기분으로 성큼성큼 발걸음을 옮겨 갔지만, 우리 생각과 다르게 영어 표현은 일관성보다는 다양성을 추구하기에 같은 의미의 다른 단어를 저자의 마음으로 읽고 번역하는 것은 성실함과 함께 섬세함을 요하는 일이다. 우리는 읽고 또 읽으며 저자의 의도를 섬세하게 전달하려고 노력하였다. 그러나 여전히 어색하거나 부족한 부분이 있을 것이라 생각된다. 독자들이 고견을 주신다면 정성껏 반영하여 추후 수정하고 보완해 나가도록 하겠다.

이 번역판이 나오기까지 도움을 주신 분들이 많다. 먼저, 미술치료학의 발전에 기꺼이 길을 열어 주시는 학지사 김진환 사장님, 항상 친절하게 안내하시는 소민지 대리님과 책의 편집을 맡아 주신 박선민 대리님께 감사드린다. 그리고 나를 꿈꾸게 하신 부모님과 틈만 나면 책상 앞에 앉아 있는 아내를 묵묵히 바라봐 주는 남편과 든든한 아들에게 감사한 마음이 가득하다. 또 이 자리를 빌려 나에게 가르침을 주셨던 모든 이에게 감사한 마음을 전하고자 한다.

마지막으로, 이 책을 통해 미술치료사와 심리치료사들이 인지행동 미술치료에 더 많은 관심을 가지고 자신의 임상에 적용하고 연구하여 인지행동 미술치료가 더 큰 발전을 이루고 나아가 미술치료학이 발전하기를 기대한다. 또한 이러한 노력이 세상의 건강과 연결되기를 간절히 바란다.

2022년 1월

울산 정앤정 미술치료연구소에서

정은주

저자 서문

수년 전, 미술치료를 배우는 학생으로서 나는 행동주의 미술치료나 인지행동 미술치료(CBAT) 방법을 임상에서 사용하는 것에 대해 한 번도 생각해 본 적이 없었다. 나는 심리치료의 심리역동적 근거를 이해하고 있었고, 특히 나의 관심 대상인 아동과 청소년을 대상으로 일해 온 이래 도널드 율린(Donald Uhlin)과 다른 미술치료사들의 지지를 받으며 발달적 접근에 관심을 갖고 있었다. 제니 라인(Janie Rhyne)에 의해 연구된 게슈탈트 미술치료에도 관심이 있었다. 나는 처음에는 정신과에서, 그 후에는 학교 환경에서 임상적 위치상 가장 초보였기에 이 모든 접근방법을 훈련하였다. 이 두 환경에서 일한 것을 의미 있게 생각한다. 정신과에서의 경력을 근거로 나는 학생들에게 만약 정신병리와 정신치료에 대해 정말 배우기를 원한다면 정신과에서 일하라고 말하곤 하였다. 그곳은 치료 기술을 기르는 데 있어 내가 아는 최고의 실습실이다. 아동을 대상으로 치료를 할 때 또 전체 가족 체계, 교실과 학교 전체의 역동성과 문화에 대해 연구할 때 시작부터 안전하기 때문에 학교 환경도 매력적인 곳이다. 그러므로 내가 박사학위를 받기로 결심한 이유가 임상실습을 인정하지 않고 소중히 여기지 않기 때문이 아니었다. 내가 모르는 것에 대한 호기심 때문에 더 많은 교육을 원하게 되었다.

박사학위 지원을 위해 연구 관심사에 대한 에세이를 썼고, 통제소재(LOC) 개념과 내가 만났던 환자와 학생 중 얼마나 많은 사람의 행동이 부모, 교사, 동료, 기관 등 타인에 의해 좌우되는 것처럼 보였는지에 대해 논하였다. 그들이 어떻게 생각하고 행동하기를 원하는지 물었을 때 그들은 당황스러워 보였다. 그들의 환경이 어떻게 바뀌었으면 하는지 물었을 때 그들은 대답을 피했다. 통제소재는 내적 보상에서 외적 보상까지 연속적 또는 강화 기대 지향에 따라 조직된다. 내적 지향을 하는 개인은 강화가 자신의 행동에 기인하고 타인이나 환경에 반드시 기인하지는 않는다고 생각한다. 연속선의 외적 보상 끝에 있는 개인은 강화가 부모, 교사, 동료와 환경 속 타인에게 있다. 통제소재의 성격 요소를 완전히 이해하지 못했을 때 나는 기꺼이 배우고자 하였다. 당시 내가 파악한 것은 그 구성개념이 내가 함께 작업하고 공부하고 싶었던 문제 행동을 하는 학생들에게 심오한 영향을 미쳤다는 것뿐이었다. 내가 깨닫지 못한 통제소재의 측면들 중 한 가지는 그것이 인지심리학 이론으로부터 발전되었다는 점이다.

박사 논문 지도교수가 요구했듯이, 박사 논문에서 첫 단계는 통제소재를 공부하는 것과 내적이든 외적이든 통제소재를 가진다는 것의 치료적 의미와 통제소재의 역사적 · 이론적 기초를 잘 아는 것이었다. 이어서 행동장애를 가진 아동과 학생의 통제소재의 특징에 대한 메타분석을 실시하게 되었다. 주의력결핍 과잉행동장애(ADHD)를 포함하여 행동장애를 가진 학생들이 문제 행동을 진단받지 않은 또래들보다 심하게 더 외적 통제소재를 지향한다는 것을 발견하는 것은 놀랄 만한 일이 아니었다. 다음으로, 통제소재 지향에서 더 내적이도록 아동과 청소년을 돕기 위해 가장 효과적인 치료 개입에 대해 또 다른 메타분석을 실시하였다. 인지행동치료(CBT)는 가장 효과적인 치료 개입 중 최고였다. 이 결과는 내가 CBT와 미술치료의 통합에 관한 평생의 탐구를 시작하게 하였다.

CBAT가 미술치료 영역에서 수용되는 데는 오랜 시간이 걸렸다. 내 관점에서는 30년이 걸렸다. 오늘날 많은 미술치료사가 CBT, 특히 제3의 물결에 관여하고 있다. 사실상 CBT 제3의 물결은 약 10년 전이나 그 전에 유행하였다. 아주 많은 미술치료사가 CBT 이론과 치료에서 이 발전적인 단계를 받아들이고 있다는 것에 놀랐다. 그리고 미술치료사들이 빠진 것은 CBT가 아니라 그들의 관심을 사로잡은 CBT 제3의 물결의 마음챙김과 명상적 측면이라는 것을 알게 되었다. 그러나 CBT와 CBAT에 대한 지식의 부족이 여전히 남아 있었다. 그래서 CBT와 CBAT를 수용하는 것에 대한 문제가 지속되고 있었다. 따라서 행동치료의 초기부터 행동주의에 인지과학과 심리학의 투입을 거쳐 (지금은 CBT 또는 제2의 물결이라 불리는 것) 그리고 마지막으로 CBT에 마음챙김의 투입까지 (대개 CBT 제3의 물결이라고 불리는 것) CBT의 발달에 대한 책을 써야 할 필요성이 절실하게 느껴졌다.

이 책의 저자로서 나는 또 CBT의 명성에 지속적으로 문제가 되는 CBT에 대한 미신을 없애기를 원하였다. 나는 CBT에 대한 관점, 즉 일반적이고, 치료사들—심지어 미술치료사들—이 그들의 작업에 CBT를 포함하는 것을 방해하는 관점에 대한 대안을 제공하기 위한 과정을 시작하고자 하였다. 이 일반적인 오개념을 제거하는 작업을 하는 중에, 마르가리타 타르타코프스키(Margarita Tartakovsky)가 자신의 블로그에 이 '미신들'에 대해 쓴 것을 발견했는데 그것들을 나열하면 다음과 같다. ① CBT는 경직되고 천편일률적인 접근이고, ② 단순히 부정적 사고에서 긍정적 사고로 전환하는 것이며, ③ 무의식을 믿지 않고, ④ 정서를 무시하며, ⑤ 내담자의 과거나 아동기에 대해 관심이 없다(Tartakovsky, 2017).

이 다섯 가지 '미신'은 미술치료사들이 CBT로부터 멀리 떨어져 있게 하며, 심리치료사들도 이 잘못된 믿음들로 인해 빈번히 CBT를 멀리하게 된다. 타르타코프스키는 CBT를 규칙적으로 사용하는 치료사들도 그것이 각 내담자와 그의 특별한 욕구에 따라 고려되는 창의적이고 상호작용적인 접근이라는 것을 전혀 알지 못하는 것에 대해 염려하였다. 이 책을 완성하면서 나는 CBT 치료의 부분으로서 이미지와 창조성에 관심이 있는 미술치료사와 다른 치료사들을 위해 CBT와 CBAT의 통합을 포함한 CBT에 대한 철저한 개관과 탐구의 수행과 CBT의 미신을 없애려는 시도를 정당하게 다룰 수 있기를 바란다.

마샤 L. 로살(Marcia L. Rosal)

일러두기

인지행동 미술치료(Cognitive-Behavioral Art Therapy: CBAT)는 인지행동치료(Cognitive-Behavioral Therapy: CBT)의 이론과 실제 안에서 미술치료의 실제와 원리와의 교차점을 탐색한다. 이 시의적절한 새로운 방법은 미술치료와 관련된 CBT 이론을 탐색하고, 미술치료 기반 치료 내에 CBT를 포함하는 것에 대한 논의를 제공한다. CBT와 CBAT의 역사적 근거에 대한 것은 현행 실제와 추천된 실행 모델과 함께 검토한다. 또 미술치료 내에서는 대체로 분석되지 않은 관점에 대한 심층적 탐색을 강화하기 위해 사례를 포함한다.

차례

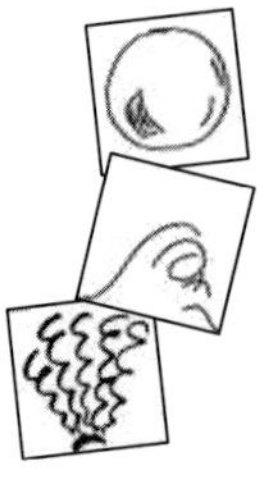

01

CBT와 미술치료의 쉽지 않은 결합

01 CBT와 미술치료의 쉽지 않은 결합

"진정한 미술작업은 이론적 사고로부터 알려진 많은, 아마도 모든 인지적 작용을 포함하는 구조를 필요로 한다."

(R. Arnheim, 1969, p. 263)

오늘날 가장 많이 연구되고 있으며 미술치료에 가장 효과적인 접근방법 중 하나를 미술치료사들이 받아들여야 할 때가 다가오고 있다. 인지행동치료(Cognitive-Behavioral Therapy: CBT)는 세심한 치료 양식이며, 효과적이고 발전할 수 있는 미술치료에의 접근방법이다. CBT의 장수 비결은 각 CBT 기법을 연구하고자 노력하는 것이다. 긍정적인 치료적 변화가 나타나지 않은 어떤 전략들은 CBT 실시방법에서 제외되었다. 허버트와 포먼(Herbert & Forman, 2011b)은 다음과 같이 말하였다. "수많은 연구가 다양한 CBT 정신병리학 이론들을 검토하고 있으며, 더 많은 연구가 CBT 개입방법의 효과를 평가하고 있다. 이러한 과학적 문헌들이 CBT를 심리치료 영역을 주도하는 특별한 자리에 위치하게 한다."(p. 3)

인지행동 미술치료(Cognitive-Behavioral Art Therapy: CBAT)도 마찬가지이다. 많은 미술치료 연구가 CBAT의 성과를 연구하고 있으며, 앤더슨(Anderson, 2001)은 "그것을 지지하는 증거는 매우 분명하다."라고 하였다(p. 254). 긍정적인 결과와 상당한 효과에도 불구하고 미술치료사들은 여전히 CBAT를 받아들이는 것을 경계하고 있다. 그러므로 이 책의 소임은 미술치료의 힘을 CBT의 중요한 요소로서 연구하길 원하는 미술치료사들과 다른 정신건강 전문가들에게 CBAT에 대한 종합적인 검토를 제공하는 것이다. 이는 CBT와 CBAT의 발전적 측면들의 철학적·이론적 정보를 제공함으로써 이루어질 것이다.

CBT와 CBAT의 발전에 뚜렷한 세 단계 또는 흐름이 있다.[1] 이 책을 통해 각 흐름이 치료사들을 위해 탐구되고 해체될 것이다. 구체적인 미술치료 실제는 사례 그림을 활용하여 설명될 것이다. CBT와 CBAT의 토대는 CBT의 제1의 물결 또는 행동주의의 출발과 함께 시작되었다. 행동치료가 지배적일 때 행동주의와 행동치료는 CBT 제1의 물결의 기반이 되었다. 문제 행동은 환경에 의해 학습되고 유지되는 것으로 가정되었다. 앨버트 엘리스(Albert Ellis, 1962) 그리고 스키너(Skinner, 1953, 1971), 왓슨(Watson, 1913, 1924)과 같은 다른 견실한 행동주의자들은 그들의 생각을 뒷받침하기 위해 스토아 철학을 활용하였다. AD 3세기에 나타난 스토아 철학은 감정을 제어할 필요가 있는 현상으로 여겼다. 스토아 철학은 감정을 무시하지는 않았으나, 단지 힘든 상황에 대한 감정적 반응들을 완화시켜야 한다는 삶의 원칙을 세웠다(Russell, 1945). 행동주의자들은 스토아 학파의 이 원리를 받아들이고, 역기능적 행동이 나타날 때 내담자가 덜 반응적이고, 더 적응적이고 합리적인 행동 방침을 찾도록 돕는 개입방법을 발달시켰다.

CBT와 CBAT 제2의 물결은 새로운 인지과학의 출현과 인지과학과 행동주의의 통합 또는 현재 CBT 제2의 물결이라고 부르는 것과 함께 시작되었다. 이 행동주의의 새로운 국면은 앨버트 밴듀라(Albert Bandura, 1969)와 사회학습이론의 발달과 함께 시작되었는데, 그것은 인간의 행동 조절이 환경에 의해 조절되기보다 개인의 인지과정을 통해 결정된다는 것이다. 벡(Beck, 1976), 마이켄바움(Meichenbaum, 1974)과 다른 심리학자들은 초기 CBT의 치료 체계를 발달시키기 위해 새로이 발견한 이 인지에 대한 지식을 활용하였다.

CBT와 불교심리학, 마음챙김, 명상 훈련의 통합은 CBT 발달에서 제3의 물결 또는 제3세대라고 불린다. 이 CBT의 진화적인 발전은 만성 통증을 겪는 개인을 위한 성공적인 마음챙김 명상 프로그램을 만든 카밧진(Kabat-Zinn, 1982)

---

1) 첫 두 가지 물결이 제2, 3, 4, 5장과 제6장에서 논의될 것이다. 제7장에서 불교심리학, 마음챙김과 명상을 기반으로 한 제3의 물결이 인지적 관점을 통해 탐색될 것이다. 제8장에서는 CBT와 CBAT의 제3의 물결이 탐색될 것이다.

에 의해 시작되었다. 이 프로그램의 목적은 통증을 조절하기 위해 먹는 진통제의 양과 강도를 감소시킬 뿐만 아니라, 환자들이 이전의 생활양식을 회복하도록 돕는 데 있다. 곧 카밧진의 생각은 인지행동 심리학자들에 의해 연구되고 재발성 우울, 경계선 성격장애와 다른 자해 진단군의 치료에 적용되었다. CBT 제3의 물결의 접근방법은 CBT의 첫 두 가지 발전보다 더 미술치료사들에게 활기를 불어넣고 있다. 오늘날, 미술치료사들은 마음챙김, 명상 훈련과 미술작업의 통합을 받아들이고 있다.

몇 가지 미술치료의 배경

미술치료는 언어적 개입을 포함하는 레크리에이션 치료뿐만 아니라 창조적인 예술치료(예, 미술, 춤, 드라마, 음악, 시, 사이코드라마)를 포함하는 여러 경험적인 치료 형태 중 하나이다. 경험적인 치료는 내담자를 치료적 가치를 구현하는 창조적 활동에 참여하도록 하는 것이다. 미술치료에서 내담자는 미술 매체 만지기, 냄새 맡기와 조작하기를 통해 여러 가지의 미술 매체와 상호작용하게 된다. 미술 매체 활용의 치료적 가치는 많은 미술치료사에 의해 탐색되었고, 다양한 진단군을 대상으로 미술치료의 활용을 발달시킨 많은 도서와 연구 논문이 있다. 미술치료사들이 활용할 수 있는 많은 미술 매체의 치료적 적용에 대한 이해는 C. 문(C. Moon, 2010)의 전통 매체와 현대 매체에 대한 연구와 ETC(Expressive Therapies Continuum)를 통해 이루어지고 있다(Kagin & Lusebrink, 1978; Lusebrink, 1990, 2016; Hinz, 2009, 2016). 미술 매체로 작품을 만드는 것이 권능감(empowerment)과 자아 형성에 도움이 될 수 있다는 것을 발견한 크레이머(Kramer, 1971)에 의해 미술 매체를 다루는 것이 처음으로 논의되었다.

미술 매체를 다루는 것은 자기와 환경에 대한 알아차림을 촉진시키는 데 도움을 줄 수 있다. 로렌조 드 라 페냐(Lorenzo de la Peña, 2016)에 의하면, "감정적 경험을 구체적인 형태로 표현할 때 인간은 자연스럽게 그들의 환경으로 향하게 된다."(p. 146) 신체 자각은 미술 매체와의 상호작용을 통해 개선될 수 있는 영역 중 하나이다(L. Wilson, 1977; Anderson, 1992). 신체가 공간 내에 있다는 것을 아는 것은 미술치료의 가능한 성과 중 하나이다. 공간 자각은 또 다른 성과이다(Packard, 1977). 그리고 율린(Uhlin, 1972)과 실버(Silver, 1987)가 말했듯이, 발달과 인지 능력의 개선 또한 미술 매체와의 상호작용을 통해 가능하다. 가장 최근에, 미술치료가 신경계 문제를 해결할 수 있고 뇌 기능을 향상시킬 수 있다는 증거가 나타났다(Chapman, 2014; King, 2016).

미술치료사의 과업에는 자기탐색과 자기표현을 목적으로 내담자가 미술 매체를 사용하도록 격려하는 것, 무엇보다도 내담자에게 치유가 일어나는 방향으로 미술 매체를 활용하는 것이 포함된다. 미술치료사가 아닌 이들에게, 객관적인 관점에서 미술치료를 하는 것은 단순하게 그저 여러 가지 미술 매체를 내담자에게 주고 그것을 다루도록 공간과 시간을 마련하는 것으로 보일 수 있다. 미술작업을 하는 것에 많은 이점이 있지만, 미술치료의 실제는 미술 매체, 공간과 시간의 제공 그 이상을 포함한다. 미술 매체의 치료적 특성에 대한 온전한 이해와 더불어 미술치료사는 창조적 환경과 창조적 과정 안에 내재된 창조성과 힘의 측면도 잘 알고 있다(Lusebrink, 1990). 예를 들어, 많은 미술치료사는 창조적 활동에 참가하는 것이 훌륭한 치유적인 효과를 낳는다는 것을 알고 있다(Garai, 1987; McNiff, 1998; Rubin, 1984). 게다가 창조적 산물은 내담자뿐만 아니라 작품을 보는 이에게도 의미를 드러내는 것이다.

미술 매체를 선택할 수 있는 환경과 우호적인 분위기를 제공하도록 미술치료사들에게 요구하는 미술치료의 경험적이고 창조적인 측면들이 가장 중요하다. 비판단적인 수용의 공간은 미술치료의 성공에 필수적이다. 이러한 경향은 C. 로저스(C. Rogers, 1951)와 N. 로저스(N. Rogers, 2001)에 의해 처음으로 소개되었다. 그리고 미술치료사의 이론적 관점과 무관하게, 이러한 수용은 미술치료 과정에 통합되고 있다. 미술치료사는 내담자가 직면하고 있는 문제에 대한 이해, 각 회기에 성취되어야 할 목적 및 목표 설정과 성과에 대한 공식화를 가지고 내담자와의 각 만남을 신중하게 생각한다. 이 노력이 비이론적이어서는 안 된다.

이론적 기반의 필요성

주디스 루빈(Judith Rubin)은 그녀가 쓴 『미술치료적 접근(Approaches to Art Therapy)』 초판 서문에서 미술치료의 실제에 대한 이론적 관점의 필요성에 대해 언급하였다. 그 책에서 그녀는 다음과 같이 말하였다. "처음에는 대개 직관에 근거하여 사람들과 일했다. 이후에는 어떻게 진행되고 있는지 이해하는 법과 가장 좋은 진행방법에 대한 아이디어를 찾아보게 되었다."(Rubin, 1987, p. xv) 루빈이 찾은 것은 아동과의 작업을 이해할 수 있을 뿐만 아니라 아동 미술치료에 대한 접근방법을 발달시키는 틀을 제공할 수 있는 하나의 이론이었다. 이론은 미술치료의 기초가 되는데, 미술치료를 계획하고 실행하며 다른 미술치료사에게 작품을 설명하고 정당화하고 다른 정신건강 전문가의 미술치료에 대한 편견을 없애는 데 있어 이론이 중요하기 때문이다. 이 직업은 수십 년 동안 발전하고 있으며 지금은 수많은 이론적 관점을 포함하고 있다. 루빈에 의해 지지되듯이, 이론은 미술치료사의 생각에 비계(scaffolding)를 제공하고 치료사가 내담자와 함께 어떻게 나아갈지 생각할 수 있도록 한다. 이론적 관점은 행동 변화의 원리를 제공하고, 치료사가 내담자의 개선을 위해 이 원리를 적용할 전략을 개념화하도록 돕는다.

미술치료사의 이론적 관점 고수

미술치료에 대한 이론적 접근들은 수년 동안 검토되고 활용되고 있다. 미술치료사는 몇 가지 교육적 · 심리학적 자료의 이론과 치료 모델을 빌리고, 빌린 개념들을 미술치료 실제에 적용하고 있다. 미술치료의 초기 치료사들은 정신역동적 기법들, 모델, 원리를 활용하였다(Kramer, 1971; Naumburg, 1966/1987; Rubin, 2016; Wilson, 2016). 미술치료사들은 또 융(Jung) 이론(Abbenante & Wix, 2016; Bonny & Kellogg, 1976; M. Edwards, 1987; Wallace, 1987; Wittels, 1978), 아들러(Adler) 이론(Lewis, 1979), 현상학적 접근(Betensky, 1977), 인간중심주의(Garai, 1987), 게슈탈트 이론(Rhyne, 1974, 1987; Ciornai, 2016), 실존주의(B. Moon, 1990) 그리고 절충주의적 접근(Vogt & Vogt, 1983; Wadeson, 1987, 2016)을 활용하고 있다. 행동주의적 접근은 1970년대 문헌에서 나타났고, 인지행동미술치료는 두 명의 주요 사상가가 그들의 연구에 대해 글을 썼던 1970년대 후반 미술치료 문헌에 처음으로 등장하였다. 엘렌 로스(Ellen Roth, 1978, 1987)는 행동주의 기법 활용에 대한 생각과 발달장애와 정신장애를 가진 아동들을 위한 미술치료를 개념화할 목적으로 '현실 조형(reality shaping)'에 대해 논의하였다. 제니 라인(Janie Rhyne, 1979a, 1979b)은 개인이 감정 상태를 탐색하도록 돕기 위한 기반으로 개인구성개념이론(Kelly, 1955)을 연구하였다. 따라서 CBAT는 CBT의 반 정도, 즉 약 25년 되었다. 로스와 라인은 그들의 연구가 미술치료 영역에서 얼마나 중요하게 될지 미처 깨닫지 못하였다.

CBT와 CBAT

지금도 CBT 개입방법이 미술치료의 실제에 자리를 잡고 있지 못하다는 생각이 여전히 존재한다. 그러나 CBT와 CBAT의 공통점이 있으며, 이 공통점을 찾고 부각시키는 것이 이 책의 목적이다. 사실상 CBT가 연구에 기반 둔 실제이기 때문에 미술치료에 대한 많은 주요 이론적 접근방법 중에 중요한 위치를 차지해야 할 것이다. 그러나 많은 미술치료사는 두 관점이 호환되는 것으로 여기는 것에 대해 경계하고 있다. 주요 문제들 중의 하나는 미술치료와 같은 경험적 치료가 CBT의 처방적(presciptive)이라고 생각되는 특징과는 대립된다는 것이다. 예를 들어, 소볼(Sobol, 1985)은 행동주의 심리학의 경향에 대해 많은 미술치료사가 가지고 있는 경계심과 혐오감에 대해 썼다. 레이널즈(Reynolds, 1999)는 왜 "인지행동적 접근이 창조적인 치료 문헌에 거의 나타나지 않는지"(p. 165)에 대해 알고 싶어 하였다. 가장 최근에, 로건치 등(Roghanchi et al., 2013)은 CBT와 미술치료가 긴 역사를 가지고 있음에도 불구하고 그것들의 통합이 넓게 적용되고 있지 않다고 하였다. 다행히, 지금은 CBAT의 아이디어가 미술치료 문헌에 확산되어 나타나고 있다.

CBAT 적용의 장애물

CBAT를 적용하는 데 있어 장애물이 많은데, 그것은 해결되어야 한다. 여기서 CBAT 사용에 반하는 논쟁들을 다룰 것이다. 미술치료의 실제에서 CBT를 활용하는 데에 적어도 다섯 가지 의미 있는 장애물이 있다. 첫 번째는 CBT가 치료의 실제에서 '요리책 접근법'이라는 의식에 대한 문제이다. CBT 정신건강 전문가들이 수많은 CBT 워크북을 규칙적으로 사용하고 있다는 것은 사실이다. 흔히 단계적인 매뉴얼들이 경직된 것으로 인식되고 있는데, 치료에서 치료사에게 다음 방향과 방법을 알려 주기 위해서 내담자의 개성을 허용하지 않고 있다는 것이다. 이 문제에 대한 진실의 핵심이 있는데, 대부분의 CBT 치료사는 내담자들의 즉각적인 요구에 상당히 영향을 받으며, 내담자의 문제를 해결하기 위해 워크북의 특정한 개입방법에서 방향을 바꾸기도 한다.

두 번째 문제는 새리드와 후스(Sarid & Huss, 2010)에 의해 윤곽이 드러났는데, 이는 첫 번째 장애물과 관련이 있다. 그들은 CBT를 대개 하향식 치료과정으로 본다는 점을 지적하였다. 이에 따르면, 치료의 형태가 치료사에 의해 개발되고 그다음 내담자에게 제공된다는 것을 의미한다. 그러나 미술치료는 상향식 치료양식으로 알려져 있고, 내담자가 치료과정을 형성한다. 비록 이 말이 옳다는 몇 가지 증거가 있긴 하지만, CBT는 내담자의 의견을 항상 회피하지는 않는다. 사실상, 미술 자체가 치료과정의 경로를 표면화시킨다는 점이 CBAT의 강점 중의 하나이다.

세 번째 인식된 문제는 CBT와 CBAT가 내담자 문제에서 감정의 내용을 해결하지 않는다는 점이다. 그런데 이것은 정확하지 않다. 감정을 인지과정으로 여기므로, 치료의 일부분으로서 검토하고 해결해야 하는 중요한 것이다. 호프먼, 애스먼드슨과 벡(Hofmann, Asmundson, & Beck, 2013)에 따르면, 인지치료와 CBT는 인지와 감정의 상호작용을 해결한다. 현행 CBT와 CBAT 실제에는 불안, 외상 후 스트레스 장애(PTSD) 그리고 예를 들면 우울과 만성 통증과 같은 다른 진단군의 감정의 강도와 감정의 내용을 다루기 위한 특별한 개입방법이 있다.[2)]

내담자가 문제를 이해하고 의미를 형성하도록 돕는 것은 미술치료의 실제에서 중요한 부분이다. 그러므로 미술치료사들이 CBT를 피하는 네 번째 이유는 내담자가 그들의 문제를 어떻게 이해하도록 돕는지에 대한 토론이 부족한 것에 있다. 의미 형성하기는 CBAT의 중요한 요소이다. 사실, CBT와 미술작업의 통합은 생활 사건의 의미를 발견할 가능성을 증가시킨다. 의미는 미술작업을 통해 구성될 수 있고 구성주의 이론의 관점을 통해 이해될 수 있다.[3)]

다섯 번째, CBT가 긍정적인 사고의 힘에 관한 것이라는 시각이 알려지지 않은 점이다. 더 정확히 말하면, CBT는 누군가가 더 합리적으로 생각하고 행동하도록 돕는 것이다. 그리고 이것은 CBT와 CBAT의 본질이다. 앨버트 엘리스에 의해 처음으로 소개된 합리적인 사고는 문제 상황에 대한 더 효과적인 적응과 조절에 중요하다. CBT와 CBAT에서 합리적인 사고는 부적응적 사고를 줄이고 수정하며, 적응적 행동으로 이끈다. CBT와 CBAT 치료사들 모두 합리적 사고는 내담자가 보다 적은 혼란과 고통으로 삶을 구성하도록 도울 수 있다고 믿는다.

---

2) 예를 들어, 감정으로부터 의미 형성하기, 실제에서 감정 다루기 그리고 혼란과 불안을 낳는 정신적 이미지를 완화시키기 위해 심상 재구성하기와 같은 CBT 기법에 대해서는 제6장을 참조하라.

3) 제3장도 참조하라. 거기에서 해당 이론이 깊이 탐색될 것이다.

CBAT에 대한 논거

여러 치료적 변형을 포함하는 CBT는 약 50년이 되었다. 일부 심리학자에 의하면, 그것은 여전히 정신역동적 접근에 비해 치료에서 비교적 새로운 이론적 접근방법으로 여겨지고 있다(Davey, 2013). 통제집단을 임의 추출한 연구를 포함하여 수많은 연구에 의하면, CBT는 불안장애(PTSD 포함), 우울, 섭식장애, 조현병, 성격장애, 범죄 행위, 물질사용장애 등을 위한 매우 효과적이고 유용한 치료적 접근방법이다. 사실상, 일부는 인지치료를 지난 50년 동안 의료계에서 가장 중요한 발전을 이룬 것 중의 하나로 거론한다(Altman: Hofmann, Asmundson, & Beck, 2013 재인용). CBT는 사회학습이론에 근거를 두고 있다(Bandura, 1969; Miller & Dollard, 1941; Rotter, 1966). 이 이론은 심리학자들이 인간이 어떻게 행동하는지 뿐만 아니라 우리가 문제, 감정, 사건과 우리 자신에 대해 어떻게 생각하는지 그리고 우리가 존재의 중요한 측면을 어떻게 인식하는지를 설명하기 위해 이론들을 탐구하고 있을 때 나타났다.

그러므로 미술치료에서 CBT를 사용하는 것에 대한 한 가지 논점에 주목하는 것이 중요하다. CBT는 심리학계에서 중요한 의미를 지니는데, 장애와 같은 행동적 문제뿐만 아니라 불안, 우울, PTSD, 중독, 충동, 섭식장애와 같은 수많은 문제를 겪고 있는 개인들의 치료 효과에 대한 많은 증거 때문이다. 또 비록 경험적 치료 유형이라고 인식되고 있지만, 미술치료는 예술과정과 미술치료 실제에 내재된 인지적 요소를 가지고 있다. 게다가 CBT는 힘든 감정적 내용을 다룰 뿐만 아니라 창조적 측면, 심상적 측면을 지닌다.

미술치료의 실제는 복잡하고 미묘하다. 내담자의 행동적 · 감정적 · 정신적 문제를 해결하기 위한 목적으로 미술을 사용하는 것은 사고와 경험뿐만 아니라 이론적 지향으로 알려진 가장 중요한 비계를 필요로 한다. 특별한 이론을 포함하기로 결정하기 전에 그 접근방법을 구성하고 있는 철학적 · 이론적 구성개념들을 완전히 이해하는 것이 필수적이다. 따라서 이 책의 두 번째 목적은 CBT와 CBAT의 힘을 강조하기 위해 필요한 기본적인 증거를 제공하는 것이다.

이 장의 목적은 CBT의 효능에 대한 증가하는 증거를 가지고 CBAT가 미술치료에 필수적이고 중요하며 효과적인 접근방법이라는 주장에 대한 토대를 마련하기 위한 것이다. CBT와 미술치료가 호환될 수 없다는 생각을 논박하는 정보를 포함하게 될 것이다. 여러 미술치료 저자의 경험에 근거하여, 미술치료 참여가 어떻게 내담자의 인지적 기술을 개선하도록 하는지에 대한 연구를 간단히 설명할 것이다.

미술치료에 의해 향상된 인지적 기법

CBT와 CBAT는 다음 공통점들을 지닌다. ① 생존 가능성을 증진시키고 삶을 개선하기 위해 건강하고 유연한 적응 전략들을 발전시키기, ② 행동에 선행하는 내적 대화와 정신적 이미지를 포함하는 인지 이해하기, ③ 어려운 상황에 놓인 개인을 돕기 위해 그리고 스트레스를 감소시키고 대처하기를 증가시키는 효율적인 방법으로서 실용적인 해결책 생성 촉진하기이다. 이 밖에도, 인지 구조의 일부로서 정신적 이미지와 감정 상태를 밝히는 것은 CBAT의 중요한 구성요소이다.

앞에서 언급했듯이, CBAT는 로스와 라인에 의해 시작되었다. 다른 미술치료사들도 CBT를 그들의 작업에 통합시키는 시도를 하였다. 미술치료사에게 유용한 일부 CBT 원리는 문제 해결(Packard, 1977), 모델링(Roth, 1987; Rozum, 2001), 이완 기술과 정신적 이미지(Lusebrink, 1990; Rosal, 1985, 1993, 2001), 스트레스 감소(Lusebrink, 1990), 체계적 둔감법과 홍수법(De Francisco, 1983; Gerber, 1994; Matto, 1997; Reynolds, 1999)이다. 이 CBAT 원리들은 과거와 현재 저자들의 사례를 통해 이 책에서 논의될 것이다. 인지행동적 관점을 활용한 미술치료에 대한 문헌의 양이 한정되지만, 이 이론적 접근에 대해 쓴 저자들은 미술치료에 의해 인지적 기술이 향상되었다고 하였다. 안하임(Arnheim, 1969)은 미술작업이 강력한 인지적 활동이라는 것을 발견하였고, 로살(Rosal, 2001)은 "미술작업을 할 때 우리는 폭넓은 인지과정을 활용한다." 라고 설명하였다(p. 222). 이 생각은 미술작업이 내재적으로 인지 활동이기 때문에 미술치료가 특히 CBT에 잘 어울린다고 말한 로건치 등(2013)의 생각과 맥을 같이한다. CBAT에 대한 초기의 지식을 제공하기 위해 인지 기능을 사용하게 하고 사고와 문제 해결 능력을 개선시키는 다양한 미술작업 기법을 다음에서 설명한다.

문제 중심

미술치료에 CBT를 접목하는 가장 강력한 근거 중 하나는 문제 중심적 사고방식의 발달에 중점을 둔 점이다. 치료에 참여하고자 하는 내담자의 의지를 지지한 후, 다음 단계는 내담자가 치료실에 들고 온 문제나 일련의 문제를 밝히는 것이다. CBT 기술을 사용하는 미술치료사들은 내담자가 치료실에 들고 온 문제나 일련의 문제에 초점을 맞추는 것의 효력을 알고 있다. 로살(2001)은 "신속하게 문제의 핵심으로 들어가는 것은 즉각적인 안도감을 줄 수 있다."는 것을 발견하였다(p. 223). 레이널즈(1999)는 내담자인 앤과 문제를 주의 깊게 분석할 필요성에 대해 언급하였다. 앤이 치료실에 왔을 때, 그녀는 우울과 결혼 문제로 왔다고 하였다. 3회기까지의 주의 깊은 질문과 사려 깊은 대화 이후에 앤은 가족 사진을 보는 것에 대한 자신의 비합리적인 두려움에 대해 부끄럽게 느낀다는 것을 인정하였다. 레이널즈는 이것이 치료에서의 문제 중심이라는 것을 깨달았다. 거기서부터, 레이널즈는 앤이 문제가 되는 사진들을 포함하는 태피스트리를 만들도록 하였다.

문제의 외현화

매토, 코코런과 패슬러(Matto, Corcoran, & Fassler, 2003)는 치료에서 문제 중심을 외현화하는 것의 가치에 대해 논하였다. CBT에서 내담자에 의해 인식된 문제는 재구성되고 재구조화될 수 있다. CBAT를 활용할 때 문제는 도화지 위에 그려지고, 그것은 "문제가 고정되고 내재화된 것이라는 신념으로부터 자유롭게 한다. …… 경직되고 고정된 것처럼 보이는 문제에 유동성을 불어넣는다."(Matto et al., 2003, p. 266) 이 저자들은 시각적 심상으로 외현화될 때, 즉 문제가 시각적 형태가 될 때, 내담자가 탐색하기에 더 쉽고 안전하다는 것을 알게 되었다. 문제의 외현적 심상은 변형성이 있고, 바뀔 수 있으며, 해결책을 발견하는 길이 될 수 있다. 문제는 행동의 동작 단계 형식으로 몇 가지 심상을 그림으로써 외현화될 수 있다(Rosal, 2001). 예를 들면, 문제 행동의 사이클 그리기 또는 싸움이나 말다툼의 '이전' '……동안' '이후' 그리기가 있다.[4)]

문제 해결

안하임(1969)에 의하면, "시각적 지각은 시각적 사고하기이고 미술작업은 일종의 시각적 문제 해결하기이다." 컬(Curl, 2008)은 이 견해에 동의하였고, 미술작업 그 자체가 문제 해결 양식이라는 점을 발견하였다. 엡(Epp, 2008)은 문제를 시각적으로 해결하기 위해 자폐증을 가진 개인에게 미술치료를 활용하였다. 미술작업을 통한 "신속하고 확실한 해결책들은 개인이 자기통제력을 얻도록 도왔다."(Rosal, 2001, p. 223) CBT에서 정신적 이미지는 종종 해결책 생성의 활성화를 위한, 개인의 사고를 조직하기 위한, 그리고 문제를 해결하기 위한 도구로 사용된다. 로살(2001)은 "정신적 이미지가 치료적으로 효과적이기 때문에, 그려진 이미지는 기존의 효과적인 CBT 기법에 당연히 포함된다."라고 이해하였다(p. 223). 매토 등(2003)은 해결 중심, 문제 중심 단기 미술치료 프로그램을 시작하였고 미술 경험이 문제에 대한 완전한 이해와 함께 해결책을 보여 준다고 하였다. 컬(2008)은 미술작업은 본질적으로 문제의 해결책을 찾는 것이라는 개념을 여아들을 위한 사진 콜라주 프로그램에 포함시켰는데, 콜라주 작업 활동이 문제 해결과 갈등 해결을 도왔다. 매토 등(2003)은 내담자에 의해 창조된 이미지를 사용하는 것이 곤란한 문제에 대한 새로운 가능성과

4) 제6장에서 침습적인 사고를 위해 문제의 외현화에 대한 심화된 논의가 이루어질 것이다.

해결책을 발견할 수 있다는 점을 알게 되었다. 미술작업의 문제 해결 능력에 관해서 요약하면, 파슨스(Parsons, 1998)의 언급에 의해 확인되었듯이, "따라서 미술치료사는 문제 해결사이다."(p. 81)

관점 확대

대개 내담자들은 문제나 걱정거리에 대해 고정된 관점을 가지고 있다. 깊게 밴 관점을 변화시키는 것은 그들의 사고 안에 융통성을 증가시키는 힘이 될 수 있다. 매토 등(2003)은 문제에 대한 내담자의 관점을 확장시키기 위해 CBAT를 사용하였다. 심상이 완성되면 그들은 내담자에게 "문제의 측면을 과장하기 위해 더 큰 종이에 확대한 두 번째 그림"을 그리도록 한다(p. 269). 이 과정에서 내담자는 다른 관점에서 문제와 문제의 성가신 측면들을 탐색할 수 있다. 또 이는 심상 중 가장 곤란한 부분에 대해 말하게 하고, 더 큰 종이에 그것을 확대하도록 하는 것도 가능하다. 대안적으로, 내담자에게 문제에 대한 심상을 선택하도록 하고 더 작은 종이에 그것을 재현하도록 지시할 수 있는데, 이를 통해 문제의 심상을 축소시킬 수 있다.

문제의 재구조화

문제에 대한 관점을 바꾸는 것과 유사한 방식으로, CBAT 미술치료사는 내담자가 그들의 문제를 재구조화하도록 돕는다. 재구조화는 내담자가 좀 더 긍정적 관점으로 힘든 사건, 상황과 생각을 볼 수 있도록 돕기 위해 CBT에서 사용하는 기법이다. 매토 등(2003)은 물질사용장애를 지닌 청소년 집단의 재구조화 사례를 언급하였고, 문제 재구조화가 강점을 발견하도록 이끈다는 것을 발견하였다. 그 집단에게 처음에 그들의 중독 행동과 관련된 문제 행동을 그릴 것을 요구하였다. 그다음, 그들에게 비행 행동에 필요한 기술을 확인하고 두 번째 그림에서 어떻게 하면 그 기술들이 긍정적 행동으로 바뀔 수 있는지에 관한 이미지를 그리도록 하였다. 이 개입방법의 목적은 청소년들이 자신이 가진 기술의 긍정적인 측면들을 발견하도록 하고, 같은 기술들이 어떻게 좋게 사용될 수 있는지 재구조화하고 다시 생각해 보도록 하는 것이었다.

의사결정

미술작업은 결정을 내릴 기회로 가득 차 있다. 심지어 미술작업을 시작하기 위해 도구를 집는 선택도 중요한 결정을 포함한다. 많은 내담자에게 이 첫 단계는 어렵게 느껴지고, 인지의 두 가지 주요 요소인 결심과 의지를 요한다. 일단 내담자가 시작하면, 수많은 결정이 잇따라 이뤄진다. 매체의 종류, 종이의 크기, 사용할 색깔, 그림의 어떤 측면을 어디에 배치할지, 그리기를 언제 멈출지와 같은 요소들 모두가 미술 작품의 결과에 영향을 미친다. 매토(1997)에 의하면, 섭식장애를 가진 내담자를 대상으로 한 미술치료는 "의사결정에 적극적으로 참여하는 수단을 제공하였다."(p. 350) CBAT에서 내담자들은 "미술 매체를 선택하고, 그림에 접근하는 방법을 선택하고 창조된 그림에 대해 토론할 내용과 방법을 선택한다."(Rosal, 2001, p. 223)

강화와 촉구

CBT에서 사용되는 두 가지 전통적인 행동주의 기법은 새로운 행동을 형성하고 증진시키거나 문제 행동을 제거하기 위한 강화와 촉구이다. 심지어 행동주의나 CBT를 고수하지 않는 미술치료사들 사이에서도 이 두 기법이 당연히 사용되고 있다. 심지어 "앉아서 미술작업을 시작할 시간이에요."와 같은 단순한 지시도 행동 촉구이다. 지지하는 미술작업 행위를 강화하는 것은 미술치료 실제에서 일반적이다(예: "오늘 그 조형물을 매우 열심히 만들었어요. 거의 다 완성한 것 같네요."). 로스(1978, 1987)는 미술치료사를 포함한 대부분의 치료사가 내담자가 정상 범위에 이르거나 문제가 되는 사회적 만남을 다루는 데 진전을 보이고 있다고 보고할 때 언어적 칭찬과 같은 강화를 어떻게 사용하는지 탐색하였다. 로살(2001)에 의하면, "그림이든 조형물이든, 미술을 창조하는 것은 즉각적인 피드백 체계와 만족스러운 행동에 대한 지속적인 강화를 포함한다. 종이 위에 나타나는 각 붓의 스트로크는 작업하는 사람을 즐겁게 하고 그 이상의 동작을 생각나게 하거나 촉진할 수 있다."(p. 217)

촉구와 강화 사용에 대한 두 가지 예시가 눈에 띈다. 로스(1987)는 분명한 시각적 구성개념이 발달하도록 아동들을 돕기 위해 일련의 촉구를 사용하였다. 그녀가 현실 조형이라고 부른 그 작업에서, 아동들이 역기능적 행동과 관련된 개념들을 생성시키도록 특정한 시각적 스키마를 작업하고 재작업하도록 하였다.[5] 멜버그(Mellberg, 1998)는 발달장애를 가진 청소년들과 작업하였는데, 청소년들이 수채화물감에 대한 통제력을 얻도록 돕기 위해 긍정적 강화에 기반을 둔 수채화물감 실시방법을 개발하였다. 그 실시방법은 내담자들이 매체에 대한 성공감과 숙달감을 확실히 하는 단계별 과정을 거치도록 한다. 미술작업은 내재적인 강화 속성을 지닌다. 그림에서 나타난 각 표현은 작업자의 노력을 시각적으로 강화한다. 매체 실험하기는 강화 속성을 지닐 수 있는데, 그림을 완성하는 것이 강화 그 자체를 포함할 수 있기 때문이다.

혼돈에서 질서 창조

아동미술의 문제 해결 측면에 대한 논의에서 안하임(1969)은 "심상 형성하기는 세상에 대한 이해를 낳는다."(p. 257)라고 했으며, "(아동 그림에 나타난) 구성 패턴은 더 높은 정신 발달 수준에서 더 복잡해진다."라고 설명하였다(p. 259). 틀림없이, 미술치료사들은 아동이 성숙해 감에 따라 발달 단계가 그들의 미술에서 관찰될 수 있다는 생각을 받아들이고 있다. 발달적 성숙과 일치하는 구성의 발달은 아동이 자신의 세상에 질서를 부여하고 있다는 것을 암시한다.

또, 매토(1997)는 문제 해결과 의사결정을 포함하는 미술작업의 창조를 통해 혼돈으로부터 질서를 이룰 수 있다는 것을 발견하였다. 혼잡한 활동은 에너지를 방출할 수 있고 그 후 재구성되고 재형성될 수 있다. 미술치료에 대한

5) 로스의 연구에 대한 더 많은 정보는 제6장을 참조하라.

많은 이론적 접근은 미술작업이 혼돈에 질서를 부여한다는 것을 강조한다. 그러나 로살(2001)은 다음과 같이 주장하였다.

> 인지행동 미술치료는 미술치료의 내재된 내적 통제력 형성 측면들과 다음의 다른 기법들의 통합을 통해 통제력의 습득을 촉진시킨다. 예를 들어, ① 정신적 이미지 발견하기, 촉진하기, 강화하기와 재구성하기, ② 그림 비교하기와 대조하기, ③ 문제, 즉 특정 상황과 사건들을 주의 깊게 선택하고 표현하기, ④ 감정과 마음상태에 대한 회화적 은유 창조하기
>
> (p. 223)

내담자가 작품을 완성시키려고 미술과정을 통제하게 될 때, 그들은 성취감, 권능감, 통제감을 느낀다. 피팔로(Pifalo, 2007)는 학대 상황의 혼란 속에서 질서를 발견하도록 학대받은 아동을 돕는 것이 치료의 중요 목표라는 것을 알게 되었다. 질서를 이루도록 돕기 위해 피팔로가 사용한 미술치료의 한 형태는 아동이 자신의 삶의 로드맵을 만드는 것이었다. 레이널즈(1990)는 이 중요한 개념과 맥을 같이하는데, 그는 미술과정이 혼란스러운 기분을 구조화하고, 결국 관점의 변화를 초래하고, 마침내 권능감에 이르게 한다는 것을 발견하였다.

실행 기능 향상

미술 매체들에 대한 통제력을 발달시키는 것은 행동적 · 감정적 통제력을 얻게 한다. 로살(2001)은 "아동을 위한 CBT의 우선적인 목표는 자기통제력을 얻는 것이다."라고 확신하였다(p. 218). 아동과 성인에게 자기통제력은 성숙과 향상된 정신건강을 향한 활동에서 필수적인 것이다. 개인이 자신의 행동을 조절하는 것은 더 큰 자유와 개인적 선택을 허용한다. 자기통제력은 뇌의 전전두엽에 위치한 중요한 실행 기능이다. 새리드와 후스(2010)에 따르면, CBT와 CBAT는 다양한 형태의 인지과정에 접근하는 상호작용적 양식이다. 이 저

자들은 CBT와 CBAT가 "시상하부의 코르티솔 방출을 막음으로써 불안과 부정적 감정 반응을 감소시키는 조절과정을 일으켜서" 뇌의 실행 기능을 증가시킨다는 것을 입증하였다(p. 11). 따라서 미술작업을 통한 혼돈의 조절은 행동의 자기통제력으로 나아가는 단계이다. 미술 작품이 생각한 대로 나타나지 않을 때 불명확함과 실망을 견디는 것은 자기통제력뿐만 아니라 실행 기능을 향상시킨다.

요약

이론적 지향을 선택하는 것은 미술치료의 실제에서 중요하다. 루빈(1987)이 주장했듯이, 이론은 미술치료사들에게 치료 관점을 공식화하는 방법과 계획하고 실행할 수 있는 구체적인 개입방법의 개발뿐만 아니라 목표와 목적에 비계를 만드는 방법에 대한 정보를 제공한다. 수십 년 동안 미술치료사들은 수많은 심리학적 접근을 적용하고 있다. 그러나 CBT는 미술치료사들이 여전히 적절한 접근인지 논쟁 중인 이론 중 하나이다. 미술치료의 선호하는 이론들 속에 CBAT를 포함시키는 것을 방해하는 몇 가지 장애물이 남아 있다. CBAT가 내담자의 감정적 욕구를 다루지 않는다는 우려를 포함한 이러한 장애물들은 근거가 없다. 이 점 때문에 이 책을 쓰기로 하였다. 나의 목적은 CBT가 미술치료와 같은 경험적 치료와 제휴하지 못한다는 문제를 해결하는 것이다.

CBAT의 힘은 문제 중심이며, 실용적인 미술치료적 접근이라는 점이다. 미술작업은 CBAT를 통해 발전되고 목표가 되는 수많은 인지적 기법을 포함한다. CBAT 치료사들은 치료에서 미술작업과 이미지의 본질적인 인지적 특성들을 활용한다. 그들은 또 긍정적 적응을 방해하는 문제가 되는 인지과정을 밝히고, 이 인지들에 도전하고 새로운 관점과 행동을 형성하도록 하는 미술작업 전략들을 발달시키기 위해 CBT 원리들을 적용한다. 심지어 한 치료사가 CBT의 힘에 대한 철저한 이해로 준비한다고 해도 그것은 계속해서 받아들이기 어려운 이론이 될 수도 있다. 미술치료를 위해 필요한 몇 가지 인지적 기법을 앞에서 살펴보았으며, 다른 것들은 이 장의 뒤쪽에서 간단히 설명하고, 이후 장들에서 논의할 것이다.

구성주의 이론, 인지와 CBAT

각 이론적 접근의 배후에는 인식론의 관점이 있다. CBAT는 구성주의 철학에 깊이 관여되어 있다고 말하고자 한다. 간단히 말하면, 이 철학은 인간이 어떻게 지식을 형성하고 의미를 창조하는지에 대한 관점이다. 미술치료사들은 이 인식론적 관점을 받아들이고 있다. 예를 들어, 매토 등(2003)은 구성주의에 관한 미술치료 프로그램을 만들었는데, 이 철학적 관점은 사회적 상호작용과 공조하여 현실이 어떻게 구성되는지에 관한 인식이라고 하였다. 나는 미술치료 교육자로서 미술치료사들의 교육에 이 철학을 포함하였다. 그 기본 견해는 이 영역에 대한 가능한 한 많은 이론적 정보와 많은 실제적 경험을 제공하고, 직업의 개념을 형성하기 위한 목적으로 학생들이 가장 중요한 것을 발견할 수 있도록 그들을 신뢰하는 것이다. 교육적 관점에서 학생들은 인간 행위자(human agency)라 불리는 것을 지니고 있고, 그것에 의해 적극적인 행위자로서 활동하고 미술치료 실제에 대한 그들의 관점을 결정한다는 가정이 이 철학의 중심에 있다(von Glasersfeld, 1995). 라로셸과 베드나즈(Larochelle & Bednarz, 1998)가 말했듯이, 학생들에게 구성주의의 인식론은 "그들의 구성개념의 과정, 지시 대상, 범위를 반영하도록 돕고, 학문적 다양성에 대한 구성개념들을 포함한 생성된 다른 구성개념에서 온 활동들과 요소들의 단일 특성에 동화되도록 돕는다."(p. 8) 게다가 구성주의 학습 원리는 그저 강사가 아니라, 꾸준하게 주의해서 질문하고 도전하는 교육자를 포함한다.

구성주의 개념은 인지심리학과 인지과학의 이론에 기반을 두고 있다. 많은 사람들은 피아제(Piaget)의 연구가 심리학적 구성주의 개념을 소개했다는 것을 인정하며(Fosnot & Perry, 2005), 그의 연구는 레프 비고츠키(Lev Vygotsky, 1964), 제롬 브루너(Jerome Bruner, 1990), 조지 켈리(George Kelly, 1955)와 같은 사상가들이 아주 약간 인용하는 데 영향을 끼쳤다. 구성주의 철학은 칸즈(Carnes, 1979), 라인(1979a, 1979b), 매토 등(2003)과 페너(Fenner, 2016)에 의해 제안된 것처럼 CBT와 CBAT에 대한 이해를 심화시킨다. 이 생각들은 다음 장에서 탐색될 것이다. 피아제가 제안한 개념들과 그의 연구를 시작으로, 구성주의는 각 개인이 그들을 둘러싼 세상에 대한 자신의 지식을 창조한다는 개념이다. 즉, 세계가 어떻게 작용하고 사람들이 어떻게 행동하고 상호작용하는지가 구성주의와 CBAT에 내재된 개념 속에 스며들어 있다. 구성주의는 미술치료에 있어서 매우 중요하다. 왜냐하면 한 사람이 그림이나 조형물을 구성하는 방법에 대한 정보를 제공하기 때문이다(Fenner, 2016). 미술작업은 개인의 이야기들의 구성, 해체와 재구성이다. 구성주의 모델은 정신적 이미지, 은유와 내러티브의 원천을 탐색하고 이 작업들이 가능하도록 하는 인지적 작용을 확인한다. 이 인지 기능들은 미술치료 실제에 매우 중요하다.

책의 구성

제1장에서는 이 책을 소개하고 CBAT를 지지하는 논의를 위한 일반적 근거를 제공하였다. 또한 이어지는 장들의 요약이 제공될 것이다. 제2장은 인지의 창조적 측면, 심상적 측면과 인지행동이론에 대해 탐색한다. 이 정보는 CBT와 CBAT의 연관성을 이해하는 데 있어 매우 중요하다. 특히 두 가지 주요 주제가 다뤄질 것이다. ① 정신적 이미지의 이론과 CBT에의 적용, ② 감정과 인지의 연관성에 관한 이론들이다. 심상과 지각의 관계와 행동치료와 CBT에 심상이 어떻게 사용될지를 다룬다.

제3장에서는 미술작업의 인지적 측면에 대한 심화된 분석이 제시된다. 이 장은 구성주의 사상가들을 탐구함으로써 시작된다. 특히 피아제, 비고츠키와

브루너의 구성주의 발달이론이 탐색될 것이다. 이 논의는 미술작업의 인지적-구성주의적 측면의 탐색을 준비하는 것이다. 아이스너(Eisner, 2002)와 에플랜드(Efland, 2002)의 연구는 사고와 인지가 미술작업에서 얼마나 필수적인지에 초점을 맞출 것이다.

제4장과 제5장은 역사적으로 살펴보게 된다. 제4장에서 이 사상의 기반이 되는 (때때로 CBT의 제1의 물결이라 불리는) 행동주의 이론과 행동치료의 초기부터 시작해서, CBT의 발전에 대해 알아보게 될 것이다. 다음으로는 이론에서 제2의 물결 또는 인지행동이론을 낳은 인지과학의 출현과 인간의 고등 인지과정을 이해하는 방식을 살펴볼 것이다. 제5장에서 CBAT에 대한 역사적인 설명이 이루어질 것이다. 초기 미술치료사들이 CBT와 미술치료를 결합시킨 방식이 논의될 것이다. 행동주의 기법을 먼저 사용한 미술치료사들과 CBT의 제2의 물결이나 새로운 인지과학을 받아들인 이들에 대해 논의될 것이다. 그리고 CBAT의 주요 요소들이 검토될 것이다.

제6장에서는 현재 CBT와 CBAT 기법에 대한 개요를 철저히 설명한다. 사례의 예시는 각 기법에 대한 독자의 이해를 높일 것이다. 새로운 최신 문헌을 통해 논의될 것이다.

제7장에서는 CBT 제3의 물결에 대한 탐색을 시작한다. 이 장에서 CBT의 일부인 마음챙김의 기원에 대해 논의할 것이다. 불교심리학, 마음챙김과 명상의 인지적 요소가 CBT 이론가들과 치료사들이 어떻게, 왜 동양 철학의 측면, 특히 불교를 상담의 일부로 받아들였는지에 대한 상황을 알려 줄 것이다.

제8장은 인지와 인지과정에 대한 제3의 물결 이론들과 CBAT의 개요를 설명한다. 이 장에서 탐색될 주요 3세대 이론들은 변증법적 행동치료(Dialectical Behavior Therapy: DBT), 마음챙김 기반 스트레스 감소(Mindfulness-Based Stress Therapy: MBSR), 마음챙김 기반 인지치료(Mindfulness-Based Cognitive Therapy: MBCT) 그리고 수용전념치료(Acceptance and Commitment Therapy: ACT)이다. CBT와 CBAT 제3의 물결은 이 각각의 새로운 버전을 위해 검토될 것이다. 현

재 마음챙김 기술을 다루는 미술치료사들이 논의될 것이다.

제9장에서는 CBAT의 종합적인 이론이 다양한 진단군을 대상으로 한 모범 사례를 통해 요약된다. 편집된 CBAT 실제가 CBAT 모델 내에서 어떻게 작용하는지에 대한 분명한 이해를 학생들과 치료사들에게 제공할 것이다. 나는 중요하고 시의적절한 미술치료에의 접근으로서 CBAT에 대한 결정적인 논의와 함께 마지막 장을 마무리한다.

02

CBT의 창조적, 감정적, 심상적 측면

02 CBT의 창조적, 감정적, 심상적 측면

"당신이 정신적 이미지에 집중할 때 심상은 동요되기 시작하는데, 그것은 상세하고 풍부해지며 움직이고 발전한다."

(C. G. Jung, 1935, p. 19)

"심상은 실제적으로 감각이 나타나거나 실제로 경험되는 것이 아닌 정신적 이미지를 형성하는 행위나 힘이다. 또한 이전 경험들의 조합이나 재조직을 통해 새로운 생각이나 심상을 형성하는 행위나 힘이다."

(A. D. Efland, 2002, p. 133)

CBT가 단지 증상 중심이거나 기술에 기반을 둔 치료라는 오해가 있다. 이러한 오해를 이해할 만한 것은 CBT 워크북과 치료 실제의 문헌에 기술 훈련 내용이 만연하기 때문이다. 가치가 있음에도 불구하고, 이 책들이 대개 CBT 실제의 미묘함을 탐색하지 않고 있다. CBT 치료사들이 특정 문제 영역을 확인하고 개선하는 데 초점을 두고 있는 동시에, 마음이 복잡하고 일부 정신적 과정은 동시에 나타난다는 것 또한 알고 있다. CBAT에서 정신적 이미지와 감정 처리 과정의 힘이 적응 행동을 향상시킬 뿐만 아니라, 내적 통제소재, 자기효능감, 자기통제력을 증가시키기 위해 CBT 기법과 통합된다. 따라서 정신적 이미지, 그것의 근원, 활용 그리고 다른 인지과정과의 결합에 대한 깊은 이해가 필요하다. 감정은 미술치료 실제의 본질적인 부분이다. 게다가 의미 형성, 평가, 행동 변화에서 감정의 역할은 CBT에서 필수적인 부분이다. 이 장은 창조성과 미묘한 차이를 요하는 CBT의 두 가지 측면, 즉 심상과 감정을 탐색하는 것에 초점을 둔다.

정신적 이미지

2011년 해크먼(Hackmann), 베넷-레비(Bennett-Levy)와 홈즈(Holmes)는 "인지치료에서 심상은 새롭고 흥미로운 미개척 분야 중 하나이다."(p. xxvii)라고 하였다. 그러나 CBT에서 심상의 사용은 오랜 역사를 가지고 있다. 1960년대 초, 인지심리학자들과 CBT 치료사들은 정신적 이미지가 내적 언어나 자기 대화만큼 영향력이 있거나 그 이상이라는 것을 발견하였다. 이것은 특히 내담자가 고통을 경험할 때나 외상적 사건을 재경험할 때 적절하다. 초기 CBT 치료는 체계적 둔감법과 내현적 모델링의 일부로 심상을 사용하였다. 오늘날, 심상 재구성이라 불리는 것을 활용하여 정신적 이미지는 이제 CBT의 본질적인 부분이 되고 있다. 그렇다면 심상이 어떻게 CBT의 중요한 측면이 되었는가? 이 장에서 이 질문에 대해 답하고자 한다.

심리치료에서 심상의 역사적 근거

심상은 항상 마술, 종교, 철학, 문학으로부터 파생된 인류 유산의 한 부분이다(Waller, Schweitzer, Brunton, & Knudson, 2012). 그리고 그것은 많은 철학과 심리치료에서 논의되고 있는 부분이다. 예를 들어, 직접적으로 언급하지는 않았지만, 정신분석은 무의식의 일부로서 정신적 이미지에 대한 풍부한 자료를 가지고 있다. 매켈러(McKellar, 1986)는 억압, 자유연상, 전이와 같은 개념들은 "이미지화된 자기의 과거 행동"을 내포하고 있다고 하였다(p. 49). 프로이트(Freud) 또한 심상에 흥미가 있었고 『꿈의 해석(The interpretation of dreams)』(1913)을 썼는데, 하나가 아닌 두 가지 유형의 심상, 즉 꿈과 최면 상태에 관한 연구로 오늘날에도 중요하다. 심상은 다른 심층 심리학에서 더 직접적으로 언급되었다. 융의 연구에서 꿈 해석과 적극적 상상의 활용은 그가 사용한 두 가지 기법이다(Jung, 1965). 적극적 상상은 내담자가 꿈 이미지의 모든 측면에 매우 집중하도록 하고, 꿈의 정경에서 변화를 주시하고 있는 치료사에게 보고하는 과정이다. 융에 의하면, 꿈은 개인 무의식에서 드러내는 단서를 보여 준다. 융은 원형 이미지가 우리가 인식하고 있는 집단 무의식 중 일부를 형성하고 있음을 가정하였다(McKellar, 1986).

100년 이상 심리학자는 내담자가 자기통제력을 얻을 수 있도록 돕는 정신적 이미지의 역할을 연구하고 있다(Janet, 1889; Perky, 1910; Piaget & Inhelder, 1969; Watson, 1913; Wolpe, 1958; Paivio, 1971; Kazdin, 1978; Meichenbaum, 1977; 1978). D. 에드워즈(D. Edwards, 2007)는 1880년대 임상에서 그가 심상 치환이라 부른 것을 사용한 최면술사 피에르 자네(Pierre Janet)까지 거슬러 올라가 심리치료에서 심상의 활용에 대해 추적하였다. 이 치료에서 내담자에게 힘든 이야기를 떠올리게 하고 이어서 대처하기를 증가시킬 목적으로 더 적응적인 심상으로 바꾸도록 하였다.

수십 년 동안, 복잡한 현상으로서 정신적 이미지는 철학자들과 심리학 연구자들을 혼란시키고 있다. 비록 여기서 정신적 이미지의 특성에 대한 철학적 흐름을 철저히 다루기는 어렵지만, 이 영역에 대한 심리학적 연구를 이끈 철학의 주요한 측면을 언급하는 것은 중요하다. 예를 들어, 버클리(Berkeley: Kaufmann, 1986 인용)는 고전적 경험주의의 일부로서 정신적 이미지를 1차 상징 체계로 여기는 심상주의 이론을 지지한다. 이 철학에 근거하면, 언어와 같은 2차 상징들은 파생된 것이다. 버클리는 언어를 2차 상징 중에서 가장 중요한 측면으로 생각하였다. 그의 생각에, 언어는 심상에 의해 의미가 파생되고 심상을 대신하게 된다. 버클리에 따르면, "사고는 주로 언어를 매개로 나타난다. 그러나 사고는 언어가 직접적이든, 간접적이든 심상으로 바뀔 수 있을 때 의미가 있을 뿐이다."(Kaufmann, 1987, p. 172)[1)]

버클리의 철학에서부터 분트(Wundt), 티치너(Tichener)와 같은 구조적 심리학자들은 정신적 이미지 연구를 위한 패러다임으로 심상주의 이론과 고전적

---

1) 심상의 철학사에 대한 포괄적인 범위를 보려면 아젠(Ahsen, 1986)이나 피어슨 등(Pearson et al., 2013)을 참조하라.

경험주의를 활용하였다(Kaufmann, 1986). 그들은 경험적 연구방법론을 통해 심상 없이 사고가 가능한지를 밝히려 하였다(Waller et al., 2012). 티치너(Singer, 1974 인용)는 내성(introspection)이 사고의 중심 도구라는 가설을 세웠고, 그렇기 때문에 심상을 그의 패러다임에서 매우 중요한 위치에 놓았다. 티치너에게 심상은 나타나게 하는 자극을 필요로 하지 않기 때문에 중요한 역할을 했는데, 그는 심상을 기본적인 인지 기능으로 생각하였다. 독일 뷔르츠베르크(Wurzberg) 학교의 심리학자들에 의해 티치너 이론의 문제점들이 밝혀졌는데, 그곳의 수많은 연구에 의하면 다양한 사고방식은 "사고나 지각을 변화시키기 위해서 심상을 필요로 하지 않는다."(singer, 1974, p. 25)

심상 연구

심상에 대한 가장 초기 연구는 심상의 지각적 특성과 두 정신과정 사이의 관련성에 초점이 맞춰져 있었다. 1910년 퍼키(Perky)에 의해 수행된 연구는 심상과 지각 사이의 중요한 관계를 확인하였다(Waller et al., 2012). 퍼키는 거의 감지할 수 없는 색깔에 관한 일련의 연구를 수행하였는데, 참가자들이 상상한 것을 보고하였다는 결론을 내렸다. 퍼키는 지각과 심상은 공통의 정신 체계를 공유한다는 결론을 내렸다. 아주 최근에도, 월러(Waller) 등은 심상을 정의하는 데 있어서 지각이 필수적인 측면이 된다는 것을 발견하였다. 예를 들어, 래그와 코슬린(Wragg & Kosslyn: Waller et al., 2012 재인용)은 심상을 "적절한 감각 투입이 없이 지각 경험을 생성하는 내적 표상"으로 정의하였다(p. 293).

심리학자들이 철저한 행동주의로 기울어졌을 때, 정신적 이미지에 대한 탐구는 한쪽 구석으로 몰리게 되었다. 월러 등(2012)에 의하면, 왓슨과 행동주의의 출현으로 1920년대 퍼키의 연구와 1960년대 연구 사이의 심상 연구의 격차가 생기게 되었다. 왓슨의 1913년 논문 「행동주의자의 관점에서 본 심리학(Psychology as the Behaviorist Views It)」은 오직 관찰 가능한 행동주의적 현상에 근거한 그의 심리학적 견해를 설명하였다. 이 발표는 심상 연구를 멈추게 만들었는데, 그것은 관찰 가능한 특징을 가진 것이라기보다 내성적인 것으로 여겨졌기 때문이었다. 왓슨과 동료들은 심상과 같은 그런 정신적 개념보다는 볼 수 있는 것에 초점을 맞추었다. 싱어(Singer, 1974)에 의하면, 왓슨은 사고는 행동이 되고, 모든 사고는 마음속으로 한 말이 된다고 생각하였다. 마크스(Marks, 1986)에 의하면, 인지의 발전과 정신과학이 등장했을 때 심지어 왓슨과 다른 철저한 행동주의자들도 심상의 중요성에 대해 다시 생각하기 시작하였다.

인간이 생각하고 정보를 처리하는 방법에 대한 회복된 관심은 인지심리학의 시작과 행동에 대한 인지과정의 매개 효과에 대한 최신의 지식과 함께 나타났다. 인지심리학의 출현과 행동주의의 융합은 이러한 패러다임의 전환 때문이다(Marks, 1986). 인지과학이 정신 현상 연구를 정당화하자, 심리학에서 심상의 역할은 회복되었고 심상 연구는 다시 시작되었다. 심상의 사용은 체계적 둔감법, 내현적 조건형성과 같은 특정 형태의 행동치료 기법에 거의 바로 적용되었다. 그러므로 이 패러다임의 전환은 심리치료의 주요 측면으로서 심상과 감정의 중요성을 재도입하게 하였다. 그 결과, 심상에 대한 연구는 1960년대 후반과 1970년대 초에 증가되었다.

부겔스키(Bugelski, 1971)는 20세기 후반 수행된 연구의 개관을 소개하는 '심상의 정의'라는 장에서 정신적 이미지의 특성을 심리학자들이 이해하도록 돕고자 하였다. 심상의 정의에서 부겔스키는 수많은 심상 연구자와 이론가(예: Richardson, Leuba, Mowrer, Paivio)를 인용하였다. 그는 그 시기의 많은 개념 속에서 결점들을 발견했으나, 철저한 연구와 탐구에 근거하여 장점을 가진 심상의 일부 측면을 자세히 설명할 수 있었다. 예를 들어, 그는 정신적 이미지가 불수의적이고, 사람들이 보내는 하루를 통해 자연스럽게 나타난다는 것을 발견하였다. 비록 심상이 명백하게 떠올려질 수 있다고 하여도, 특정 정신적 이미지를 불러내는 것은 대개 어렵다. 그럼에도 불구하고 일부 개인은 정신적 이미지가 표면화되도록 하는 데 더 능숙하다는 증거도 있다.

부겔스키에 따르면, 심상의 많은 측면의 일부를 치료사들이 이해하도록 돕고자 연구한 연구자 파이비오(Paivio)가 있었다. 파이비오(1971)는 심상은 언어에 연합한 반응으로 일어나거나 일어날 수 있고 언어를 기억하고 (이해하는) 역할을 한다는 것을 발견하였다. 파이비오는 심상을 독립적으로 이해될 수 없고, 단지 언어, 지각과 같은 다른 구성요소와 비교하여 이해될 수 있다는 것을 알게 되었다. 따라서 언어 능력과 수행이 원래 심상에 의존하고 있는지도 모른다. 파이비오는 "심상은 의미의 측면으로서 또는 적어도 언어적 자극에 대한 내재적 반응으로서 유익하게 보일 수 있는데, 관련된 대화의 이해, 기억과 생산으로써 그러한 언어심리학적 현상을 매개한다."라고 설명하였다(1971, p. 28). 이해가 증가한다는 뜻으로, 심상이 의미를 수반한다는 개념은 현행 CBT가 **심상 재구성**을 활용하는 것을 지지한다. 정신적 이미지가 의미를 지닌다면, 행동을 매개하는 내적 언어와 다른 인지들의 부분으로써 그것을 밝히는 것은 중요하다.

그의 연구를 바탕으로, 나루스(Naruse, 1986)는 치료사들에게 유용할 수 있는 정신적 이미지의 네 가지 측면을 발견하였다. 첫째, 깨어 있는 상태에서의 심상 활동은 훈련이나 경험으로 더 쉬워진다. 다시 말해, 정신적 이미지를 발견하는 것을 배울 수 있다. 둘째, 정신적 이미지의 구성은 현재 순간과 과거 경험에 달려 있다. 다시 말해, 나루스가 **원형의 이미지**라고 부른 것은 회상될 때 변경될 수도 있고 그렇지 않을 수 있다. 변경은 개인의 내적·외적 현재 환경에 달려 있다. 셋째, 이미지화하는 것은 "정신적 이완, 수동적 집중, 지각 세상과의 분리, 명상적 집중, 심상 경험의 수용, 심상 세계에 대한 긍정적인 적응, 심상 경험에의 몰두, 명상적이거나 변경된 의식의 상태에 머무르기 등" 조건하에서 잘 된다.(Naruse, 1986, p. 97). 마지막으로, 정신적 이미지는 외부의 지각 활동보다는 뒤로 밀려나지만 인지 활동을 풍부하게 할 수 있다.

또 부겔스키(1971)는 정신적 이미지가 신체가 이완되고 편안할 때 자주 생생하게 나타나고 그것들은 "우리가 비교적 고요하고 말을 하지 않거나 말을 할 수 없을 때 그리고 심상을 떠올리려고 시도하지 않을 때 나타난다."는 것을 알게 되었다(p. 57). 이 발견은 치료에서 꿈을 이해하고, 유도된 심상을 활용하는 근거를 제공하기 때문에 중요하다. 유도된 심상에서 내담자에게 다양한 활동이나 여정을 상상하도록 지시하기 전에 이완시키도록 요구한다(Lusebrink, 1990). 물론 우리가 잠들어 있든 깨어 있든 심상이 나타난다. 부겔스키는 심상이 고정된 실체이기보다 과정에 더 가까운 특징을 지니고 있으며, 실제 사람의 뇌나 신체 내에서의 신경 활동이라는 것을 알게 되었다. 정신적 이미지는 고정된 그림이 아니라 하나의 심상이 또 다른 것으로 이어질 수 있는 진행과정이다. 심상의 역동적인 특징이 있다. 따라서 우리는 심상을 어떤 대상의 의미에 관한 생각이 아닌 적극적 과정으로 생각하고, 심상을 명사가 아닌 동사로 여긴다고 부겔스키는 말하였다.

심상과 감정의 관계는 연구의 또 다른 중요한 영역이다. 홈즈와 매슈스(Holmes & Matthews, 2010)는 언어에 기반을 둔 정보에 비해서 심상 형태가 감정에 더 쉽게 접근한다는 것을 발견하였다. 기억도 정신적 이미지와 감정의 연결에서 역할을 한다. 이 영역의 주요 연구자인 콘웨이(Conway, 2001)는 개인과 직접적으로 관련된 자전적 기억을 일반적 사건을 포함한 기억들과 구분한다. 콘웨이는 자전적 기억이 감정이 실린 심상과 직접적으로 연결되어 있다고 하였다. 비교해서 언어에 기반을 둔 사건 기억들은 심상과 연결되지 않으며 감정을 포함하지도 않는다. 그는 심상이 매우 감정적인 경험과 사건을 회상하는 주요 통로라고 가정하였다. 다시 말해, 자전적 기억에 포함된 감정적 사건과 관련된 기억에 직접적으로 접근하기 때문에 심상은 감정적 힘을 포함한다.

이 패러다임에서 "심상에 기반을 둔 기억들은 (의도적으로 만들어 내기보다) 바로 회상될 수 있고, 그것들이 마음에 자발적으로 떠오를 때 우리의 주의를 빼앗아 간다."(Hackmann et al., 2011, pp. 35-36) 사실상, 마치 그것이 현실에서 일어나고 있는 실제인 것처럼 개인들은 고통스러운 심상을 경험할 수 있다. 따라서 침습적인 심상은 특히 PTSD를 경험한 사람들에게 강력하고 고통스러운 결과를 낳는다. 심상은 지각적 자극에 대한 민감성이 필수적이었던 진화적 역사에 근거를 둔 두려움과 다른 감정적 반응과 직접적으로 연결된다고 가정한다. 이 연구 영역에 따르면, 심상 재구성하기와 체계적 둔감법과 같은 주요한 심상에 기반을 둔 CBT 개입방법은 문제되는 기억들과 그것들과 관련된 심상의 감정적 영향을 감소시키는 데 유용하다.

심상과 신경과학

지난 20년 동안, 신경과학 연구는 정신적 이미지를 만들어 내는 뇌 영역이 지각을 돕는 영역과 같다는 증거를 보여 주고 있다. 이 결과들은 100년 전 퍼키에 의해 수행된 정신적 이미지와 지각에 대한 연구를 지지한다. 월러 등(2012)은 뇌 손상 환자에게서 발견된 심상과 지각 사이의 이중 해리 개념을 탐구하였다. 뇌 손상 환자는 심상 산출 기능이 멈추지만 지각 기능은 온전할 수 있고, 그 반대일 수도 있다. 신경과학 연구에 대한 철저한 검토 후에, 월러 등(2012)은 심상과 지각에 대한 일반적인 이해에 대해 다음과 같이 결론을 내렸다.

> 심상은 지각에 사용되는 많은 심리적 구조와 과정에 관여한다. 그러나 심상은 상향식 대신 하향식 경로를 통해 이 과정을 유발시킨다고 생각된다. …… 이 관점에서 지각처럼 심상이 동일한 심리적 과정을 사용하기 때문에 두 기능은 밀접하게 관련된다. 그러나 심상에서는 내적 원인 그리고 지각에서는 외적 원인에 따라 이 과정이 유발되므로, 이 두 현상은 구분될 수 있다.
>
> (p. 295)

피어슨 등(2013)은 정신적 이미지의 세 가지 중요한 구성요소, 즉 ① 심상 생성, ② 심상 유지, ③ 심상 검열에 대한 연구를 살펴보았다. 그들의 검토에서 정신적 이미지가 두 가지 경로, 즉 즉각적인 지각 정보를 통해서와 기억을 통해서 창조될 수 있다는 것이 밝혀졌다. 몇 가지 연구는 단기 기억과 장기 기억으로부터 재생된 심상 사이에 차이가 있고, 지금은 심상이 의도적으로 또는 비자발적으로 나타날 수 있다는 증거가 있다는 것을 가리키고 있다. 임상심리학에서 침습적인 심상은 불안, 공포, PTSD와 같은 장애에서 종종 발견되었기 때문에 아주 많이 연구되고 있는데, 이 연구는 치료 목적으로 필요하다. 반면에 의도적으로 얻은 심상은 실험심리학자의 범위에 속한다. 또 피어슨은 (시각적 정신 이미지의) 편측 무시(representational neglect), 우울, 주의력결핍 과잉행동 장애, 선천적 맹인과 같은 다양한 장애에서 심상 생성의 분명한 결핍이 있다는 것을 보고하였다.

코슬린(Pearson et al., 2013 재인용)의 연구에 의하면, 일단 정신적 이미지는 생겨난 후 쉽게 사라진다. 이 (지속시간) 짧음의 근원은 후두엽과 다른 신경 기질과 같은 지각과 공유하고 있는 신경계에 있는 것 같고, 정상적인 지각 활동을 방해하지 않기 위해 심상은 재빨리 사라지는 것 같다. 또 심상 소멸은 심상을 유지하는 데 필요한 주의력의 결핍과 관련될 수 있다.

마지막으로, 피어슨 등은 연구에서 일단 심상이 유지되면 인지과정에서 검열되고 사용될 수 있다는 생각이 지지된다는 것을 발견하였다. 코슬린(Pearson et al., 2013 재인용)은 심상 검열에 사용된 신경 처리과정이 심상 생성, 변형 및 유지에 활용된 것들과는 다르다는 것을 발견하였다. 이 연구에 의하면, 치료에서 정신적 이미지의 활용은 뇌의 여러 부분이 관여하도록 촉진하고 신경 가소성을 초래한다.

심상과 지각에 관한 뇌 영상 연구는 뇌의 후두엽, 측두엽, 두정엽이 두 가지 모두에서 활성화된다는 것을 밝혔다. 코슬린, 가니스와 톰슨(Kosslyn, Ganis, & Thompson, 2001)은 심상과 지각의 신경 처리과정을 밝히기 위해 뇌 영상 기술을 사용하였다. 한 가지 실험에서 연구 참여자에게 어떤 모양의 선을 상상하도록 했을 때 뇌의 어떤 영역이 사용되는지 조사하기 위해 뇌 정밀검사를 하였다. 그들은 한 사람이 환경 속에서 같은 물건을 지각하기 위해 눈을 사용할 때와 같은 뇌의 영역이 사용된다는 것을 발견하였다. 따라서 그들은 심상이 지각에 사용되는 것과 같은 신경 구조를 사용하고, 그 신경 구조가 신체의 감각적 사건에 번갈아 가며 작용할 수 있다는 것을 발견하였다. 이 결과에 따라서 그들은 심상과 지각 사이의 **기능적 등가성**(functional equivalence) 이론을 제안하였다. 또 이 결론은 CBT에서의 심상 사용을 지지한다. 예를 들어, 내담자에게 신체에서 어떤 기분을 느끼는지 물어보면, 그들은 신체 지각과 감각뿐만 아니라 정신적 이미지도 끌어낸다. 치료사들은 내담자의 지각이 의미하는 것을 중재하기 위해 내담자가 주는 정보를 활용한다. 이 연구는 또 만성 통증의 치료를 위해 마음챙김 명상을 활용한 카밧진(1982)의 연구를 지지한다. 통증의 심상과 신체에서 통증의 위치가 이러한 치료의 출발점이 된다.

임상 장면에서 심상 평가

심상에 대한 많은 평가방법이 있다. 피어슨 등(2013)은 실험적 · 임상적 사용을 목적으로 심상 기능들을 평가하기 위해 많은 연구를 검토하였고, 그것들을 정신적 이미지의 네 가지 인지적 측면에 해당하는 네 가지 영역, 즉 ① 심상 생성, ② 심상 유지, ③ 심상 검열, ④ 심상 변형과 조작으로 분류하였다. 또 저자들은 네 가지 영역, 즉 ① 심상 활용과 경험, ② 심상 재경험 현상과 침습적인 심상, ③ 잠재적인 심상의 평가, ④ 심상에서 편견의 평가에서 스물다섯 가지 측정 기준으로 심상을 탐구하였다.[2)]

이 측정 기준들은 치료에서 심상 활용에 관한 임상적 결정을 할 때 유용할 것이다. 어떤 심리치료 방식이라도 심상을 사용할 때 저자들은 한 가지가 아닌 여러 영역에서 정신적 이미지를 평가할 것을 제안하였다. 예를 들어, 우울을 겪고 있는 개인들을 대상으로 한 연구에서는 그들에게 심상 지속기간이나 유지에서는 손상이 없으나 정신적 이미지의 감각 및 운동 처리과정 면에서는 결함이 있다고 입증되었다. 따라서 우울한 내담자가 이 심상을 이해하고 다루도록 돕기 위해 CBT 치료에서 심상 다시쓰기를 활용하는 것을 지지하고 있다.

2) 심상 평가 도구의 종합적인 목록은 피어슨 등(2013)에서 볼 수 있다.

다른 진단을 받은 사람들의 치료에서 심상의 중요성을 이해하기 위해, 피어슨 등은 CBT 치료사들에게 치료에서 심상을 활용하는 방법의 근거와 지침을 제공할 수 있는 기존의 여러 측정 기준을 사용한 더 많은 연구를 장려하였다.

요약

정신적 이미지는 수 세기 동안 인간의 삶의 한 측면이 되고 있다. 그러나 심상에 대한 완전한 이해는 다소 어려운 상태이다. 그럼에도 불구하고 심리학자들에게 이 중요한 인지과정에 대해 알려 주는 문서화된 측정방법이 있다. 한 세기의 연구에 의하면, 심상은 인지의 강력한 측면이라는 것이 분명하고, 인간이 어떻게 생각하고 학습하는지를 이해하는 데 있어 지각과 언어만큼 중요하다. 정신적 이미지를 떠올리도록 내담자를 돕는 방법에 대한 여러 아이디어가 등장하고 있다. 또 심리치료에서 심상의 활용은 변화를 위한 방법이 될 수 있다는 증거가 있다. 대부분의 심리치료 방식은 심상을 치료 원칙에 포함하고 있다. 최근 연구를 바탕으로, 이제 우리는 특히 개인적이거나 자전적 사건과 관련된 기억 속 이미지의 힘을 이해한다.

임상가는 내담자의 심상 처리과정을 평가하고 이해하기 위해 수많은 임상 도구를 사용할 수 있다. 최근 연구는 이제 심상에 대한 신경과학에 초점을 두고 있다. 지금까지 심상은 뇌의 여러 부분에서 나타나고 지각과 같은 신경구조를 사용하고 있다는 것이 입증되고 있다. 게다가 심상 생성은 심상 검열과는 다른 뇌의 부분을 사용한다. CBT 실제에 정신적 이미지가 중요하다는 인식은 미술치료사들이 인지행동 원칙들을 미술치료에 받아들이도록 돕는다. 이 두 치료 방식의 이해를 위한 준비로서 CBT에서 정신적 이미지의 사용에 대해 논하는 것은 중요하다.

CBT에서 심상의 역사

처음부터, 인지치료는 정신적 이미지의 역할을 강조하고 있다(Holmes, Arntz, & Smucker, 2007). 정신적 활동은 단어, 구 또는 심상(시각적 인지; Beck, 1976)을 포함할 수 있다. 정서적 고통은 언어적 인지와 함께 시각적 인지와도 연결될 수 있고, 고통스러운 시각적 인지의 수정은 중요한 인지적 · 감정적 변화를 초래할 수 있다(Beck: Holmes et al., 2007 재인용). 심상은 CBT에서 중요한 심리적 지각 대상이기 때문에, 이 치료 방식에서 심상의 역사적 근거를 검토하는 것은 필요하다. 몇몇 이론적 · 치료적 선구자에 대한 이해를 통해 이 실제에 대해 많이 알게 될 것이다.

D. 에드워즈(2007)에 의하면, CBT의 일부로서 심상은 안나 프로이트(Anna Freud), 피아제, 모레노(Moreno)와 펄스(Perls)에 의해 지지되는 심리치료를 포함하여 미술치료사에게 친숙한 여러 심리치료 방식에 의해 알려졌다. 예를 들어, D. 에드워즈(2011)는 치료에서 심상의 활용과 모레노의 사이코드라마 사이에 몇 가지 공통점이 있다는 것을 발견하였다. 사이코드라마에서 환자들은 힘든 경험의 구체적인 세부 사항을 드러내는 장면들을 연기한다. 그 장면들은 문제 상황과 관련된 기억과 정신적 이미지에서 시작되고, 그다음 사이코드라마 집단 앞에서 연기된다.

1980년대 초에, 주요 CBT 사상가들은 게슈탈트 기법이 그들의 치료에 사용될 수 있다는 것을 발견하였다(D. Edwards, 2007). 벡(1970)은 왜곡된 가정이 아동기 도식으로부터 생겨난다고 가정하였는데, 이는 피아제뿐만 아니라 게슈탈트 원리를 연상시킨다. D. 에드워즈(2007)는 게슈탈트 원리가 현재 CBT에서의 심상의 실제에 가장 큰 영향을 미친 것들 중 일부라는 것을 알게 되었다. 펄스(D. Edwards, 2011 재인용)는 감정적 부담을 지닌 도식은 발견하기 어려울 수 있다고 설명하였고, 만약 그것들이 처리되지 않고 남아 있다면 이 도식은 행동에 영향을 미칠 수 있는 미해결 과제를 낳는다는 것을 발견하였다. 미해결 과제를 밝히는 방법 중 하나는 빈 의자 기법을 활용하는 것이었다. 강렬한 심상의 사용은 빈 의자 기법의 중요한 구성요소인데, 내담자는 고통스러운 경험의 핵심이 드러나는 감정을 표현한다(D. Edwards, 2011). 게다가 펄스는 대개 내담자에게 눈을 감고 꿈 심상이나 다른 자연발생적인 정신적 이미지를 떠올리게 함으로써 회기를 시작하였다. 이것은 회기의 시작점이 되었다. 펄스는 또 자기관찰과 지금 여기에 주의 깊게 집중하기, 순간순간에 집중하기가 치료에서 중요하다는 것을 알았다. 지금 여기에 대한 철저한 탐구는 게슈탈트 치료에 대한 이 견해들이 치료에서 마음챙김 접근일 뿐만 아니라 CBT의 일부가 될 가능성을 열었다.[3)]

행동주의에서 초기 심상적 접근

행동주의에서 초기 인지적 접근은 강한 감정적 부담을 지닌 도식은 변경될 수 있고, 정신적 이미지는 강한 도식을 완화시키는 중요한 기법이라는 생각에 기반을 두고 있다. 두 가지 기법, 즉 체계적 둔감법과 내현적 시연은 스트레스 장면에 자기를 위치시키는 정신적 이미지를 활용한다. 울프(Wolpe, 1958)에 의해 개발된 체계적 둔감법은 내담자가 공포를 다루도록 돕기 위해 심상을 사용하였다. 체계적 둔감법에서 내담자는 고통스럽거나 공포스러운 대상이나 상황을 확인한다. 내담자에게 가장 두려웠던 상황들을 위계표에 작성하도록 하는 것을 포함하며 치료는 비교적 단순하다. 이 상황들은 시각적 심상을 발달시키는 기초가 되었다. 이완도 체계적 둔감법의 주요 요소이다. 먼저, 이완훈련을 하게 되고 내담자는 이완되면 신호를 보내고 치료사는 내담자에게 가장 낮은 스트레스 상황을 상상하도록 요구한다. 치료를 하는 동안, 내담자들은 각 상황에 대한 정신적 이미지를 사용하여 스트레스 사건의 단계를 올라가게 된다. 목적은 위계표에서 각 사건에 대한 전반적인 불안 반응을 감소시키는 것이다.

울프의 제자인 라자루스(Lazarus)는 "불안을 감소시킬 뿐만 아니라 자기주

3) CBT와 마음챙김의 관계에 대한 더 많은 정보를 보려면 제7장을 참조하라.

장과 같은 새로운 습관을 연습하고, 문제 상황을 통제하고, 예상되는 도전에 대처하고, 혈압, 과민성 대장, 피부염과 같은 스트레스 관련 상황을 개선하는 데 심상을 사용하였다."(D. Edwards, 2011, p. xl) 이는 심상이 핵심인 또 다른 중요한 초기 행동치료 기법, 즉 내현적 시연으로 이어졌다. 내현적 시연에서 내담자는 현장이나 실제가 아닌 마음의 눈으로 상상하여 고통스러운 상황에서 어떻게 행동할지 상상하고 연습한다. 내담자가 상상된 시나리오대로 통제력을 얻게 되면 그들은 자연스러운 상황에서 공포나 두려움을 다루는 것에 대한 동기를 얻게 될 것이다. 상상한 시나리오가 현장에서의 연습만큼 효과적인지에 대한 논쟁은 지속되고 있다. 그럼에도 불구하고 심상 훈련은 내담자가 실제 상황을 다루도록 준비시킨다.

이 역사적인 행동 기법들은 힘든 문제에 대한 각성 반응을 바꾸기 위해 정신적 심상을 사용하였다. 그러나 대부분 남아 있는 이 심상의 감정은 공포 반응 그 자체를 완화시키는 치료에서는 다루어지지 않았다. 벡은 이 두 기법의 초기 사용이 너무 제한적이라고 설명하고, 우울한 내담자가 미래 긍정적인 심상을 상상하도록 한 라자루스(1971)의 연구를 더 선호하였다(Holmes et al., 2007). 오늘날, 벡은 현행 CBT 접근의 일부로서 스트레스 대상이나 사건의 의미를 이해하는 것을 장려하고 CBT 치료의 일부로서 감정 요소를 해결하도록 치료사에게 권한다(Hackmann et al., 2011).[4]

CBT에서 꿈과 백일몽

CBT 발달의 초기에 꿈과 백일몽 이미지는 정신분석과 인지과정 사이의 중요한 연결고리로 생각되었다. 벡(Rosner, 2002 인용)은 1950년대 후반에 심리치료에서 인지의 역할을 탐구하기 시작하였다. 그의 초기 연구 중 일부는 정신분석적 사고와 행동치료 방법 사이에서 중개 역할을 하려는 바람을 포함하였다. 그는 우울 치료 연구의 일부로서 꿈에 대한 연구를 수행하였다. 벡은 경

4) 다음 절 '인지로서 감정'을 참조하라.

험적 연구방법을 심리학 연구의 기준으로 여기고 있었기 때문에 특정 이론에 집착하기보다 자료들 속에서 발견되는 것에 초점을 맞추었다. 따라서 꿈에 대한 그의 연구(Beck, 1971)는 꿈을 욕구 충족으로 보는 것을 포함한 정신분석의 몇 가지 견해를 지지하지 않았다. 그래서 그는 꿈에 대한 연구는 꿈의 명백한 내용과 "여러 가지 기저의 과정을 추론하기보다는 내담자의 경험의 수준에 머무는 것"에 초점을 맞추어야 한다고 결론을 내렸다(p. 171). 그는 우울한 개인의 꿈의 내용은 "깨어 있는 그의 삶에서 우울한 환자가 경험하는 고통의 종류와 유사하다."는 것을 발견하였다(p. 208). 또 그는 꿈의 재료는 개인이 자기 자신, 세상과 미래를 보는 방식을 나타낸다는 것을 알게 되었다. 그는 이 세 가지 영역을 인지삼제라고 불렀다.

싱어(1975)는 백일몽에 대해 폭넓게 연구하였고 그것이 수많은 사람에 의해 행해지는 자연스러운 과정이며 병리적인 것이 아니라는 것을 발견하였다. 다양한 연구를 통해 그는 많은 사람의 공상은 미래 지향적이고 실용적이라는 것을 알게 되었다. 정보처리 패러다임을 활용하여 그는 백일몽이 긍정적인 현상이라고 가정하였다. 싱어의 연구 집단은 청소년들이 청년들이나 더 나이 든 사람들보다 더 자주 공상을 한다는 것을 발견하였다. 대부분의 백일몽은 예견적 요소를 포함하며, 청소년 시기에 공상은 미래를 준비하는 것이라는 가정을 지지하는 증거가 있다.

싱어는 또 공상에 자주 잠기는 청소년들이 위험한 행동을 포함할 수 있는 여러 가지 상황을 파악하고 숙고할 가능성이 크다고 하는 연구문헌을 검토하였다. 그들은 또 더 창조적이고 생산적이다. 싱어에 의하면, 일반 청소년들은 물론 비행 청소년들도 과거에 대해 생각하거나 미래를 상상하는 능력이 없다는 것을 가리키는 연구가 있다. 이는 문제 행동을 보이는 청소년들이 상상이나 공상을 하도록 돕는 것이 친사회적 행동을 발달시키는 데 유용할 것이라는 것을 암시한다.

물론 꿈과 공상에 대해 작업하는 것도 심상에 대해 작업하는 것을 의미한다. 초기 CBT 치료사들은 혼란스러운 꿈이나 심상은 우울이나 불안과 직접적으로 관련되고 차분한 심상은 각성을 줄일 수 있다는 것을 알고 있었다(Freeman & White, 2002). 이 저자들에 의하면, CBT 치료사는 내담자가 회기에 가져온 꿈을 다룰 준비가 되어 있어야 한다. 그들은 CBT에서 꿈에 접근하는 방법에 대한 열다섯 가지 지침과 꿈 일지 접근법을 제공하였다. 꿈 일지는 꿈을 기록하는 데 사용되었다. 일단 꿈을 기록하기 시작하면 내담자에게 꿈 분석에 대한 기록을 계속하도록 하였는데, 저자들은 꿈 분석 기록(Dream Analysis Record: DAR)이라고 불렀다. 꿈 분석 기록은 꿈의 날짜, 꿈의 개요, 꿈의 감정적 내용의 평가와 꿈 이미지의 재구성, 재구성 후 감정적 영향의 재평가에 대한 기록이었다. 이 기록은 회기에 가져오게 되고 CBT 치료의 일부였다. CBT에서 꿈을 활용하기 위한 프리먼(Freeman)과 화이트(White)의 열다섯 가지 안내는 다음과 같다.

① 꿈은 상징적 용어보다는 주제로 이해될 필요가 있다.
② 꿈의 주제 내용은 꿈을 꾼 사람에게는 특이하고, 꿈을 꾼 사람의 삶의 상황 안에서 봐야만 한다.
③ 꿈의 구체적인 언어와 심상은 의미에 중요하다.
④ 꿈에 대한 감정적 반응들이 깨어 있는 상황에서 꿈을 꾼 자의 감정적 반응과 유사하게 보일 수 있다.
⑤ 꿈의 특정한 길이는 내용보다 덜 중요하다.
⑥ 꿈은 꿈 꾼 자의 산물이며 꿈 꾼 자에게 책임이 있다.
⑦ 자동적 사고와 같이 꿈의 내용과 심상도 인지 재구성에서 다룰 수 있다.
⑧ 환자가 치료에서 '진전이 없을' 때 꿈이 활용될 수 있다.
⑨ 꿈의 재료와 심상은 내담자의 도식을 반영할 것이다.
⑩ 꿈은 회기 의제 설정에서 한 부분으로서 다루어질 필요가 있다.
⑪ 꿈 재료의 수집과 접속을 위한 방법과 훈련이 장려되어야 한다.

⑫ 내담자는 부정적이거나 부적응적인 꿈 이미지를 더 기능적이고 적응적인 심상으로 재구성하는 기술을 발달시켜야 한다.
⑬ 환자는 꿈을 요약하고 꿈의 '교훈'을 얻도록 노력해야 한다.
⑭ 꿈 이미지는 치료에서 요약만큼 적절하게 활용될 수 있다.
⑮ 꿈의 내용 수집과 분석은 표준 과제로써 활용될 수 있다.

(Freeman & White, 2002, pp. 45-48)

CBT에서 꿈과 꿈 이미지의 사용은 증상을 극복하고 내담자가 치유되도록 돕는다고 생각되었다. 치료자는 내담자가 스스로 꿈 이미지의 재구성을 시작하도록 격려한다. 감정적 내용의 평가와 재평가는 재구성 기법이 내담자에게 얼마나 효과적이었는지를 측정한다.

심상과 자기효능감

벡이 꿈과 심상이 내담자의 인지적 왜곡을 반영한다는 것을 발견하는 동안 다른 심리학자들은 정신적 이미지의 다른 측면들에 대해 생각하였다. 예를 들어, 밴듀라(1977)는 CBT의 치료적 접근에서 정신적 이미지가 자기효능감에 도움이 된다는 것을 발견하였다. 싱어(1974)에 따르면, 밴듀라는 인지적 접근과 학습이론에 맞는 심상의 모델을 제공하였다. 밴듀라의 심상에 대한 개념은 상징적 모델링과 관련되었다(행동적 모델링과 반대로). 그의 엄격한 행동주의자 동료들이 행동 변화를 위해 모델링을 활용하는 동안, 그는 모방이 상징적 형태를 통해 내적으로 발달된다는 가설을 세웠다. 그는 내적 표상이 학습을 초래한다는 것을 알게 되었다. 사실상, 그는 가장 효과적인 학습이 이들 표상의 언어적 부호화와 함께 시각적 형태의 내적 상징적 표상들 사이에서의 상호작용을 포함한다는 것을 설명하였다. 다양한 연구를 통해, 밴듀라(1977)와 동료들은 상징적 모델링이 내적 통제력과 자기조절력을 발달시킨다는 것을 발견하였다.

다른 심상 개입방법들에서도 자기효능감을 기대할 수 있다. 예를 들어, 체계적 둔감법과 내현적 모델링은 "대개 상상된 상황과 관련된 부정적인 감정을 감소시키고, 그런 상황에 직면할 수 있는 대처 기술을 포함하고 있다는 또 다른 의미를 개인에게 제공한다."(Singer, 2006, p. 109) 싱어와 포프(Singer & Pope, 1978)는 적응적 회피, 자기자각, 자기조절, 바이오피드백, 창조성과 미적 경험을 위해 구조적으로 사용될 수 있다고 하였다. 그들은 다음과 같이 말하였다.

> 심상, 환상 형태의 자기효능감 인지들 또는 여러 형태의 자기대화들은 우리가 어떤 형태의 행동을 할지, 우리가 그 행동을 하게 되면 얼마나 오래 지속할지, 얼마나 많은 노력을 기울일지를 결정한다. 한 사람이 처리할 수 있는 개인적 심상은 위험하고, 난처하거나 그렇지 않으면 싫어한다고 믿는 상황들을 해결하도록 도울 것이다.
>
> (pp. 26–27)

마이켄바움(1978)은 자기통제력과 자기효능감의 발달을 위해 CBT에서의 심상 사용을 위한 세 가지 중요한 과정을 요약하였다. ① 내담자가 정신적 이미지를 관찰하고 연습할 수 있을 때 통제력을 얻는데, 이는 감정과 행동을 조절하게 한다. ② 심상은 내담자가 문제를 재구성하도록 돕는 중요한 역할을 하는데, 이는 문제의 의미를 변경시키고 그다음 문제 행동이 일어날 경우를 감소시킬 것이다. ③ 심상은 대처 기술의 발달을 초래하는 대안적 행동의 정신적 연습을 돕는다. 싱어는 또 심상이 자기효능감의 가능성을 높이는 데 유용하다고 설명하였다. 벡, 밴듀라, 마이켄바움과 싱어의 연구에 의하면, 수많은 심상 기법이 지금 CBT에서 사용되고 있다.

요약

치료에서 심상 활용의 역사는 1880년대 자네와 함께 시작되었고 CBT 치료에서 심상 활용의 역사는 멀리까지 거슬러 올라간다. 비록 그렇게 폭넓게 설명되지는 않았지만 심상은 체계적 둔감법과 내현적 모델링에서 매우 중요한 역할을 하였다. 그러나 이 치료적 개입이 요구되는 문제 이면의 의미 발견과 감정적 내용에 대한 관심 부족 때문에 이 기법들에 대한 비판이 있었다.

벡은 이런 비판을 한 최초의 사람들 중 한 명이고, 꿈과 다른 형태의 심상에 대한 이해가 전반적인 CBT 치료의 유효성을 증가시킬 것이라고 생각하였다. 그의 우울과 불안을 겪는 내담자와의 치료는 매우 널리 알려져 있다. 우울을 겪는 내담자의 꿈 이미지에 대한 그의 연구는 꿈의 내용이 이 개인들의 깨어 있는 생활에서의 문제와 유사하다는 가설을 낳았다. 그는 또 불안을 가진 내담자를 치료하였다. 벡은 불안에 대한 CBT 책에 몇 가지 심상 기법(상상된 장면들)을 실었고(Beck & Emery, 1985), 또 꿈 이미지의 인지적 측면들에 대해 썼다(Beck, 1971; Rosner, 2002). 해크먼 등(2011)에 의하면, CBT 치료사들은 다양한 장애에 대한 심상 연구를 하고 있고 "또 임상병리학에서 침습적인 심상과 기억의 관계, 심상과 감정의 관계 그리고 표적 심상이 인지와 감정의 변화를 위한 노력에 직접적 · 간접적으로 미치는 영향에 대해 탐구하고 있다."(p. 6)

현행 CBT에서 심상의 활용

피어슨 등(2013)은 PTSD, 사회적 불안, 조현병, 양극성 장애를 포함하여 여러 진단군을 대상으로 한 현행 심상 기법 활용에 대해 검토하였다. 연구를 통해 그들은 구체적인 치료 개입방법을 정확히 설명할 수 있었고, 각 진단군을 위해 사용된 다양한 심상 기법이 정당하다는 것을 발견하였다. 홈즈, 안츠와 스머커(Holmes, Arntz, & Smucker, 2007)에 의하면, "CBT에서 심상 기법은 심상이 감정에 강력한 영향을 미친다는 것과 임상 장면에서 정신적 이미지가 감정적 문제를 경감시키는 강력한 심리치료적 도구가 될 수 있다는 전제에 기반을 두고 있다."(p. 298) PTSD, 사회적 불안, 성격장애를 포함한 여러 진단군을 위해 CBT는 다양한 심상 기법을 포함한다.

CBT에서 심상 개입의 목적은 일상생활을 방해하는 혼란스러운 감정을 감소시키거나 변화시키는 것이고, 더 이상 혼란이 없는 균형 잡힌 행동들을 할 수 있는 것이다. 해크먼 등(2011)은 침습적인 심상에 대한 기본적인 CBT 개입방법에 대한 세 가지 일반 특징을 설명하였다.

> ① 반영적인 메타인지적 관점 수립, 즉 내담자는 자신의 심상적 측면들(또는 심상의 부족)에 대해 기꺼이 반영해 볼 수 있고, 이 측면들을 알아차릴 수 있으며, 폭넓은 관점을 세울 기회를 가질 수 있다.
> ② 혼란스러운 심상과 동반된 의미, 감정 불러오기, 그리고 건강한 심상 부족에 대한 인식. 이는 반영을 위한, 인지와 메타인지 변화를 위한 기회를 제공한다.
> ③ 부정적인 심상과 그 의미를 변화시키기 위해, 긍정적인 심상을 창조하기 위해 그리고 새로운 가능성의 상상적 연습을 수행하기 위해 오래되거나 새로운 상반되는 정보들의 도입을 심사숙고한다. (p. 47)

부정적인 심상을 해결하는 CBT 개입방법과 긍정적인 심상을 촉진시키는 CBT 개입방법이 있다는 것에 대한 언급은 중요하다(Hackmann et al., 2011). 마지막으로 해크먼 등이 **직접적인** CBT 개입방법이라고 부른 것이 있는데, 이는 노출치료와 심상 조작을 포함하여 직접적인 방법으로 심상 문제를 해결한다. CBT 제3의 물결 또는 마음챙김의 일부인, **간접적인** 심상 기법들은 온정적인 관점에서 정신적 이미지를 다룬다.[5] 이 절에서는 CBT에서 사용된 세 가지 직접적인 심상 기법을 간단히 살펴볼 것이다.

5) 온정이나 다른 CBT 제3의 물결 기법들은 제7장에서 볼 수 있다.

침습적인 심상의 빈도 감소시키기

스머커(1997)는 PTSD에서 대부분의 인지적 · 감정적 혼란은 외상 이미지에 내재되어 있는 외상과 관련된 침습적인 기억으로부터 파생된 것이라고 하였다. 외상적 자료의 처리과정이 선호되지 않는 방법이라면 외상 이미지를 직접적으로 다루고 수정하는 것은 강렬하게 느껴질 것이다. 고통스러운 사건을 재경험하는 것은 PTSD와 다른 불안 관련 장애와 같은 외상 관련 장애들의 주요 구성요소이다. 해크먼과 홈즈(2004)는 침습적인 심상의 두 가지 주요 구성요소에 대해 말하였다. ① 그것은 외상 상황에서 의미가 있다. ② 그것에는 시간과 장소와 같은 배경 정보가 부족하다. 연구자들은 침습적인 심상이 의도치 않게 나타나고 두려운 것을 의미하고 자기에게 위협이 되는 것을 포함한다고 덧붙였다.

엘러스와 클라크(Ehlers & Clark, 2000)는 침습적인 심상은 언어적으로 그리고 모든 감각을 활용하여 자세하게 조사되어야만 한다고 하였다. 이러한 노출치료는 외상 이미지의 비자발적 성질을 감소시키는 데 중요할 것이다. 비록 이러한 개입방법이 고통스럽겠지만, 특히 내담자가 심상과 자전적 기억들을 연결시킬 수 있다면 이러한 침습의 강도를 줄이는 데 중요하다. 그렇게 함으로써 내담자는 침습적인 심상이 그 사람의 과거를 구성하고 있는 많은 기억 중 하나라고 개념화하게 된다.

외상 기억 중 위험한 상황에 초점을 맞추는 것은 또 다른 CBT 접근방법 중 하나이다(Holmes, Grey, & Young, 2005). 외상 이야기 전체를 다루려고 시도하기보다 내담자에게 외상 이미지 중 가장 힘든 측면을 인식하도록 요구한다. 영향력이 가장 큰 위험한 상황을 목표로 삼고, 내담자에게 외상에서 이 문제되는 측면들을 자세히 묘사하도록 요구한다. 이러한 심상이 자기에게 미치는 부정적 영향이 밝혀지고 결국 의미의 변화가 일어날 수 있다.

또 다른 CBT 기법은 배들리와 앤드레이드(Baddeley & Andrade, 2000)에 의해 개발된 심상의 파괴이다. 이것은 내담자에게 대체 심상 작업을 하게 함으로써 외상 이미지를 파괴하는 것을 의미한다. 다음에서 다른 CBT 개입방법인 심상 다시 쓰기와 긍정적인 심상 활용에 대해 설명한다.

부정적인 심상의 의미 변경하기와 심상 다시 쓰기

기억과 인지에서 심상의 역할에 대한 향상된 이해는 CBT 치료사들이 정신적 이미지의 부정적인 감정 반응을 바꾸는 방법을 찾도록 하였다. 홈즈, 안츠와 스머커(2007)에 의하면 이 기법을 처음 사용한 사람은 1919년 자네였고, 그는 그의 치료를 심상 대체(정신적 이미지를 다른 것으로 대체하는 것)라고 불렀다. 심상 다시 쓰기 활용에 대한 근원적인 이론을 이해하기 위해 파이비오로 되돌아가보자. 파이비오(1971)의 연구에 의하면, 정신적 이미지는 의미를 포함하고 사건의 이해에 도움이 된다. 침습적인 부정적 감정이 실린 심상, 사고, 기억은 내담자의 안녕에 해로운 의미를 지니고, 수많은 심리적 문제의 근원이 된다(Holmes et al., 2007). 파이비오의 연구에 의하면, CBT는 이제 외상 이미지의 의미를 재형성하는 심상 기법을 포함한다. 이는 PTSD, 불안, 우울장애에 대한 CBT 접근을 위해 특히 중요한 기법이다.

심상 다시 쓰기의 목적은 고통스럽거나 외상적인 심상을 갱신하는 것이다(Wild & Clark, 2011). 심상 다시 쓰기는 부정적이거나 외상 기억의 의미를 수정하고 외상 이미지를 적응적 심상으로 변경하는 데 사용된다(Arntz & Weertman, 1999). 부적응적 인지 확인하기, 도전하기, 변경하기를 포함하는 인지 재구성은 대개 심상 다시 쓰기와 함께 사용된다. 심상 다시 쓰기가 없는 인지 재구성은 왜곡된 인지에 감정적 힘을 부여하는 고통스러운 정신적 이미지를 다루지 못하기 때문에 효과적이지 않다는 증거가 있다.

일반적으로, 심상 다시 쓰기에는 3단계가 있다(Hackmann et al., 2011; Smucker, Dancu, Foa, & Neideree, 1995). 첫 단계는 아동(또는 초기 성인)의 관점에서 보는 외상적 장면을 다시 사는 것 또는 상상적 노출이다. 두 번째 단계는 내담자에게 현재 성인으로서 외상 장면으로 들어가 성인의 눈으로 사건을 보는 것이다. 마지막으로, 내담자에게 아동을 위로하고 돌보기 위해 그 장면으로 들어가서 아동이 필요한 것을 성인에게 요구하는 상상을 하도록 한다. 비록 이것이 다른 CBT 기법과 비슷하더라도, 심상 다시 쓰기는 "외상 사건의 심상을 수정하는 것뿐만 아니라 더 적응적인 도식적 표상을 창조함으로써 단순한 소멸을 넘어서는 것"이다(Smucker el al: Wheatly et al., 2007, p. 372 재인용). 두 가지 유형의 심상 다시 쓰기가 있다. A유형에서 부정적인 심상은 "더 온화한 심상으로 변형된다."(p. 298) B유형에서는 심상의 부정적 결과에 반대로 작용하는 긍정적인 심상을 구성한다(Holmes et al., 2007).

심상 다시 쓰기의 활용은 이제 널리 알려져 있고, 이는 PTSD(Grunert, Weis, Smucker, & Christianson, 2007), 아동기 성학대의 영향(Arntz & Weertman, 1999; Smucker et al., 1995), 우울(Wheatly et al., 2007), 또는 자살 경향성(Holmes et al., 2007)이 있는 개인들뿐만 아니라 사회적 불안(Wild & Clark, 2011), 폭식증(Somerville, Cooper, & Hackmann, 2007), 강박증(Specken, Hackmann, Ehlers, & Cuthbert, 2007), 성격장애(Arntz, 2001)를 겪는 사람들의 치료에도 포함된다.

긍정적인 심상 촉진하기

홈즈 등(2007)은 "심상이 언어적 처리보다 긍정적인 감정에 더 강력한 영향을 미치고 따라서 긍정적인 변화를 촉진하는 데 사용되는 인지행동 기법은 심상을 사용하여야 한다."라고 하였다(p. 300). 싱어(2006)에 의하면, 긍정적인 심상은 다양한 치료적 상황에서 사용될 수 있다. 라자루스(1971)에 의해 명명된 **감정적 심상**은 불안을 유발하는 부정적인 심상에 반대로 작용하도록 기쁨을 주고 이완시키는 심상을 활용하는 것이다. 기분 좋은 특징을 지닌 장면들은 주로 힘든 상황에 대한 각성 반응을 감소시키기 위해 불안 유발 심상과 함께 사용된다. 긍정적인 삶의 경험에 대한 심상도 각성 상태를 감소시키는 데 사용된다.

긍정적인 심상은 수많은 공포증의 치료 기간 동안, 특히 이완 기법들이 효과적이지 않을 때 체계적 둔감법 과정을 도울 수 있다. 내현적 강화를 포함한 몇 가지 CBT 기법에서 이완과정은 긍정적인 심상에 의해 향상될 수 있다(Singer, 1974). 내현적 모델링은 다른 스트레스 상황에서 잘 하고 있는 자기를 볼 수 있는 긍정적인 심상을 강화로써 사용할 때 향상될 수 있다(Singer, 2006). 해크먼 등(2011)은 긍정적인 심상이 새로운 존재 방식 상상하기와 더불어 치료 목표와 새로운 대처 기술의 공식화를 촉진시킬 수 있다는 것을 발견하였다. 또 긍정적인 심상은 질환이나 고통스러운 의료 절차를 진행하는 동안 생기는 불안에 대항하는 데 적용될 수 있다.

요약

치료에서 심상의 활용은 1990년대 자네와 함께 시작되었고, CBT에서 심상 활용의 역사는 멀리까지 거슬러 올라간다. 비록 폭넓게 설명되지 않았지만, 심상은 체계적 둔감법과 내현적 모델링에서 중요한 역할을 하였다. 그러나 이 치료적 개입이 요구되는 문제 이면의 의미 발견과 감정적 내용에 대한 관심 부족 때문에 이 기법들에 대한 비판이 있었다. 일단 치료에서 심상의 가치가 부각되자, 심상은 초기 이 두 CBT 기법을 향상시킬 수 있고 문제되는 사안을 처리하는 데 필요한 감정적 내용을 더 많이 해결할 수 있다는 것이 밝혀졌다.

벡은 초기 개입방법이 감정적 내용에 대한 이해가 부족하다는 이 주장을 처음으로 제기한 이들 중 한 사람이었고, 꿈과 다른 형태의 심상이 CBT 치료의 전반적인 효율성을 높일 것이라고 생각하였다. 우울과 불안을 겪는 개인에 대한 그의 연구는 매우 널리 알려져 있다. 우울을 겪는 내담자의 꿈 이미지에 대한 그의 연구는 꿈의 내용이 깨어 있는 생활에서 이 개인들이 가지고 있는 문제와 유사하다는 가정을 이끌어 내었다. 그는 또 불안을 겪는 내담자를 치료하였다. 벡은 그의 불안 관련 CBT 책에서 다양한 심상 기법(상상된 장면들)을 밝혔고, 꿈 이미지의 인지적 측면들에 대해 썼다(Beck, 1971, 2002).

심상이 진출한 세 영역은 침습적인 심상을 감소시키기, 부정적인 심상을 변경시키기, 긍정적인 심상을 촉진시키기이다. 이 세 가지 주요 사안을 다루기 위해 심상을 CBT에 통합하는 것은 오늘날 CBT 실제에서 매우 중요하다. 마지막으로, 최근 CBT 개입방법인 심상 다시 쓰기는 불안, PTSD, 우울과 다른 장애의 치료에서 중요하다는 것을 발견하였다. 심상 다시 쓰기는 내담자가 침습적인 사고와 외상 이미지의 의미를 변경시키도록 돕는다.

인지로서의 감정

> 감정이 인지 활동에 대해 일관되게 대립적이라는 생각을 지지하지 않을 뿐만 아니라, 일반적으로 감정이 인지에 관여하지 않는다고 정확하게 결론을 내리지도 못한다. 사실, 인지 없는 감정은 눈먼 장님이고, 특히 결론에서 보여 주고 싶은 바와 같이 감정 없는 인지는 공허하다.
>
> (I. Scheffler, 1991, p. 3)

D. 에드워즈(Greenberg & Safran, 1984 재인용)는 인지가 감정과 분리될 수 있다는 생각에 도전하였고 "인지 없이 감정이 없고 감정 없이 인지가 없다."라고 하였다(p. 569). CBT 이론가들과 치료사들은 이 개념을 받아들였다. 비록 CBT가 환경에 대한 인지와 지각에 영향을 받은 행동 반응을 해결하는 것에 관한 것이지만, 호프먼과 애스먼드슨(2008)은 CBT가 오직 인지 수정에만 기반을 둔 것은 아니라고 주장하였다. 그들은 CBT가 감정적 경험을 포함한 심리적 장애의 모든 측면을 해결한다는 것을 발견하였다.

감정에 대한 연구는 복잡하고 세밀하며, 지금은 이 복잡한 본질에 대한 연구의 일부로서 신경과학을 포함한다. 감정 이해에 대한 역사는 깊다. 감정에 대한 다면적인 연구 때문에 이 장에서는 감정의 인지적 기초와 감정-인지 관계로 제한하여 살펴볼 것이다. 이 두 구성요소 사이의 가장 강한 연결고리는 감정이 적응적인 기능을 가지고 있다는 점이다. 감정은 위험과 두려움 또는 즐거운 현상에 대해 경고할 뿐만 아니라 행동도 초래한다. 더 고등 동물이기에, 우리는 또 환경 속에서 일어나는 일을 인지적으로 평가하고, 만약 두려움이 지각되면 감정적 반응이 잇따라 나타난다.

감정-인지 관계에 대한 초기 견해

사모일로프와 골드프리드(Samoilov & Goldfried, 2000)에 의하면, 초기 행동주의 이론가들과 치료사들은 감정이 "이성적인 사고와 행동을 방해한다."는 스토아 철학자들의 감정에 대한 관점과 비슷한 관점을 가지고 있었다(p. 374). 예를 들어, 사모일로프와 골드프리드는 행동주의에서 감정을 무시했던 1924년 왓슨과 1953년 스키너를 모두 인용하였다. 왓슨은 감정은 유전적이고 파괴적이고, 학습은 감정의 불안정한 힘을 완화시킬 수 있다고 생각하였다. 왓슨과 마찬가지로 스키너는 감정이 파괴적이고 환경의 부산물이라고 생각하였다. 이 생각들은 스토아 철학에서 나온 것이다.

감정을 해결하려 했던 몇몇 가장 초기 철학자(AD 3세기) 중 스토아 학파는 감정이 적응적인 목적을 지니지 않는다고 가정하였다. 스토아 철학에서 감정은 이성적인 존재에게 해로운 것이고, 평온한 삶을 살 수 있도록 열정과 다른 감정의 영향을 감소시키기 위해 교육이 증진되어야 한다고 생각하였다(Russell, 1945). 스토아 학파는 감정은 통제할 수 없는 자동적 반응이라고 가정하였고, 그래서 통제될 수 있는 것에 초점을 맞추었다. 이를 위해 스토아 학파는 파괴적인 감정적 반응의 힘을 감소시킬 수 있는 자기통제력의 발달을 지지하였다. 감정에 대한 이 관점은 치료 모델에서 내담자가 그들의 경험을 좀 더 합리적으로 생각하도록 상담하였던 엘리스(1962)와 같은 초기 행동주의 이론가들과 잘 어울린다.

감정이 해롭다는 사고는 듀이(Dewey, 1895)와 같은 합리주의자들에게 만연되어 있었다. 진화론 연구에서 다윈(Darwin)은 1872년 초기 인간의 감정적 반응에 대해 연구하였고, 그것은 다른 포유류들의 환경에 대한 적응이나 두려움 반응의 흔적이라고 결론을 내렸다. 프로이트와 스트레이치(Strachey, 1930/1961), 왓슨(1924)과 스키너(1953)와 같은 다른 주목받은 이론가들은 감정의 기능이 진화의 과거 흔적이며, 파괴적이라는 것에 동의하였다. 그들은 정신적 건강을 위한 활동의 수단으로 감정의 통제를 지지하는 다윈의 사고방식을 활용하였다 (Keltner & Gross, 1999).

그러나 유기체가 적응을 위해 환경에 반응한다는 다윈의 이해는 또 다른 사고방식을 낳았다. 그의 이론은 심리학자들과 철학자들에게 대부분의 환경에서 유기체의 반응은 자연스럽고 자동적이라고 하였다. 그러나 엘즈워스와 스미스(Ellsworth & Smith, 1988)에 의하면, 고등 동물은 단순히 반응적이지 않으며, 환경에서 일어난 일을 생각한다. 이 생각들, 특히 욕구에 영향을 미치는 생각들은 감정을 초래한다. 감정은 행동을 동기화하지만, 덜 복잡한 유기체에서 감정처럼 자동적이거나 본능적인 대신에, 인간에게서 감정은 적응적이고 융통성 있다.

지금은 감정에 대해 연구하는 대부분의 심리학자가 감정이 우리의 삶에서 기능상 중요하다는 것을 알고 있으며, 그 기능이 환경에 대한 적응과 인지적 평가와 관련된다는 것에 동의한다(Gross, 1998; Keltner & Gross, 1999). 감정에 대한 이 관점으로 연구자들은 개인의 환경 내 감정의 원인과 부수적인 영향 그리고 사회적 · 신체적 생존에 대한 영향에 대해서도 연구할 수 있게 되었다.

라자루스와 스미스(1988)는 CBT 연구와 실제를 위해 감정적 반응의 발달면에서 두 가지 유형의 인지적 정보, 즉 지식(knowledge)[6]과 평가(appraisal)의 차이를 밝히는 것이 중요하다고 생각하였다. 그들에 따르면, 지식은 사건에 대해 축적된 사실들로 구성되어 있는 반면 "평가는 안녕을 위한 만남의 중요성으로 정의된다."(p. 281) 그것은 한 사람이 감정적 반응과 적응을 초래하는 상황을 평가하는 방법이다. 그들은 두 가지 형태의 지식, 즉 일반적인 것과 상황적인 것이 있다고 하였다. 일반적 지식은 상황에 대한 사실들로서 이미 이해된 것일 뿐만 아니라 우리가 누구인지, 우리의 태도, 신념, 일반적으로 우리

6) 역자 주: 교육이나 경험 또는 연구를 통해 얻은 체계화된 인식의 총체, 사물이나 상황에 대한 정보를 말한다. dic.daum.net

가 우리 자신을 보는 방식에 대한 사실들을 포함한다. 상황적 지식이란 특별한 사건이나 상황에 대한 지각이다. 저자들은 일반적 지식과 상황적 지식이 정확할 수도 있고 그렇지 않을 수도 있으며, 두 유형의 지식은 상황이나 사건에 대해 반응하는 데 필수적인 것이라고 하였다. 그들은 감정을 초래하는 것은 지식이 아니고 안녕에 영향을 미칠지 아닐지를 평가하는, 상황에 대한 평가라고 가정하였다. 그들은 다음과 같이 말하였다.

> 필요하긴 하지만, 지식 그 자체로는 감정을 생성하는 데 충분하지 않지만, 지식에 바탕을 둔, 만남에 대한 개인적 의미의 평가가 (감정을 생성하는 데) 필수적이고 충분하다. 각 긍정적 감정은 일종의 평가된 이익을 반영하고, 각 부정적 감정은 일종의 평가된 해로움을 반영한다.
>
> (p. 283)

사건에 대한 평가는 적응적인 감정과 행동을 초래할 수 있다(예: 위험한 상황에 있다고 평가하는 것, 위험과 관련된 두려움을 경험하는 것, 그리고 마지막으로 위험을 피하거나 완화시키려는 행동을 하는 것). 그러나 평가가 정확하지 않거나 과거 위험이나 상황에 근거를 두고 있으며, 부적응적인 감정이나 행동을 초래할 수 있다(예: 참전 군인은 자동 기관차 소음을 자신이 전쟁터로 돌아온 것으로 해석할 수 있고, 이것을 각성시키는 자극으로 보고, 그다음 자신을 보호하기 위해 움직일 것이다). 평가가 감정적 반응의 중요한 구성요소라는 설명을 가지고, CBT 치료사들은 내담자가 상황을 어떻게 평가하는지 밝히기 위한 전략을 연구하기 시작하였다.

평가와 관련된 감정

감정 유발에 대한 평가 모델은 인간에게 있어서 수많은 감정이론 중의 하나에 불과하다. 그러나 그것은 감정 이해 면에서 주요한 역할을 하고 있다고 말해지고 있다. 코핀과 샌더(Coppin & Sander, 2013)에 의하면 두 가지 평가 모델이 있다. 첫 번째 접근은 정보처리 모델을 활용한 평가를 개념화하였고, 두 번째 접근은 평가 인지처리 모델을 활용하였다. CBT 모델을 공식화한 것은 두 번째 모델이며 이에 대해 논할 것이다.

감정 유발에 대한 평가 모델은 앞서 언급했듯이 라자루스에 의해 가장 먼저 심도 있게 설명되었지만, 그것은 이전의 견해에 근거하고 있다. 예를 들어, 크라이틀러와 크라이틀러(Kreitler & Kreitler, 1972)는 개인적 의미의 발달을 알아내려고 하였을 때 의미의 발달이 두 가지 요소로 이뤄져 있다는 것을 발견하였다. '그것은 일반적으로 어떤 의미인가' '그것은 나에게 어떤 의미인가'이다. 그것은 나에게 어떤 의미인가 요소는 다소 새롭지만 사람들이 의미를 형성하는 방법을 밝히는 연구에서 중요한 구성개념이었고, 평가 개념의 발달에 중요하였다. 또 아널드(Arnold: Coppin & Sander, 2013 재인용)는 평가 모델의 선구자였다. 그녀는 각 평가 구조가 다른 유형의 감정을 초래한다고 하였다. 지금은 그녀의 가정을 지지하는 연구의 증거가 있다.

라자루스(1968)는 평가과정에 세 가지 측면이 있다고 가정하였다. 첫 번째 평가라고 부른 것은 환경에서 자극이 인식될 때 나타나고, 개인은 자신의 안녕에 대한 그것의 중요도를 평가한다. 두 번째 평가는 개인이 자극을 다루는 데 이용 가능한 자원에 대한 분석과 관련된다. 마지막으로, 재평가는 개인이 상황을 해결하고 그에 따라 적응할 때 나타난다. 라자루스와 스미스(1988)는, 지식은 냉정하지만 그 상황에 대한 첫 번째 평가는 "지식을 잠재적으로 감정적이게 하는, 개인적 관련성에 근거하여 행동에 에너지를 제공한다."는 것을 발견하였다(p. 284).

라자루스는 환경에 대한 해석에 상당한 가변성 있고 이는 폭넓은 감정을 초래할 것이라고 가정하였다. 코핀과 샌더(2013)는 라자루스에 의해 발전된 이 개념이 오늘날 여전히 널리 수용되고 있다고 하였다. 또 감정이 연속적인 처리과정이라는 그의 가정은 현대에도 타당성을 지닌다.

CBT에서 활용된 감정 개입방법

지금까지 말한 내용으로부터 추론해 볼 수 있듯이, CBT의 역사는 대개 감정을 무시했고 감정을 개입에 의해 최소화될 경험으로 보고 있었다. 최근에 CBT 이론가들과 치료사들은 인지의 부분으로서 감정의 중요성을 깨닫게 되었다. 호프먼, 애스먼드슨과 벡(2013)은 "감정과 인지의 관계가 양방향적이고, 감정의 변화가 인지의 변화를 초래할 수 있다."라고 하였다(p. 200). 그들은 또 환경에 대한 지각과 사건들이 원인이 되어 감정에 영향을 미친다는 것을 발견했고, 한 사람이 상황에 대해 어떻게 생각하느냐가 그들이 어떻게 느끼고 행동하는가에 영향을 미친다는 것을 설명하였다. 그러므로 그들은 정서적 고통의 조절이 인지치료 개입방법의 일부가 되어야 한다고 권하였다.

사모일로프와 골드프리드(2000)에 따르면, CBT의 초점이 감정을 억제하려는 목적으로 인지의 부분으로서 감정과 정서 장애를 해결하는 것에서부터 회기 중에 감정 재경험하기와 감정 활성화를 통해 내담자를 치료하는 쪽으로 변화하고 있다. 크라이틀러와 크라이틀러(1972)에 의해 제안된 이 변화의 목적은 내담자가 감정의 개인적 의미를 이해하도록 돕는 것이다. CBT에 감정을 포함시키는 일부 새로운 전개는 인지 도식의 감정 측면 해결하기와 감정의 구조에 접근하고 도전하기 위해 회기 중 각성 활용하기를 포함한다(Samoilov & Goldfried, 2000). 인지 도식은 개인적 의미에 뿌리를 두고 있는 감정 도식과 분리되어 있고, 치료에서 다루는 것이 중요하다. 그린버그와 사프란(Greenberg & Safran, 1984)에 의하면, 감정 도식은 기억뿐만 아니라 기대와 관련이 있다.[7] CBT 회기에서 감정 표현은 오래된 의미의 재구성을 위해, 더 새롭고 더 적응적인 의미를 생성시키기 위해 사용될 수 있다. 이 과정을 인지 재구성이라고 부른다.

감정 도식을 해결하기 위한 새로운 CBT 개입방법이 있음에도 불구하고, 감정 처리는 소수의 역사적인 개입방법에 치료의 근거를 두고 있었다. 이것의 예는 실제 노출치료 작업과 상상적 노출치료 작업이다. 감정의 각성은 이 치

7) 자전적 기억과 감정의 관계에 대한 더 많은 정보는 심상 연구와 관련된 절을 참조하라.

료의 핵심이며, 감정적 경험을 대상으로 하고 동시에 고등 인지 구조를 대상으로 한다. 사모일로프와 골드프리드(2000)에 따르면, 이러한 유형의 CBT 개입과정에서 치료적인 변화는 감정의 활성화와 처리를 통해 일어난다. 랭(Lang, 1979)은 이에 동의하였으며, 감정의 활성화가 불충분하다면 치료적인 변화가 어렵다는 것을 발견하였다.

CBT에서 감정을 다룬 또 다른 예는 불안장애 치료를 위해 발로(Barlow, 1988)가 개발한 것이다. 그는 내담자의 불안한 상황(예: 무기력, 걱정, 통제 상실)이 회기 중에 해결되지 않는다면 치료가 종결되지 않는다는 것을 발견하였다. 이완 기법과 유머의 조합은 불안한 상황에 대한 통제감을 증가시키기 위해 사용된다. 이 개입방법들이 미소 짓기나 생리학적인 다른 변화와 같은 불안의 행동에 대한 대안을 제공하기 때문에 이 감정의 변화가 나타난다.

PTSD 환자를 위한 CBT 치료는 외상 사건과 기억의 감정적 내용에 대한 노출을 포함한다. 감정적 기억 내용의 노출은 인지 재구성의 시작이다. 애도 작업과 비슷한 과정이 있다. CBT 치료사들은 내담자가 상실의 의미를 발견하도록 돕기 전에 상실의 감정적 측면을 해결하길 권한다(Fleming & Robinson, 2001). 감정 탐색은 상실을 다루고, 의미 재구성을 할 필요가 있다.

호프먼 등(2013)은 또 고통스러운 감정을 완화시키기 위해 인지 재구성 기법과 실제 노출 기법을 권하였다. 이 개입의 목표는 "부적응적 사고와 인지적 왜곡을 수정하는 것이고…… 지각된 대처 능력을 증가시키는 것, 개인적 취약성에 대한 지각을 감소시키는 것, 정서적 고통을 감소시키는 것이다."(p. 200) 게다가 그들은 감정이 실린 인지에 대한 두 가지 유형의 치료를 제안하였다. 선행사건 중심 감정 조절 개입은 인지 재평가를 포함한다. 반응 중심 감정 조절 기법은 감정 표현을 수정하는 것을 포함하는데, 이는 적응적인 표현방법들을 늘리는 것을 포함한다. 그들은 수용, 마음챙김과 같은 다른 기법들이 힘든 감정을 해결할 가능성이 있다고 하였다.[8)]

8) 수용과 마음챙김 기법들에 대한 논의는 제8장을 참조하라.

골드프리드와 데이비드슨(Goldfried & Davidson, 1976)은 CBT에서 인지와 감정을 연합하여 활용할 것을 제안하였다. 이를 위해 그들은 두 의자 기법을 포함하여 감정이 실린 인지 구조들을 대상으로 하는 몇 가지 개입방법을 사용하였다. 게슈탈트 원리에 기반을 둔 펄스의 기법들을 연상시키는 의자는 말하길 꺼리는 마음을 열게 하고 감정 상태를 최고조로 높인다. 이 개입은 내담자가 사건과 감정의 사실적인 의미와 비사실적인 의미를 확인하고 이야기하도록 한다. 인지 재구성은 감정과 개인적 의미 변화를 강화하기 위해 수행된다. 마지막으로, 유도된 심상은 감정의 각성을 준비시키기 위해, 그리고 앞에서 말한 것처럼 모델링과 둔감화 기법을 강화시키기 위해 CBT에서 사용될 수 있다(D. Edwards, 1990).

요약

CBT 패러다임에서 감정은 적응적인 기능을 한다고 알려져 있다. 감정은 개인에게 행동하라고 경고한다. 비록 초기 CBT에서는 대부분 무시되었지만, 임상에서 감정은 통합되고 있다. 이에 대한 근거들은 매우 많은데, 그것들은 일반적으로 감정에 대한 더 많은 지식과 감정과 인지의 관계를 밝히는 것을 포함한다. 라자루스, 벡 그리고 그 외 다른 연구자들에 의하면, 인지의 감정적 측면을 다루지 않는 CBT 개입은 내담자가 개인적 의미를 밝힐 기회를 놓치게 한다. 인지적 평가는 감정 반응을 이해하는 데 중요한 과정이고 평가는 감정에 선행하는 중요한 것이다. 몇 가지 CBT 기술은 고통스러운 감정을 감소시키기 위해 선행하는 평가와의 관계를 대상으로 한다. 인지 도식과 감정 도식의 상호작용이 CBT 치료를 종결시킨다. 감정 도식은 변화를 위한 자극으로서 열의나 힘을 제공한다. CBT 치료사들에 의하면, 회기에서 감정의 각성을 돕는 것은 내담자가 문제 행동, 장애와 관련된 개인적 의미를 밝히는 것을 돕는 것이다. 이는 PTSD와 불안을 다루는 데 특히 중요하다.

결론

정신적 이미지와 감정은 CBT 실제에서 두 가지 중요한 측면이다. 이는 치료에서 CBT를 '요리책식 접근'으로 여기는 많은 미술치료사에게 놀랄 일일 것이다. CBT의 이 두 가지 경험적 측면은 신경과학에 대한 최신 지식과 더불어 경험적 연구에 기반을 둔 것이다. 두 구성개념이 인지적 요소를 포함하고, CBT 치료사들은 치료 모델 내에서 이 구성개념들을 해결하는 것이 그들의 치료의 효율성을 높인다는 것을 발견하였다. 미술작업은 이 두 중요한 인지 구조를 다루고, 미술치료사에게 치료에서 생각해 볼 풍부한 소재들을 제공한다. 이 중요한 개념들을 활용하는 CBT 개입에 대한 이해는 내담자가 인지-행동적 관점을 통해 미술치료를 하도록 도울 것이다.

03

인지적-구성주의적 과정으로서 미술작업

03 인지적-구성주의적 과정으로서 미술작업

"생각하기는 심상을 불러내고, 심상은 생각을 포함한다. 그러므로 시각 예술은 시각적 사고하기의 홈그라운드이다."

(Arnheim, 1969, p. 254)

미술작업은 다르게 생각해 볼 수 없었던 것이 미술작업자에게 일어나는 과정에 참여하는 탐색 활동이다. 미술작업에 몰입할 때, 사람들은 시간 가는 줄 모르거나 지금 여기에 온전히 집중할 수 있다. 미술은 감각을 끌어들이고 대개 미술작업 경험을 하는 동안 온몸이 사용된다. 미술치료사는 경험적-감정적 치료가 되게 하는 미술작업의 측면들을 잘 알고 있다. 반면에, 다른 이들은 미술작업의 인지적 결과에 대해 알고 있지 않은 것 같다. 한 사람이 미술작업을 할 때 문제 해결, 식별, 의사결정 기술과 다른 인지과정들이 사용된다.

이 장의 목적은 미술작업의 인지적 측면들 중 일부를 탐색하는 것이다. 인지적-구성주의를 탐색하는 것은 인지로서의 미술에 대한 철학적 기초를 마련하는 것이다. 그러므로 이 장의 첫 부분은 인지심리학과 피아제, 비고츠키, 브루너의 인지발달이론에 영향을 준 구성주의 철학의 측면들에 대한 개요를 설명한다. 미술작업이 인지 영역에 뿌리내리도록 하기 위해 인지 발달, 구성주의와 CBT, CBAT의 관련성을 탐색한다. 이 장의 두 번째 영역은 특히 미술작업의 인지적-구성주의적 측면들에 초점을 맞출 것이다. 여기서 CBAT 이해를 위해 필수적인 미술과 미술작업의 구체적인 인지적 특징을 탐색하게 될 것이다.

인지적-구성주의

구성주의 철학적 개념은 인지심리학과 인지과학의 이론에 기반을 두고 있다. 많은 사람이 심리학적 구성주의 개념을 소개한 피아제의 연구를 인정한다(Fosnot & Perry, 2005), 그리고 그는 레프 비고츠키(1965), 제롬 브루너(1990), 조지 켈리(1955)와 같은 사상가들이 아주 조금 인용하는 데 영향을 미쳤다. 구성주의 철학은 CBT와 CBAT에 대한 우리의 이해를 심화시킨다.

구성주의는 인간이 어떻게 지식을 습득하고 주변의 세상에 대한 의미를 형성하는지를 이해하는 방식이다. 비록 피아제 이전에 다른 사람들이 인간은 세상에 대한 관점을 구성한다고 말했지만, 피아제는 발달적 관점에서 지식 형성에 대한 연구를 시작한 첫 번째 사람이다(von Glasersfeld, 1995). 또 피아제는 1967년 구성주의적 인식론이라는 용어를 처음으로 사용하였다. 폰 글라저스펠트(von Glasersfeld)에 따르면 구성주의 관점은 급진주의인데, 피아제보다 앞서 철학자들은 지식이 현실에 대한 진정한 표상이라는 보편적인 관점에서 지식과 지식의 습득을 연구하였다. 현실에 대한 하나의 진정한 표상이 있다는 견해에 대해 의문을 가진 피아제는 지식 형성에 대한 실용적인 접근을 하기로 결정하고 연구 문제로 다음 질문을 사용하였다. 아동은 어떻게 지식을 배우고 습득하는가? 피아제는 다윈의 생물학적 적응과 자연선택설 이론을 따랐고, 지식 습득이 생물학 영역에서 발견된 특징들과 유사한 적응적 특징들을 지닌다고 가정하였다. 그의 철학에 대한 광범위한 이해와 피아제 연구를 바탕으로, 폰 글라저스펠트(1995)는 구성주의를 안내하는 두 가지 원리를 밝혔다.

- 지식은 감각이나 의사소통을 통해 수동적으로 받아들여지는 것이 아니다. 지식은 인지 주체를 통해 적극적으로 형성된다.
- 인지의 기능은 적응적이고, 그 용어의 생물학적 의미에서 적응이나 생존 경향이다. 인지는 객관적인 존재론적 현실을 발견하는 것이 아니라 실험적 세계에 대한 주체의 구성을 돕는다. (p. 51)

인지 발달, 지식 습득, 의미 형성을 이해하기 위한 토대 형성이 피아제의 이론에서 시작하였다. 다른 이론가들이 피아제와 비교하여 논의될 것이며, 비고츠키와 브루너를 포함할 것이다. 이 저자들의 근거에 기반을 두고, 치료적 활용을 위한 미술작업의 인지적 특징에 접근하는 정당성이 탐색될 것이다.

피아제

피아제의 연구는 인간 발달과 지식 습득에 대한, 그리고 내가 지지하고 있는 것처럼 미술치료에 대한 인지적-구성주의적 관점을 이해하기 위한 모델이다. 폰 글라저스펠트(1995, p. 54)에 의해 알려진 바와 같이, 인간의 인지와 발달에 대한 일관성 있는 모델을 만들려고 시도한 것과 같이 "피아제는 인지에 대한 구성주의적 접근의 선구자였다." 인지발달을 이해하려는 그의 탁월함은 과장될 수가 없다. 피아제(1967)는 인지-개념 영역에서 지식 습득은 적응적 기능이라고 보았다. 피아제에 의하면, 적응은 인간 기능에서 중요한 것이다. 생물학적 적응과 반대로, 그는 지식 습득을 인지적 평형(Piaget, 1967)으로 개념화하였다. 평형의 개념은 지식 형성의 기초가 된다. 그리고 폰 글라저스펠트(1995)는 "인지 발달은 평형의 확장이라는 특징을 보인다."는 것에 동의하였다(p. 67).

피아제(1967)에게, 지식 습득은 신체적 행동이나 정신적 행동에 기반을 둔다. 그리고 그는 "모든 지식은 행동과 연결되어 있고, 대상이나 사건을 안다는 것은 행동 도식에 그것을 동화시킴으로써 그것을 사용하는 것이다."(pp. 14-15)라고 하였다. 행동 도식은 세상에 관한 의식을 구성하는 것에 대한 피아제의 개념의 기초가 된다. 지식은 현실에 대한 고정된 설명이기보다는 지속적으로 발전하는 것이다. 인지 구조들은 행동, 활용과 관련되기 때문에 임의적이지 않으며, 임의적으로 변화하지도 않는다. 폰 글라저스펠트(1995)에 의하면, 피아제는 마음이 어떻게 조직되는지 개념화하였고, 인지적 행동 도식이 경험을 체계화하고 이 경험들을 구조화된 영역으로 변형시킨다는 것을 가정하였다. 새로운 경험은 기존의 축적된 구조에 지속적으로 추가된다.

지식의 양이 아닌 구조에 초점을 맞추고 있었기 때문에, 피아제(1967)는 지능 측정에 대한 생각에 반대하였다. 그는 인지 발달이 정적인 노력이 아닌 행동의 결과인데, 아동기 이후 신체에 의한 행동이기보다는 마음이나 정신적 조작 행동의 결과라고 보았다. 지식의 습득이 행동 도식 상황하에서 발생하기 때문에 그것은 자극-반응의 과정이 아니라 목표 지향적인 것이다. 피드백 고리처럼, 도식은 동화와 조절(이 과정들은 다음에서 설명된다)의 기능 때문에 자기조절적이다. 개념 구조는 환경에서 문제에 직면하게 될 때 그리고 하나의 도식이 더 이상 기능적이지 않을 때 수정된다. 개념 구조의 실패는 도식의 문제 때문이거나 도식의 모델을 확장시킬 필요가 있을 때 발생할 수 있다. 요약하면, 피아제(1967)에 의하면 세상에 대한 인간의 지식은 창조되고 구성되는 것이며, 무엇보다 중요한 것은 개인의 경험에 기반을 두고 있다는 것이다.

피아제 이론의 복잡함을 이해하기 위해 몇 가지 정의가 필요하다. 에플랜드(Efland, 2002)는 그의 이론을 이해하기 위해서 피아제의 지능 발달의 네 가지 기본 개념인 도식, 동화, 조절, 평형에 대한 설명이 필요하다는 것을 알았다.[1] 에플랜드에 의해 중요하다고 생각된 네 가지 정의뿐만 아니라 피아제 이론의 네 가지 다른 측면들, 즉 성숙, 사회 학습, 단계 이론, 상징 발달도 설명될 필요가 있다.

도식

에플랜드(2002)에 따르면, 도식은 미래에 세상과의 만남을 위한 안내서로서 기억 속에 있으며, 정연하게 나타나는 과거의 경험에 기반을 둔 마음속 구조이다. 도식은 인생과 다른 발달 단계들을 통해 변화하고 적응한다. 학습과정을 통해 도식은 더 분화되고 감각-운동 경험에 덜 의존하게 된다(Efland, 2002). 폰 글라저스펠트(1995)는 피아제 연구가 '도식이론'의 선두에 있는데, 그중 도식은 기본 구성요소 중 하나라는 것을 알게 되었다. 폰 글라저스펠트(1995)에

1) 용어 schema와 scheme은 자주 바꿔서 사용된다.

의하면, 피아제의 도식이론은 세 가지 능력을 포함한다.

> 능력, 그리고 능력을 넘어서 경험의 흐름 속에서 반복하게 하는 경향성. 이것은 적어도 두 가지 추가적인 능력인 경험을 기억하고 회상(재현)하는 능력 그리고 유사점과 차이점에 대해 비교, 판단하는 능력을 수반한다. 그리고 유기체는 다른 경험들보다 특정 경험을 '좋아한다'는 전제인데, 그것은 어떤 기본적인 가치들을 지니고 있음에 틀림없다.
>
> (p. 68)

그러므로 도식은 인지 구조일 뿐만 아니라, 피아제의 지식 형성에 대한 이해를 위한 기반이 되는 것이다. 앤더슨(1984)은 지식의 본질은 구조, 이 구조의 기본적 비계가 되는 도식이라고 한 피아제에 동의하였다.

동화

지식 형성, 발달적 학습, 조정이나 적응에 기초가 되는 두 과정은 동화와 조절이다. 새로운 정보는 이전 도식에 이식되고, 새로운 것은 이미 구성된 구조에 동화된다는 것이 에플랜드(2002)의 동화에 대한 이해이다. 동화의 한 가지 의미는 이 과정은 개념적 구조에 적합한 것을 받아들이고 나머지는 무시한다는 것이다. 버리는 과정은 피아제 이론에서 적응적인 것인데, 인지 구조에 적합하지 않은 것을 버리고 한 사람이 평형을 찾도록 돕기 때문이다. 동화는 "한 사람이 새로운 개념적 내용을 기존의 도식이나 행동 패턴에 통합하는 인지과정"이다(Wadsworth, 1971, p. 14). 동화는 도식을 변화시키지 않지만, 도식이 추가된 새로운 정보에 적응할 수 있도록 한다. 따라서 동화는 외부 세계에의 적응을 의미하는 것이 아니라 개인의 평형을 향상시키기 위해 내적 세계에 적응하는 것이기 때문에 중요한 구성주의의 원리이다(von Glasersfeld, 1995). 피아제(1952)가 말했듯이, "동화는 단순한 동일시로 한정되는 것이 아니라, 이러한 구조에 정보들을 통합하는 것과 동시에 구조를 구성하는 것이다."(p. 416)

조절

조절은 새로운 경험의 입력이 기존 개념 구조나 도식에 쉽게 포함되지 않는 과정이고, 만약 조절이 도달하지 못하면 새로운 입력은 비생산적인 사건을 방지하는 데 사용되거나(차단) 기존의 도식과 완전히 다른 새로운 도식을 낳을 수 있다(Efland, 2002). 어느 쪽이든 학습이 일어난다. 워즈워스(Wadsworth, 1971)가 언급했듯이, "조절은 새로운 도식의 창조이거나 낡은 도식의 수정이라고 정의된다."(p. 16) 워즈워스에 의하면, "조절은 발달을 설명하고(질적 변화), 동화는 성장을 설명한다(양적 변화). 둘 다 지적 적응과 지적 구조의 발달을 설명한다."(p. 16) 명확히 말하면, 만약 새로운 정보가 예상된 결과를 낳지 않는다면 조절이 일어난다. 그리고 아동이 동화를 다시 시작하기 위해서는 조절이 필요하다. 개인이 새로운 경험을 동화시킬 수 있을 때 결과로 생기는 도식은 개인의 세계와 확실하게 일치한다. 이 구조들이 개인의 경험 세계와 일치한다는 점에서 이것들은 지능의 지표가 될 수 있다(von Glasersfeld, 1995).

평형

평형은 피아제의 지식 습득에 대한 이해에서 또 다른 필수적인 구성요소이다. 폰 글라저스펠트(1995)에 의해 이해되었듯이, 조절의 개념은 평형에 대한 학습이론에 기반을 두고 있다. 이 과정은 새로운 도식의 발달을 통해 문제를 해결한다. 에플랜드(2002)에 의하면, 만약 어떤 이가 동화하고 조절하지 않는다면 그들은 사물이나 사건에 대한 차이를 발견하기 어려운 몇 개의 매우 큰 도식을 가지고 있을 것이고, 현실은 미분화된 하나의 전체일 것이다. 만약 한 사람이 조절은 하는데 결코 동화하지 않는다면 그 사람은 사소한 차이의 수렁에 빠지고 일반화할 수 없을 것이다. 어느 쪽이든 평형을 파괴할 것이고 그 사람에게 많은 문제를 초래할 것이다. 수많은 내담자가 미술치료에 가져오는 걱정들과 불쾌한 것들을 동화/조절에 대한 에플랜드의 이해로부터 추론하기 쉽다. 이 두 과정 사이의 균형을 유지하는 것은 인지 균형이나 평형 상태에 중요하며 치료에서 목표가 될 수 있다.

성숙

폰 글라저스펠트(1995)에 의해 생각되었듯이, 피아제의 인지발달 모델은 도식이 예상되는 결과를 낳기보다 곤란해질 때 차례로 평형을 유지하거나 재설정하는 조절(가능한 새로운 도식)이 나타난다는 것이다. 따라서 평형의 확대가 성숙과 정신적 건강을 특징짓는다(예: 개인이 제거하는 불안의 수를 늘리기). 이 개념은 또 치료에 적용할 수 있다. 피아제 이론에서 평형을 이룬다는 것은 불안 자체의 제거가 아니라, 오히려 조절과정의 시작인, 혼란이 문제에 대한 반영적 추상화로 이어질 수 있다(von Glasersfeld, 1995). 이 반영은 문제를 새로운 도식이나 문제를 재이미지화하는 방법으로 변형시키는 힘이 될 수 있다. 이 과정은 외상 기억에 대한 치료 작업의 기초가 된다. CBT 치료사들은 이 과정을 심상 다시 쓰기라고 명명했으며, CBAT 치료사들은 내담자가 외상 사건에 대한 불안을 다시 그려 내고, 재구성하고, 다시 표현하도록 격려한다.

사회 학습

비록 피아제가 사회적 맥락의 결여로 인해 종종 비판을 받았지만 그의 이론은 개인 내적일 뿐만 아니라 대인관계적이다. 폰 글라저스펠트(1995)에 의하면, 아동에게 불안한 결과를 낳거나 그가 혼란이라고 명명한 타인들과의 상호작용이 있다. 앞에서 언급했듯이, 혼란은 조절로 이어진다. 타인과 상호작용할 때 혼란이 일어나기 때문에 피아제 이론은 대인관계적이고 사회문화적 측면을 포함한다. 그러나 일부 이론가는 피아제가 사회문화적 학습을 온전히 탐색하지 않았다고 본다. 예를 들어, 에플랜드(2002)는 이 점에서 피아제를 비판했고 사회문화적 학습에 대한 깊은 이해를 제공한 비고츠키의 연구를 발견하였다.[2)]

2) 비고츠키에 대한 다음 절을 참조하라.

발달 단계 이론

비록 피아제가 주로 발달 단계 이론으로 알려졌지만(피아제 인지 발달 4단계는 감각-운동, 전조작, 구체적 조작, 형식적 조작이다), 인간이 어떻게 지식을 구성하고 적응하는지에 관한 그의 견해가 그의 연구의 초점이 되어야 한다(von Glasersfeld, 1995). 계층적 단계는 원래 발달적 행동을 관찰하기 위한 틀이나 연구를 위한 도구로 생각되었다. 피아제(1962)의 단계 개념은 정확한 단계적인 과정이 아니다. 그는 어떤 아동은 일련의 상황에서 형식적 조작기에 도달할 수 있지만 다른 상황에서는 여전히 전조작기에 머물러 있을 수 있다고 이해하였다. 그러므로 학습은 상대적이거나 상황에 따른 것이다. 미술치료사들에게 인지 발달 단계는 그림을 통해 평가될 수 있고 아동의 발달 수준에 대한 대략적 평가를 제공할 수 있지만, 아동 능력의 모든 측면으로 일반화되어서는 안 된다. 사실상 미술치료사들은 치료 팀에게 아동의 인지 능력에 대한 미술치료 평가 결과를 제공할 수 있다. 그들은 또 미술작업 과정을 통해 다른 곳에서 언급되지 않은 다른 발달적 단서에 대한 증거를 제공할 수 있다.

상징 발달

피아제(1962)의 체제는 두 가지 학습 유형을 포함한다. ① 목표 성취와 생존을 위한 평형을 돕는 감각 학습 또는 행동 도식과 ② 행동과 고등 사고를 이끄는 구조의 일관성 있는 개념적 틀을 획득하도록 돕는 조작적인 도식을 포함한 반영적 추상화이다. 감각-운동 지식은 행동과 반영적 추상화 또는 상징 속 개념적 지식으로 나타난다(Lusebrink, 1990). 구상적인 것과 조작적인 것 사이에, 그리고 신체적 행동과 정신적 조작 사이에 차이가 있다. 움직임에 의한 구상적인 감각은 신체적 행동이고 관찰 가능한 것이다. 추상이나 정신적 조작은 아동이 감각운동적 신호를 연합하고 조합하여 구성하는 것이다. 조작은 항상 마음에 의한 것으로 관찰 불가능하고, 결과는 반영적 추상화가 된다. 그러므로 조작은 추상적일 뿐만 아니라 상징적이라고 한다.

피아제는 아동의 놀이 관찰을 통해 상징 발달을 발견하였다(Piaget, 1962).

관찰을 통해, 아동은 그가 1차 상징들이라고 명명한 것인 자신의 상징적 놀이를 알고 있거나 2차 상징인 자기 행동의 상징적 중요성을 알지 못한다고 가정하였다. 1차 상징의 순간에 대한 예로, 아동은 부모가 새로 태어난 아기를 어르는 것을 볼 때 바로 인형을 들고 이 행동을 따라 한다. 2차 상징적 순간은 아동이 새로 태어난 아기를 세심하게 보살피는 양육자를 볼 때 손가락 빨기와 같은 초기 행동들로 되돌아갈 때이다. 피아제는 2차 상징은 무의식적이고 아동은 자신의 행동을 인지하지 못한다고 하였다. 그는 또 2차 상징적 행동은 보상적 특징을 지닌다고 가정하였다. 2차 상징은 3개의 영역 "아동 자신의 신체에 대한 흥미(빨기, 발기)와 관련된 것, 기본적인 가족 감정과 관련된 것(사랑, 질투와 공격), 그리고 아기가 태어난 것에 집중된 불안과 관련된 것"으로 나눠질 수 있다(Piaget, 1962, p. 173).

물론 상징은 동화와 조절 과정을 통해 발달되고 고등 정신과정의 발달을 가리키는 것이다. 동화와 관련된 상징은 더 내적이고 감정적인 특징을 지닌다. 반면에 인지적 특징과 같은, 조절과 관련된 상징은 더 외적이고 의식적이다. 상징도 두 과정의 특징을 지닐 수 있다.

피아제(1962)에게 상징은 인지적 중요성과 심리적 중요성 모두를 지니며 대개 개인의 정신적 문제를 드러냈다. 이 가정은 특히 2차 상징들을 이해하려고 할 때 중요하다. 왜냐하면 2차 상징들은 청산(liquidation)의 특징을 지니거나 보상적인 특징을 지닐 수 있기 때문이다. 청산의 예는 놀이치료에서 가족 내 학대를 드러내기 위해 아동이 쥐 가족 피규어를 사용하는 것이다. 약함, 불안이나 두려움을 보상시키려는 아동은 매일 집단에서 슈퍼맨 복장을 하려고 할 것이다. 이러한 유형의 놀이 행동은 또 미술치료에서 명백히 나타난다. 아동은 몇 장의 큰 종이 위에 두꺼운 크레용으로 강하게 낙서함으로써 없애 버리거나 미술 작품에서 영웅을 창조하고 재창조함으로써 보상시킬 것이다. 이러한 유형의 상징적 행동은 또 PTSD를 겪는 사람들처럼 외상 스트레스원에 직면하는 성인들에게 적용된다.

요약

피아제는 초기 인지적–구성주의 이론가들 중 한 명일 뿐만 아니라 CBT와 CBAT를 위한 사례의 기초를 이루는 여러 가지 개념을 제공한다. 그의 이론은 구성주의 개념과 개인이 어떻게 지식을 습득하는지 이해하게 한다. 그의 이론에서 개인은 환경과 상호작용하는 경험을 통해서 지식을 습득하고, 사람들은 그들 자신의 세계관을 형성한다. 피아제는 인지 발달이 적응적인 기능이라는 관점을 가지고 있다. 그는 사람들이 지속적으로 새로운 지식을 습득하는데, 이는 그들의 세상에서 변화에 대처하기 위해 더 잘 준비하거나 평형 상태에 도달하도록 돕는다고 가정하였다. 유사하게, CBT의 기본 목표는 개인이 새롭거나 문제가 되는 상황에 적응하고 안정 상태에 도달하도록 돕는 것이다. 이것은 CBAT도 해당된다.

피아제의 여러 가지 인지 구성개념은 미술치료에도 유용하다. 첫째, 하나의 지식 구조물로서 도식은 재창조될 수 있거나 폰 글라저스펠트(1995)가 말했듯이 재현되고 점검될 수 있다. 개인의 경험에 근거한 도식을 알기 위해 미술치료사는 현재 환경에 적응하는 데 유효하게 작용하는 부분들과 유용하지 않은 다른 것들을 밝히기 위해 다양한 관점에서 도식을 탐색한 다음 도식을 그리도록 요구할 수 있다.[3] 동화는 내적 발달과 평형에 중요하다. 만약 개인이 감정과 관련된 사건을 동화시키는 데 어려움이 있다면 미술치료사는 사건을 탐색할 수 있고 이해와 수용을 목적으로 그것을 재경험하고 재현하도록 도울 수 있다. 조절도 마찬가지이다. 힘든 외적 사건에 대한 탐색은 동화과정이 새롭게 진행될 수 있도록 하는 새로운 도식을 발달시키거나 창조하는 시작이 될 수 있다.

개인이 에플랜드(2002)가 문제가 되는 것이라고 언급한 이 두 과정 중 하나에만 전적으로 의존한다면, 미술치료사는 다른 하나를 발달시키도록 도울 수

3) 갠트와 티닌(Gantt & Tinnin, 2007)은 PTSD 환자를 위한 미술치료 개입에서 다시 표현하기 개념을 사용하였다.

있다. 아주 상세한 것에 매인 한 사람은 이 상세한 것에 대한 맥락을 만들기 시작할 수 있다. 반대로 지식 구조가 너무 개괄적이고 맥락이 부족한 사람에게 미술치료사는 내담자가 환경의 작은 측면들을 만들고 다양한 환경 사이의 유사점과 차이점들을 발견하도록 도울 수 있다.[4] 핵심은 내담자가 평형과 성숙에 이르도록 돕는 것이다. 둘 다 치료에서 중요한 목표이다.

상징 발달이라는 주제에 대한 피아제의 생각은 CBT와 CBAT의 체제에 부합한다. 피아제는 상징을 인지적 · 감정적 요소를 가지고 있는 것으로, 그리고 환경과 상호작용을 통해 구성되는 것으로 개념화하였다. 게다가 그는 상징을 1차나 2차가 될 수 있는 인지로 생각하였다. 2차 상징은 미술치료사에게 중요한 것이 될 수 있다. 이 상징들은 조절과정이 어렵고 결과가 내적 갈등이 될 때 발달된다. 따라서 (대개 정신적 이미지의 형태인) 상징은 갈등들을 반영하기 위해 창조되고 그것들은 개인의 생각을 드러내고 개인의 현실의 일부가 된다.

에플랜드(2002)에 따르면, 미술에 대한 생각이 피아제 이론의 등장과 함께 변하였다. 구성주의의 이해에 앞서, 예술은 인지와는 구별되었고 오로지 감정적인 영역에 속해 있었다. 피아제는 상징 발달과 미술작업이 지적 발달을 강화하는 인지 활동이라고 말함으로써 미술에 혁명을 일으키게 되었다. 이 원리는 CBAT와의 이론적 관련성을 강조한다.

대부분의 사람은 피아제 이론을 인지 발달 체제로 알고 있다. 그의 인지 발달 단계는 지식 습득이 지속적인 과정이고 초기 학습은 더 복잡하고 추상적 사고의 기초가 된다는 것을 이해하도록 도왔다. 폰 글라저스펠트(1995)에 따르면, 피아제는 사회적 · 문화적 사건들이 개인의 인지 발달에 어떻게 영향을 미치는지에 대한 탐색이 충분하지 않다는 비판을 받았다. 그러나 상호주의자의 관점에서 피아제 이론에 대해 말하면, 사회 학습은 그의 이론 중 하나의 구성요소이다. 그러나 비고츠키는 사회 학습에 대한 개념을 더 발전시켰고 문화가 지식 구조에 매우 중요하다고 하였다.

---

4) 제5장에서 라인(1979a, 1979b)의 연구에 대한 설명을 참조하라.

비고츠키

비고츠키와 피아제는 지식이 환경과의 상호작용을 통해 구성된다고 설명하였다. 그러나 비고츠키의 인간 발달에 대한 그의 이론에서 학습에 대한 문화의 영향은 피아제의 이론에서보다 더 중요하다. **사회문화적 인지**라는 용어는 비고츠키의 인지발달이론을 설명하는 데 자주 사용되었다(Efland, 2002). 아이스너(2002)는 학습과정과 인지 발달에 사회문화적 요소의 중요성을 전하고 있는 비고츠키를 인정한 많은 최근 사상가 중 한 명이다. 비고츠키 모델이 이 지식 구조의 획기적인 변화를 포함하기 때문에 미술, 미술작업과 관련된 인지 발달에 대한 그의 생각을 다루는 것은 필수적이다.

지식 습득에 필요한 상호작용

비고츠키(1978)에 의하면, 온전히 실현된 인간이 되는 데는 두 가지 상호작용 영역이 필요하다. 첫째, 그는 사회 언어 학습으로부터 도출되고 문화, 사회적 관계의 내면화를 통한 사회적 기호(sign)의 습득은 지식 습득에 필수적이라고 규정하였다(Blanck: Efland, 2002 재인용). 기호는 내부 지향적이고 행동의 자기조절에 사용된다. 사회적 세계는 대상과 기호를 구성한다. 그러나 행동은 대상 그 자체가 아닌, 대상에 부여된 기호에 의해 결정된다. 개인은 그들 주변에 있는 대상에 의미를 부여하고 그 의미에 따라 행동한다. 기호의 내면화를 통해 의식은 구성되고 재구성된다. 비고츠키(1965)의 관점에서 언어는 그러한 사회적 기호 중 하나이며, 사고 조직을 위한 중요한 도구이다. 비고츠키 이론을 활용하여, 에플랜드(2002)는 "언어 습득은 의식적인 정신생활을 가능하도록 한다."라고 반복해서 말하였다(p. 33).

둘째, 비고츠키는 환경에 영향을 미치는 도구의 사용과 자기의 변형 사이에 상호작용 과정이 있다고 하였다. 그가 매개자라고 부른 도구는 환경을 통제할 뿐만 아니라 환경에 영향을 미치는 방법이라고 주장하였다. 그는 매개자도 사회적 기호가 될 수 있다고 생각하였다. 비고츠키는 인간이 환경에서 자극을 조정하고 수정하기 위해 기구와 도구들을 활용하기 때문에 지식을 습득한다고 생각하였다. 에플랜드(2002)에 의하면, 비고츠키는 사람들이 또한 행동을 조절하기 위해 기구와 도구들을 사용한다고 하였다. 도구 사용의 결과로 고등 정신과정이 관여되고 연마된다. "도구는 외부 지향적이고 물리적 · 사회적 현실을 변형시키는 데 사용된다."(Blanck, 1990: Efland, 2002, p. 33 재인용)

피아제와 같이, 비고츠키는 놀이가 아동 발달에 필수적이라고 생각하였다. 어린 아동의 놀이는 사회적 역할 탐색을 포함하고, 에플랜드(2002)에 의하면 성인 역할의 연습을 위한 장을 제공한다. 비고츠키는 아동은 놀이를 통해 세상을 표현하고 이 기본적인 활동을 통해 세상의 의미에 대해 이해하게 된다는 것을 발견하였다.

발달 단계

비고츠키는 두 가지 발달 단계를 생각하였다. 첫 번째 단계는 주의, 지각, 기억과 같은 하등 정신과정을 구성한다. 이 과정은 성인과의 상호작용을 통해 습득되고 사회화되도록 아동에 의해 사용된다. 두 번째 단계는 고등 정신과정이 발달할 때이고, 이는 문화에 의해 제공되는 도구(예: 언어, 쓰기, 미술)를 사용하여 나타난다. 그의 이론에서 행동 변화는 기호 체계의 내면화에서 비롯된다. 행동 수정은 결국 고등 발달 단계에 이르게 한다. 인간은 문화적 경향과 도구의 도움으로 하등 발달 단계에서 고등 발달 단계에 이를 수 있다. 따라서 내면화 과정은 인간이 고등 인지 단계를 얻도록 한다. 블랭크(Blanck: Efland, 2002, p. 32 재인용)에 따르면, "도구는 물리적 · 사회적 현실의 변화를 향하며 외부를 지향한다. 기호는 행동 자체의 자기조절을 향하며, 내부를 지향한다."

비고츠키는 발달에 사회적인 측면과 심리적인 측면이 존재한다고 보았다. 비고츠키는 인간 존재의 의미는 문화에 따라 결정된다고 가정하였다. 따라서 문화적 영향이 아동에게 내면화될 때 고등 단계의 정신생활이 시작된다. 에플랜드(2002)는 "비고츠키 이론에서 문화는 인지의 단계와 내용을 결정하고, 단지 문화적 영향이 내면화될 때 고등 정신과정이 시작된다!"라고 하였다(p. 33). 문화의 내면화는 의미 형성을 자극하는 것이다.

창조성과 기호로서 미술작업

비고츠키는 언어를 인지 발달에서 사용되는 1차적인 문화적 기호 중 하나로 언급하였으며, 또 상상력, 창조성, 미술 안에서 아동이 사용하는 창조성과 과정들도 연구하였다. 「아동기 상상력과 창조성(Imagination and creativity in childhood)」이라는 논문[1967년 러시아어 문헌을 샤프(Sharpe)가 2004년 영어로 번역]에서, 비고츠키는 인간의 상상의 특징을 논하였고 두 가지 수준의 상상 활동을 제시하였다. 첫째, 기억과 관련된 것을 그는 재생적 상상이라고 불렀다. 이 상상의 형태는 과거 회상에 기반을 두고 사람들이 기억과 현재 경험을 다룰 수 있도록 한다. 두 번째 유형인 진정한 상상을 그는 창조적 또는 결합적 행위라고 불렀다. 이 상상의 유형에서 개인은 새로운 생각이나 행동을 조직하기 위해 과거 경험을 회상하고 다른 기억들과 그것들을 조합한다. 비고츠키는 "그것은 인간이 미래를 지향하는 창조물이 되게 하고, 미래를 창조하고 그에 따라 자신의 과거를 변경하도록 하는 바로 인간의 창조적 활동이다."라고 하였다(p. 3). 그는 창조적 경험으로서의 작문, 연극, 미술을 연구하였다. 미래를 창조하는 것이 유일하게 인간이며, 한 개인이 어떤 사람이 되고 있는지를 묘사하는 데 중요하다는 것에 중점을 두었다. 따라서 창조적 경험이 미래를 발전시킨다. 비고츠키는 인간이 창조적 활동에 관여할 때 또 경험의 의미를 형성하기 위해 과거를 재구성한다고 하였다. 이와 마찬가지로 중요한 것은 인간은 미래를 창조한다는 것이다.

상상력과 창조성에 대한 그의 생각은 인지 발달, 구성주의 그리고 치료에서 미술의 사용을 이해하는 데 중요하다. 비고츠키는 아동에게 미술이 창조성의 1차적인 형식이라는 것을 알게 되었다. 미술작업을 통해(비고츠키는 특히 아동의 그림에 대해 연구하였다.), 그는 아동이 그림으로 자신의 기억과 현재 경험을 창조한다고 믿었다. 놀이 활동에 참여하듯이 미술 활동은 아동이 경험을 탐색하고 세상의 의미를 깨닫는 기회를 제공한다. 비고츠키 이론에는 인지 발달에서 미술의 중요성과 관련하여 치료에서 미술을 사용하는 논리적 근거가 있다. 게다가 CBT의 주요 원리는 내담자가 더 나은 미래를 계획하고, 동시에 기억과 과거 힘든 일에 접근하여 내담자가 과거를 재창조하고, 재구성하거나 재상상하도록 돕는 것을 포함한다. 이 두 개념의 조합은 CBAT의 기초를 제공한다.

요약

사람들은 환경과의 상호작용을 통해 발달한다. 비고츠키에 따르면 아동은 이 상호작용을 통해 문화의 중요성을 배우고 문화에 적응한다. 예를 들어, 언어와 같은 사회적 기호들, 기구와 도구의 사용은 인지 발달과 지식 형성의 기초가 된다. 기호는 내적이고 행동 조절을 돕는다. 도구는 외부적 · 물리적 환경에 대해 그들을 표현한다. 비고츠키는 두 가지 단계, 즉 하등 인지 발달 단계와 고등 인지 발달 단계를 생각하였다. 하등 단계는 고등 정신과정의 습득에 중요하다. 비고츠키 이론에서 미술은 기호이고 언어와 더불어 자기인식에 사용된다. 그는 창조성이 유일하게 인간의 활동이고 미래 지향적이라 생각되는 중요한 부분이라고 하였다. 구성주의, CBT 견해, CBAT의 공식화는 비고츠키의 생각에 바탕을 두고 있다.

브루너

인지심리학자이며 구성주의 이론가인 브루너(1990)는 개인이 개인적 발견을 통해 의미를 형성한다고 믿었다. 피아제와 마찬가지로, 그는 아동이 어떻게 지식을 습득하는지에 관심을 가졌다. 브루너는 아동이 사회적 환경과의 상호작용을 통해 배우고 지식을 습득하고, 따라서 학습 수준을 지닌다고 믿었다. 브루너는 언어를 그저 인간 문화를 둘러싸고 있는 것이나 의사소통 목적을 위해 부과된 구조 정도로 보지 않았다. 그는 언어가 문화적으로 엮여 있고 의미 형성에 사용되는 필수적인 도구라고 보았다.

언어 습득

브루너는 아동의 언어 습득과정에 대한 관찰을 통해 그의 이론을 발달시켰고, 언어를 위한 세 가지 상황을 발견하였다. 첫째, 그는 언어가 양육자와의 상호작용을 통해 습득되고 이 상호작용으로부터 배운 것의 지속적인 사용을 통해 발달된다고 하였다. 둘째, 아동이 언어를 배우기 이전에 이미 의사소통 기능이 있고 이것은 "가리키기, 이름 붙이기, 요구하기 그리고 오해하기를 포함한다."는 것을 발견하였다(Bruner, 1990, p. 71). 셋째, "첫 언어 습득은 매우 상황에 민감한데, 이는 대화하고 있는 것의 중요성이나 대화가 있는 상황의 중요성을 전언어적 방식으로 이미 파악하고 있을 때 훨씬 더 발달한다는 것을 의미한다."(p. 71) 언어 습득에 대한 그의 이해를 바탕으로 아동의 학습이 세 가지 발달 단계, 즉 활동적 표상, 영상적 표상, 상징적 표상을 통해 나타난다고 가정하였다.

발달 단계

브루너에 의하면, 활동적 단계는 생후 1년 안에 발생한다. 지식은 과거 운동 동작에 저장되고 그것에 기초한다. 그리고 사건은 운동 반응을 통해 표상된다. 이 개념의 단순한 예는 유아에게서 딸랑이가 떨어졌을 때 일어나는 것인데, 딸랑이가 떨어졌음에도 불구하고 유아는 마치 계속 딸랑이를 흔들고 있는 것처럼 손과 팔을 계속 움직인다. 이 학습 형태는 평생을 통해, 성인기에도 사용된다. 예를 들어, 새로운 기술을 배우기 위해 어떤 사람에게는 설명보다 행동이 더 쉽다. 비록 이 생각은 보통 어린 아동이 배울 수 있는 수단으로 여겨지지만, 행동은 평생 동안 새로운 기술을 배우는 데 도움이 될 수 있다.

1세에서 6세까지의 영상적 단계 아동에게 지식은 정신적 이미지로 저장된다. 이 단계의 아동은 지각과 심상을 조직함으로써 사건을 나타낸다. 아동은 대상의 사진이 대상의 표현이라고 인식한다. 아동은 또 대상을 가리키는 단어가 그 대상을 나타낸다고 인식한다. 실제 꽃은 단어 '꽃'과 꽃 사진으로 나타낼 수 있다. 영상적 단계에서 상징적 단계로의 놀라운 전환이 있는데, 이 변화는 언어 발달을 통해 일어난다. 언어가 상징적이기 때문에, 언어는 아동이 간결하게 복잡한 생각을 표현할 수 있도록 한다. 브루너에 의하면 아동이 언어를 더 잘 사용할수록 외부 힘을 더 잘 다룰 수 있게 된다.

상징적 단계에서 두 가지 중요한 언어 개념인 원격성(remoteness)과 임의성(arbitrariness)이 사용된다. 개인이 단어가 대상을 나타낸다는 것을 알게 될 때 원격성의 요소가 나타난다. 이것은 언급하고 있는 대상이 보이지 않을 때 개인이 타인과 대상에 대해 말할 수 있도록 한다. 예를 들어, 학령기 아동은 그날 학교에서 책을 읽었다는 것을 양육자에게 말한다. 책이라는 단어는 어떤 사람 앞에 있는 책과는 다소 멀리 떨어진 대상 지시기호이다. 아동이 발달함에 따라 더 어려운 용어가 원격성을 통해 이해될 수 있다. 예를 들어, 정원이라는 단어처럼 다른 단어들도 원격성을 증가시킨다. 대부분의 사람이 정원에 대한 개념을 가지고 있지만, 책이나 꽃과 비교해서 더 원격적 요소를 지닌다. 왜냐하면 다른 많은 종류의 정원이 있으므로 정원의 종류가 설명될 필요가 있기 때문이다. 임의성은 더 추상적이며, 개인이 많은 특징을 가진 복잡한 개념에 대해 생각하거나 말할 수 있게 한다. 최근에 읽은 책을 참고하였던 아동은 책에서 배운 것, 예를 들면 생태학, 기후 변화나 자유에 대해 토론할 수 있다. 이 개념은 그것의 다양한 특징 때문에 임의적이며, 일부 사람은 특정한 특징에 초점을 맞출 것이고 다른 사람은 다른 특징을 강조할 것이다. 추상적 개념의 구체적인 특징을 받아들이는 것은 지식의 습득을 가리킬 뿐만 아니라 의미를 형성하는 것이다.

개인이 언어를 사용하는 법을 배움에 따라, 그것은 더 많은 지식 발달을 위한 하나의 구성요소가 된다. 브루너는 성공적인 언어 사용이 지식 습득뿐만 아니라 향상된 대처 전략으로 이어진다는 것을 발견하였다. 이 전략들은 외부 세력과 내적 갈등 모두를 해결하려고 노력하는 것과 관련된다. 또 언어 사용의 증가는 상징 형성과 의미 발견을 위한 더 큰 능력을 가질 수 있게 한다. 따라서 브루너의 상징 형성 개념은 복합적인 의미를 지닌 하나의 생각이나 개념 또는 심상에 수많은 정보를 통합하는 것이다.

인지심리학과 의미 형성

심리학에서 인지적 혁명을 이룬 주요 이론가들 중 한 명으로서 브루너(1990)는 이 관점에서 벗어나는 것에 대해 실망하였다. 실망스럽게도, 그는 의미 형성하기라는 구성이 정보처리로 대체되는 것을 보게 되었다. 인지심리학의 개혁에 대한 그의 입장은 심리학적 사고를 지배하던 행동주의 이후에 인간의 정신을 이해하는 쪽으로의 복귀라는 것을 분명히 하고자 하였다. 그는 다음과 같이 말하였다.

> 그것의 목적은 인간이 세상과의 만남에서 형성하는 의미를 발견하고 공식적으로 설명한 다음, 어떤 의미 형성과정이 관련되는지에 대해 가정하는 것이다. 인간이 세상과 자기 자신을 구성하고 이해하는 데 사용한 상징적 활동에 초점을 두었다.
>
> (p. 2)

의미 형성에서 정보처리로의 변화가 나타났을 때, 브루너는 컴퓨터의 증가와 보편적 사용을 원인으로 보았다. 즉, 정보처리는 컴퓨터 처리과정과 일치하였다. 비록 컴퓨터가 의미와 유사한 연산을 하지만 모호성이나 은유를 다룰 수 없다는 그의 확신은 중요하다. 브루너는 인간으로서 우리는 직면하는 모호한 상황과 딜레마를 알아차린다고 하였다. 이 알아차림은 인간이 치료와 의미 형성으로 향하도록 밀어붙인다.

요약

브루너는 구성주의 이론의 발달에서 주요 인물이다. 그는 언어가 인지 발달의 중심이라고 하였고 아동이 언어를 어떻게 사용하는지 관찰함으로써 발달 단계를 나타내었다. 피아제의 발달 단계와 일치하는, 그의 세 발달 단계는 아동기와 청소년기 언어 사용에서 사용된 정교함에 주목하여 단계들을 설명하였다. 많은 이론가가 지식 구성을 정보처리와 동일시하는 것에 실망한 그는 이 문제를 해결하는 분명한 의견을 말하였다. 그는 의미 형성이 구성주의 이론과 인지심리학의 기본적인 목적이라고 단언하였다.

비교 분석

피아제와 비고츠키 사이에 몇 가지 유사점이 있다. 둘 다 인지 발달에 대해 설명하였다. 피아제가 아동기 놀이 관찰을 유일하게 활용한 반면, 비고츠키는 문화적 기호와 도구에 대한 그의 생각에 근거를 두었다. 그는 언어, 놀이, 미술 작업과 같은 다른 상상적 활동으로부터 아이디어를 얻을 수 있었다. 두 저자 모두 지식 구성이 외적 요소와 내적 요소를 지닌다고 가정하였다. 피아제는 네 가지 주요 발달 단계를 구성하였고, 비고츠키는 지식 습득을 탐색하기 위해 두 단계를 사용하였다. 둘 다 이전 단계는 다음 단계로 진전하기 위해서 필요하다고 하였다. 피아제 이론에서 동화는 내부 세계의 창조를 돕고 조절은 외부 이해를 돕는다. 유사하게, 비고츠키는 사회적 기호가 자기조절력을 촉진하고 도구는 외부를 형성한다고 가정하였다. 그들의 생각에서 주요 차이점은 비고츠키가 인지의 주요 측면으로서 문화의 중요성과 문화적 학습의 통합을 강조하였다는 것이다. 그의 개념은 문화의 내면화를 지식의 중요 요소로 보는 반면, 피아제의 인지의 주요 구성요소는 환경과의 상호작용이다.

브루너와 피아제의 비교는 몇 가지 유사점과 차이점이 있다는 것을 보여 준다. 두 이론가는 인지 발달과 지식 습득을 환경과의 증가된 상호작용을 통한 점진적인 과정으로 이해하였다. 그러나 그들의 개념은 서로 다른 관찰방법을 통해 나타났다. 피아제는 이 이론을 개발하기 위해 놀이에서 아동을 관찰한 반면, 브루너는 그의 개념을 다듬기 위해 다양한 연령대의 아동이 언어를 습득하는 것을 관찰하였다. 둘 다 증가된 인지적 자각으로 개인은 적응 능력(피아제)과 대처 능력(브루너)을 향상시킨다는 것을 발견하였다. 상징과 상징주의는 각 이론의 주요 요소이다. 피아제에게 상징적 사고는 동화와 조절 과정의 일부인데, 청산과 보상은 인지적이고 감정적인 상징적 요소를 포함한다. 브루너 이론에서 단어와 언어는 상징적이고 정신적 이미지의 요소를 지닌다. 그의 이론에서 상징은 인지적으로 구성되고 의미를 지닌다. 두 사람의 관점에서 가장 주요한 측면은 지식이 구성된다는 점이다. 그러나 지식 습득을 더 발전시킨 것은 브루너였고, 의미는 언어 습득을 통해 나타나고 인지의 주요 특징이라는 것을 발견하였다.

비고츠키와 브루너의 이론도 유사하다. 그들은 인지 발달의 수단으로 언어 습득에 초점을 두었다. 둘 다 언어가 문화적 의미를 지닌다는 것을 발견하였다. 브루너에게 의미 형성은 어렵고 추상적인 개념을 표현할 수 있는 언어 사용 능력을 통해 가능하다. 비고츠키에게 문화의 내면화는 자기조절력으로 이어진다. 따라서 두 이론은 중요한 심리적 구성으로서 대처 능력을 장려한다. 브루너는 상징을 그의 모델에 포함시켰다. 비고츠키는 고등 정신과정을 강조하였다. 두 개념 모두 의미 구성과 삶의 어려움을 해결하는 능력에 필요하다.

인지 발달과 구성주의 개념의 이해는 이 특징들을 지닌 미술의 측면들을 이해하는 데 있어서 빠뜨릴 수 없는 것이다. 다음 절에서는 미술과정의 인지적 특징을 밝히기 위한 이론들이 인지심리학과 미술치료가 양립될 수 있다는 논의에 덧붙여질 것이고, 미술작업을 인지적이고 구성주의적인 과정으로 설명할 것이다.

인지적-구성주의적 과정으로서 미술작업

대개 미술과 미술작업은 감정의 표현과 감정을 담는 용기 정도로서 감정적 영역으로 분류시켜 버린다. 이 관점과 관련된 문제는 인지와 인지 발달에서 미술을 중요하게 여기지 않는다는 것이다. 아이스너(2002)에 의해 언급되었듯이, "예술은 오랫동안 인지적이기보다는 '감정적인', 어렵기보다는 쉬운, 단단하기보다는 부드러운, 복잡하기보다는 단순한 것으로 인식되어 왔다."(p. 35) 다행히도 이 개념은 변화하고 있는데, 이는 인지심리학과 인지과학의 발전과 함께 시작되었다. 이 패러다임 변화는 감정이 예술 활동의 부분이 아니라 이제 지각과 인지 발달의 부분이고, 필수적인 것으로 이해한다. 예를 들어, 피아제(1954)는 인지 발달에서 인지와 감정의 차이를 발견하지 못하였다. 오늘날, 많은 이론가는 예술 활동이 인지적 특징을 포함하고 인지 형성과 학습 향상의 수단이라고 주장하고 있다. 이 절에서 인지적이고 구성주의적인 과정으로서의 미술에 대한 논의가 이루어질 것이다. 첫째, 미술작업의 인지적 특징이 아이스너와 에플랜드의 개념을 통해 탐구될 것이다. 둘째, 미술이 인지의 형성과 확장 과정이라는 개념이 논의될 것이다. 마지막으로, 미술이 의미 형성을 발전시키는 방법을 살펴볼 것이다.

미술작업의 인지적 특징

수년 동안, 다양한 저자가 미술과 미술작업이 어떻게 마음의 특징을 포함하고 있는지를 연구하고 있다. 예를 들어, 안하임(1969)은 미술이 지각을 발달시키고, 그것은 인지과정이라고 주장하였다. 그는 미술이 아동이 생각을 개념화하도록 돕고 관계 및 구조를 이해하게 하고, 마지막으로 "이미지 작업이 세상을 이해하는 데 도움이 된다."고 덧붙였다(p. 257). 아이스너(2002)는 "미술작업이 복잡하고 미묘한 사고의 형태를 발달시키는 데 기여한다."라고 설명하였다(p. 35). 그리고 에플랜드(2002)는 미술이 어떻게 "아동의 인지 능력을 발달시키는지" 알기 위해 연구를 시작하였다(p. 7). 피아제와 함께 이 세 명의 저자는 인간이 인지를 어떻게 발달시키는지 이해하기 위해 어린 아동을 연구하였다. 이 저자들에게 아동의 미술은 문제 해결, 개념 형성, 의미 형성의 발달에 대한 단서를 제공한다.

이 세 이론가가 최근 수십 년 동안 미술작업의 인지적 힘을 이해하려고 한 유일한 사람들은 아니다. 다른 이론가로는 게첼스와 칙센트미하이(Getzels & Csikszentmihalyi, 1976), 윌러스와 그루버(Wallace & Gruber, 1989) 그리고 와이스버그(1986)가 있다. 비록 이 영역의 모든 사상가를 다루는 것은 불가능하지만, 인지과정으로서의 미술에 대해 설득력 있는 논의를 하고자 한다. 그렇게 하기 위해 예술의 인지적 힘에 대해 증명한 두 이론가 아이스너와 에플랜드를 살펴볼 것이다.

아이스너

예술의 인지적 요소를 이해한 아이스너(2002)의 이론은 개인의 환경에 대한 알아차림과 지각의 모든 과정을 포함하였고, "최고의 상상력을 통해 생각할 수 있는 가장 복잡한 형태의 문제 해결을 포함한다."(p. 9) 그는 미술작업이 상상력과 정신적 이미지 형성을 향상시키는 네 가지 중요한 인지적 과정을 포함한다고 하였다. 첫째, 생각의 표상을 창조하는 행위나 그가 새김(inscription)이라고 명명한 것은 인지적 기능이다. 그에 따르면 정신적 이미지는 흘러가 버리는데, 만약 그것들을 구체화하지 않는다면 대개 사라지게 된다. 유동적이고 파악하기 어려운 본질로부터 도화지 위의 표상으로 심상을 옮기는 것은 그 후에 탐색될 수 있는 가치 있는 인지적 과정이 된다.

일단 이미지가 미술작업자 앞에 존재하면 그것은 편집될 수 있는데, 이는 아이스너가 언급한 두 번째 인지과정이다. 편집과정은 미술작업자가 작품을 정교화할 수 있는 중요한 탐색과정이다. 미술 작품은 마음에서 어떤 일이 일어나고 있는지에 대해 타인과 의사소통하는데 이것이 저자가 말한 세 번째 인지과정이다. 아이스너에 의하면, 미술의 세 번째 인지과정은 그것의 의사소통 특징과 관련된다. 이 측면은 미술작업자가 어떤 관점을 표현하는 것뿐만 아니라 타인(예: 관중)의 삶을 향상시키는 것을 통해 문화를 형성하는 데 있어서 중요하다. 네 번째 과정은 표상을 창조할 때 시작되는 발견과정이다. 미술작업자는 때때로 만든 것에 놀라게 되는데, 아이스너에 의하면 그러한 놀람은 학습을 낳고 좀 더 복잡한 문제와 개념을 해결하려는 시도로 이어진다. 아이스너에 따르면, 또 다른 길로 전락하는 뜻밖의 일을 따르기로 한 결정조차도 지식 형성이다. 그는 그것은 도전이고 알려지지 않은 것을 추구하는 용기라고 주장하였다.

아이스너(2002)는 미술작업에서 사용되는 네 가지 인지과정과 미술이 가진 일곱 가지 인지 기능을 언급하였다(pp. 9-11).

① 사람들이 세상을 알도록 돕는다.
② 새로운 가능성을 탐색하기 위해 상상하게 한다.
③ 모호함에 대한 참을성을 증가시킨다.
④ 공기 같은 생각과 개념을 안정화시킨다.
⑤ 개념에 대한 좀 더 주의 깊은 탐색을 증가시킨다.
⑥ 개인의 내면세계를 탐색한다.
⑦ 관계에 대해 정보를 제공한다.

비록 이 모든 기능이 미술치료의 실제에 적용될 수 있지만, CBAT와 직접적으로 관련된 네 가지 인지 기능을 여기서 논의할 것이다. 첫째, 상상에 참여하기의 인지 기능은 대개 CBAT의 시작이다. 앞 장에서 말했지만, 정신적 이미지와 상상하기는 인지적 과정이다. 내담자들은 그들이 살아가고 있는 일상의 구체적인 역할을 넘어서 그들의 삶을 상상하는 자신의 능력을 알아차리지 못한다. 미술작업은 미술 매체와의 상호작용을 통해 이 인지 기능을 일깨울 수 있다. 단순한 매체로 시작하여 형태와 모양에 초점을 맞출 수 있게 되고, 이것들은 개인의 내적 세계에 대한 완전한 표상이 된다.

모호함을 견딜 수 있는 개인의 능력을 향상시키는 것은 중요한 치료 목표이다. CBAT에서 치료사는 매체를 통제하는 것이나 미술작업의 결과에 대한 예측 불가능성을 처음으로 경험함으로써 외적 또는 내적 자극을 조절할 수 없는 것에 대한 내담자의 불안을 해결하기 위해 이 인지 기능을 사용한다. 이러한 이해와 내담자의 일상적 걱정을 다루는 것을 관련시키는 것은 대처 전략을 형성하는 데 중요하다. 일단 걱정을 더 잘 수용하게 되면, 내담자는 생각과 걱정을 온전히 탐색하기 시작할 수 있다. 이는 미술작업의 또 다른 인지 기능이다. 생각을 더 깊이 탐색하는 것은 내담자가 미술치료에 가져온 문제를 깊이 있게 이해하기 위해 중요하다.

내면세계의 탐색은 CBAT의 치료적 목적에 중요한 미술의 또 다른 인지 기능이다. 개인의 정신적 이미지를 이해하는 것과 유사한, 개인이 정보를 처리하는 방법을 아는 것, 개인이 생각하는 방법을 아는 것 그리고 개인이 결론에 이르는 방법을 이해하는 것은 CBAT의 치료적 목적을 진전시키는 데 중요하다. 이 과정을 대개 메타인지 또는 개인의 사고, 심상, 감정을 반영하는 능력의 보유라고 일컫는다.[5] 미술작업은 이러한 인지 작용을 위한 길을 제공하는 것이다.

에플랜드

에플랜드(2002)는 "인간 문화사를 통한 미술의 목적은 '현실 구축'이 과제이고 이를 지속하는 것이다."라고 단언하였다(p. 171). 피아제, 비고츠키와 다른 이들의 연구를 바탕으로 에플랜드(2002)는 예술 활동을 통해 얻을 수 있는 네 가지 인지적 특징, 즉 인지적 유연성, 지식 통합, 상상력, 배움에서의 미의식을 규정하였다.

5) 해크먼 등(2011)은 메타인지가 심상 변화 기법에서 주요 요소라는 것을 발견하였다(제2장 참조). 그것은 제7장에서 다룰 마음챙김, 명상의 중요한 측면이다.

에플랜드에 의해 정의되었듯이, 인지적 유연성은 "개인이 각 영역의 구조적 요구에 대해 마음챙김을 함으로써 전략을 바꿀 수 있는 능력이고, 의미나 이해를 얻기 위한 적절한 수단을 활성화시킬 수 있는 능력이다."(p. 160) 아이스너(2002)는 여기서 에플랜드에게 분명히 동의하였고, 유연성이 "지능의 즉흥적인 면에 속한다."는 것을 발견하였다(p. 77). 인지적 유연성은 미술 구조의 복잡성과 상대적 결핍에 관여하여 얻어진다. 미술은 일반화에 비해 개인 사례에 의존하고, 또 개인적 해석에 따르기 때문에 대개 구조의 결핍으로 인식된다. 그러나 구조의 복잡성과 결핍이 지식의 구성으로 이어지는 미술의 바로 그 측면들이다. 에플랜드의 미술의 인지적 가치에 대한 개념, 특히 해석 행위는 해석이 개인의 인지적 이해에 기반을 두었다는 브루너의 관점에 기반을 둔 것이다. 따라서 해석은 변화할 수 있고 그것의 의미에 대한 각 개인의 구성에 의존하며 인지 발달의 다양한 단계와 정교함에 따라 다를 것이다. 에플랜드(2002)는 "그러므로 예술이 인지적으로 왜 중요한가라는 질문에 대한 답은 예술이 해석을 구성하는 능력을 기르는 만남을 제공한다는 것이다."라고 하였다(p. 161).

에플랜드의 두 번째 인지적 특징인 지식 통합은 미술을 여러 가지 이해 영역에 대한 동화가 가능한 학습의 중심에 배치시켰다. 에플랜드는 미술이 "학습자가 작품에 대한 지식을 구성할 때 서로 다른 지식의 영역이 연합되고 융합되는" 지점을 밝힌다는 것을 발견하였다(p. 166). 게다가 에플랜드가 생활세계라고 명명한 것 또는 개인의 일상의 지식에 대한 이해가 미술작업을 통해 개선된다. 피아제의 인지 구조에 비유되는 과정에서, 사람들은 그들의 생활세계에 대한 새로운 정보를 이해하고 포함시키기 위해 미술을 창조한다.

셋째, 상상력은 미술의 중요한 인지적 특징이다.[6] 에플랜드는 상상은 "완전히 이해할 수 없는 것, 즉 감정, 미적 경험, 도덕 실천과 정신적 자각을 이해하기 위한 가장 중요한 도구 중 하나이다."라고 언급함으로써 라코프(Lakoff)와 존슨(Johnson)을 인용하였다(Lakoff & Johnson, 1980, p. 193: Efland, 2002 재

6) 제2장에서 간단히 설명하였듯이, 정신적 이미지와 상상은 인지 형성의 주요 요소이다.

인용). 상상적 학습은 추상적 사고가 가능하고 은유의 이해가 가능한 때인 피아제의 인지 형성의 형식적 조작 단계에서 없어서는 안 되는 것이다.

에플랜드는 미의식은 인지라고 주장하였다. 미의식에 대한 그의 개념은 사고의 전환을 나타낸다. 다른 학자들과 철학자들은 미의식의 과정이 새로운 지식이 생성될 가능성을 초래한다고 주장한 반면, 에플랜드는 더 강한 입장을 취하였다. 제임슨(Jameson, 1988: Efland, 2002 재인용)으로부터 인지 지도에 대한 개념을 빌려와서, 에플랜드는 인지 지도 형성과정이 감각을 통해 개인에 의해 지각된 미적 이미지와 함께 시작한다는 것을 발견하였다. 지각이 인지과정이기 때문에 그는 미의식이 인지적이라고 가정하였고, "나는 미의식이 인지에 통합되는 것이라고 말하는 것은 아니다. 그러나 미의식은 처음부터 인지적이다."라고 하며 이 점을 강조하였다(p. 171).

인지 형성과 확장으로서 미술

아이스너와 에플랜드는 미술과정이 인지를 형성하고 확장한다고 생각하였다. 아이스너(2002)는 "시각적 이미지의 창조는 사고의 형태가 점진적으로 출현하고 정교해지는 것이 특징이다."라고 믿었다(p. 111). 그리고 그는 미술이 "표현적인 형태의 창조나 지각이 가능하다는 경험을 통해 마음을 발달시킬 수 있는 아동의 능력을 촉진한다."고 하였다(p. 24). 놀이를 통해 아동이 마음과 인지를 형성한다고 결론을 내린 피아제(1954)처럼, 아이스너는 미술이 "자신의 경험의 건축가가 되는 법을 배우는 것과 그에 따라 자신을 창조하는 법을 배우는 것"을 촉진한다고 이해하였다(p. 24). 그는 이 미술작업의 결과가 미술의 주요 가치라고 생각하였다.

에플랜드(2002)는 인지 형성에서 미술이 중요한 것은 미술에의 참여가 "해석을 구성하는 능력을 증진시키는 만남을 제공한다."는 것이라고 하였다(p. 161). 에플랜드에 의하면, 해석 능력은 삶의 모호성을 다루는 데 필수적이다. 실제 세상에서 삶의 문제를 다루는 것은 어렵고, 일어난 일을 이해하는 능력은 해석의 기술이다. 해석은 이해의 구성을 낳는다. 미술에서 만남을 통해 개인은 미술 작품의 의미를 해석하는 것을 배운다. 해석은 이해를 낳고, 이해는 인지를 형성한다. 사회문화적 상황에서 지식 형성에서의 미술의 역할은 그만큼 중요하다. 에플랜드는 이 개념을 강조하기 위해 비고츠키의 인지 발달 이론을 사용하였다. 미술이 문화에 자리 잡고 있기 때문에 문화에 대한 이해를 확장시키는 중요한 방법은 미술에 참여하는 것이다.

두 저자는 마음과 지식의 형성을 위해 미술을 사용하는 것에 대한 이론적인 주장을 펼친다. 이 입장은 인지행동이론에서 미술의 사용을 강조한다. CBT의 주목적이 적응이고, 적응이 피아제에 의해 발전된 지식 구성으로 이루어진다면, 그리고 미술작업이 지식을 형성한다면, 미술은 개인이 환경에 적응하는 원천이 된다. 이는 CBAT의 주요 개념이다.

미술과 의미 형성

피아제에 의하면, 아동은 먼저 놀이를 통해, 그다음에는 더 복잡한 수단을 통해 환경과 상호작용함으로써 지식을 형성하고 환경과 내적 혼란에 적응한다. 인지심리학에 대한 브루너의 이론적 입장은 단지 정보처리가 아니라 사람들이 세상 경험에 대해 어떻게 의미를 형성하는지를 탐구하는 것이라는 점에서 명확하였다. 그의 신념은 언어 발달이 인지를 형성하고 의미를 구성한다는 것이다.

아이스너와 에플랜드는 인지를 형성하는 것으로서 놀이와 언어 처리과정이 지식을 구성하고 의미를 형성하는 미술과 미술작업의 상호작용과 유사하다고 생각하였다. 아이스너는 미술이 개인적 변화에 필수적이라는 것을 알게 되었다. 에플랜드는 이 개념을 더 발전시켰는데, 미술의 목적에 대해 좀 더 철저하게 탐구하였다. 그는 많은 이론가가 미술의 목적을 정확히 이해하지 못하고 있다는 것에 대해 많은 우려를 표현하였고, 미술의 목적을 문화와 사회를 표현하는 길 정도로 한정시키는 콥(Cobb)과 드라이버(Driver)를 인용하였다. 에플랜드는 미술의 목적이 의미를 형성하는 것이라는 획기적인 생각을 주장하였다. 이 가정에 장점이 있다면, 미술작업을 통해 인지, 지식, 의미가 형성된다는 것이다. 에플랜드는 "미술의 목적은 일상에서의 삶을 위해 개인이 미술의 세계에서 의미를 발견할 수 있도록 하는 것이다."라고 주장하였다(2002, p. 77).

요약

미술은 복잡한 구성이고 미술작업은 다면적인 활동이다. 미술치료사들은 이 사실을 알고 있다. 이 복잡한 활동을 분명히 이해하도록 돕는 관련 분야의 사상가들이 있다. 그들은 아이스너와 에플랜드로 미술의 복잡한 인지적 특징에 초점을 맞추었다. 둘 다 미술작업이 인지적인 모험이라고 하였다. 그것은 문화의 내면화를 포함하여 현실에 대한 이해와 해석을 제공하고, 내적 삶을 구성하도록 도우며, 내면세계를 탐색할 기회를 제공하고, 인지적 유연성을 자극한다. 아이스너와 에플랜드는 미술작업을 통해 개인은 세상과 삶의 의미를 형성하는 능력을 갖게 된다고 주장하였다. 미술작업은 이러한 특성을 지니며, 인지를 촉진하고, 마음을 형성한다. CBAT 치료사들은 치료에서 인지적-구성주의의 특성을 활용한다.

결론

CBAT에 대해 논의하기 전에 미술의 인지적 요소에 대한 논의를 하는 것은 중요하다. 또 미술작업은 지식을 형성하는 것이고 구성주의적 과정이다. 앞장에서 CBT의 인지적 측면에 대해 논하였다. CBT와 CBAT에 대한 것들을 다루기 전에 제2장과 제3장에서 다룬 주요점에 대한 개요는 이 개념들을 통합하고 이 책의 나머지 부분을 준비하는 데 도움이 될 것이다.

• 100년 이상 동안 심상은 심리학에서 핵심적 개념이었고, 치료적 개입에

서 기법으로 사용되고 있다.

- 철학자와 심리학자들은 똑같이 심상의 구조와 목적을 연구하고 이해하려고 노력하였다.
- 심리학적 연구와 신경학적 연구에 기반을 두고 있는 심상과 지각은 깊이 관련되어 있다.
- 처음부터, 심상은 행동치료에서 사용되는 주요 기법이었다.
- 최근, 심상은 CBT의 주요 요소이다.
- 정신적 이미지의 활용은 CBT와 CBAT를 연결한다.
- 심상은 감정 및 자전적 기억과 직접적으로 관련된다.
- CBT와 CBAT 치료사들은 외상 기억과 걱정스러운 생각들이 포함된 정신적 이미지를 지닌 내담자를 위한 치료의 일부로써 이 관계를 활용한다.
- 침습적인 심상을 경험하는 개인을 온전히 치료하기 위해 그 심상과 관련된 감정이 해결되어야만 한다.
- CBT와 CBAT는 인지 발달 이론(피아제와 비고츠키)과 구성주의 철학(폰 글라저스펠트와 브루너)에 기반을 두고 있다.
- 현행 CBT 기법들은 인지이론, 즉 다시 쓰기, 다시 표현하기, 재심상화에 근거를 두고 있는데, CBAT 치료사들도 사용하고 있다.
- 비록 처음에는 단지 학습의 감정적 영역에 속한 것으로 인식되었던 미술과 미술작업은 지금은 인지 영역에 확실히 자리 잡고 있으며 많은 인지 기능과 특징들을 지니고 있다.
- 상징처리와 사회문화적 관계는 CBAT에서 중요한 인지적 구성요소이다.
- 미술작업과 CBAT의 중요한 성과로 자기의 구성, 인지적 유연성, 개선된 적응 기술과 증가된 대처 능력을 포함한다.
- CBT와 CBAT 치료사들은 내담자가 과거에 대해 반추하기보다는 미래를 지향하도록 안내하고 내담자가 나아가기 위해 과거를 재구성하도록 격려한다.

- CBT와 CBAT의 최종 목표는 삶의 장애물에 적응하도록 돕고, 그들 자신의 삶의 의미를 형성하도록 안내하는 것이다.

04

CBT의 역사

04 CBT의 역사

"역사를 통해 CBT는 정신병리학 연구와 치료에서 과학적인 관점을 표명하였다. …… 이 과학적 연구는 CBT를 심리치료의 영역을 주도하는 특별한 자리에 위치하게 했다."

(Herbert & Forman, 2011b, p. 3)

CBT 이론의 역사적 근거 찾기는 치료에서 CBT가 지속적으로 발전하고 현대에도 사용되고 있는 맥락을 제공한다. 이 장에서 CBT의 처음 두 세대를 다룰 것이다. 제1의 물결은 행동치료이고, 제2의 물결은 행동치료와 인지 및 인지심리학의 측면들을 포함한다. 불교심리학의 지식과 CBT 그리고 주의집중과 마음챙김 개념에 대한 새로운 정보를 포함한 제3의 물결은 제7장과 제8장에서 논의될 것이다.

인지의 혁명

CBT는 사고와 지각의 방식과 양식을 발견하고, 확인하고, 처리하기 위한 고등 정신과정 또는 인지과정을 활용하는 것이다. 일단 이 과정들이 발견되면, 치료사는 내담자가 이 방식의 유해한 측면을 명백히 드러나도록 돕는다. 인지양식에 대한 이해를 바탕으로, 내담자는 정신적 · 감정적 또는 신체적 건강에 해로운 과정을 바꾸기 위해 계획된 일련의 기법을 경험하게 된다.

여러 가지 변형된 치료를 포함하는 CBT는 약 50년이 되었다. 몇몇 심리학자에 의하면, 그것은 여전히 치료에 대한 비교적 새로운 이론적 접근으로 여겨지고 있다(정신역동적 접근과 비교했을 때; Davey, 2013). 무작위 통제집단 연구를 포함한 수많은 연구 결과에 근거하여, CBT는 PTSD와 불안장애뿐만 아니라 우울, 섭식장애, 조현병, 성격장애, 범죄, 물질사용장애 등을 위한 매우 효과적이고 유용한 치료적 접근으로 확인되었다. 사실상, 일부 심리학자는 인지치료를 지난 50년 동안 의학치료에서 가장 큰 발전을 이룬 것 중의 하나라고 내세우며, "현대 심리학에서 가장 성공한 이야기들 중 하나"라고 말한다(Hofmann et al., p. 199).

심리학에서 인지의 혁명은 1970년대에 일어났으나, 그 뿌리는 이보다 더 오래되었다(Baars, 1986). 20세기 초 얼마 동안 행동주의가 지배적이었다. 이 모델에서 행동은 강화를 사용하여 학습되거나 제거될 수 있었다. 새로운 행동이 목표가 되면 강화는 이 행동을 촉진하기 위해 사용되었고, 일반적으로 보상은 외부 자원에 기인하였다. 만약 특정 행동을 감소시키는 것이 목표라면 행동이 나타날 때 강화는 주어지지 않는다. 이 치료 접근이 행동치료 또는 CBT 연속체 중 제1의 물결이라고 알려진 것이다. CBT 이론과 실제에서 두 번째 혁명의 단계는 인간이 그들의 사고에서 인지와 고등 정신과정을 사용하는 방법을 깊이 이해하게 되었을 때 발달되었다.

인간 행동을 이해하기 위해 인지를 포함한 것은 CBT 제2의 물결을 나타난다. 20세기 중반에 시작된 인지에 대한 새로운 연구와 함께, 일부 행동주의 이론가는 인간이 어떻게 생각하는지에 대한 개념을 행동치료 모델에 포함시키기 시작하였다. G. 윌슨(G. Wilson, 1978)에 의하면, 놀라운 책인 밴듀라(1969)의 『행동 수정의 원리(Principles of Behavior Modification)』는 개인의 인지과정이 행동을 중재하고 조절하는 방식을 고려하도록 다른 사람들에게 영향을 미쳤다. 인지 모델에서 밴듀라는 조건 반응이 자동적이거나 반사적이지 않으며, 그것은 "학습된 기대에 따라 자기활성화된 것으로 보인다."는 것을 발견하였다(G. Wilson, 1978). 행동 학습의 다른 측면에서 볼 때, 외적 강화는 행동을 형성할 수 있고 또 미래의 행동을 통제할 수도, 통제하지 않을 수도 있는 정보 자원으로써 사용될 수 있다. 밴듀라와 다른 중요 이론가들, 예를 들어 라자루스

(1971)와 마이켄바움(1975, 1977)의 연구를 기반으로 하여 CBT 제2의 물결이 시작되었다.

내담자가 자신의 인지과정에 주의를 기울이도록 돕는 마음챙김 및 명상과 같은 추가된 현대의 치료 기법들이 CBT 제3의 물결을 나타낸다. 다양한 신체적·감정적 장애를 다루기 위한 마음챙김 명상의 교육은 카밧진(1994)이 만성 통증을 겪는 환자를 돕기 위해 마음챙김을 연구하기 시작했을 때 처음으로 소개되었다. 그의 생각은 시걸, 윌리엄스와 티즈데일(Segal, Williams, & Teasdale, 2002)이 재발성 우울을 겪는 개인을 돕기 위해 마음챙김의 인지적 측면을 고려하도록 영향을 미쳤다. 제3의 물결 또는 3세대 치료는 DBT, MBCT와 ACT를 포함한다.

이 장에서는 CBT의 발전을 제1의 물결인 행동치료에서부터 CBT 제2의 물결을 통해 탐색한다. 이는 CBT와 CBAT가 어떻게 실천되고 있는지 이해하기 위한 준비과정이 된다.

제1의 물결: 행동치료

심리치료에서 인지행동적 진화의 제1의 물결인 행동치료는 인간 행동의 이해에 대한 전통적인 정신분석적 양식을 파괴하는 것이었다. 20세기 초에 연구하던 심리학자들은 정신분석의 심리학적 원리를 폭넓게 지지하는 객관적인 데이터의 부족으로 고심하였다. 예를 들어, 몬트(Monte, 1980)는 행동에서 문제(또는 신경증)가 무의식적 욕구와 외적 현실 사이의 갈등의 결과라고 생각하였다. 이 이론에 의하면, 외적 현실은 자아가 해결해야만 하는 적대적인 것이 되며, 따라서 자아는 본능과 초자아의 외로운 중재자이다. 방어기제와 함께 자아는 무의식적 수준에서 주로 작용하는 이 힘들을 다루고, 따라서 무의식에서도 문제들이 해결된다.

비록 이것이 정신분석 체계에 대한 빈약한 개요이지만 이 설명의 목적은 정신역동적 치료사들의 치료 목표의 모델을 제공하고, 행동주의 이론 및 치료와 비교하는 데 있다. 정신분석치료의 목적은 무의식적 과정을 포함하여 개인의 성격을 변화시키는 것이다. 개인이 치료에 가져오는 문제나 신경증적 행동은 특히 변화를 위한 목표가 되지 않는다. 대신에 개인의 성격 구조를 변화시킴으로써 구체적인 행동에서의 변화를 모색한다. 그러므로 행동 변화는 치료 목표로서 직접적으로 고려되지 않는다. 반대로, 치료과정에서 행동주의 접근은 명백하고 구체적인 행동의 치료와 수정에 초점을 둔다.

행동치료

1913년에서 약 1960년까지 많은 사회과학자는 명백하고 관찰 가능한 행동 현상을 연구하였다. 예를 들어, 파블로프(Pavlov, 1927)는 무조건 자극이 지속적으로 중립 자극과 짝지어지면, 원래 자극이 없어도 결국 중립 자극이 무조건 반응을 일으킨다는 고전적 조건형성의 원리를 소개하였다. 그의 실험은 개와 무조건 자극인 음식을 가지고 수행되었다. 스키너(1953)에 의해 이뤄진 연구는 현재 우리가 행동수정이라고 알고 있는 것으로 발전되었으며, 조작적 조건형성의 원리와 함께 시작되었다. 스키너에 의하면, 행동은 그 행동의 출현 뒤에 따라오는 사건에 의해 제거되거나 촉진될 수 있다. 이 두 가지 주 원리의 발달에 따른 연구는 부적응적 행동이 학습된다는 이론으로 이어졌다. 이 학습 원리에 기반을 둔 치료적 개입이 행동치료로서 알려지게 되었다.

이 기간 동안, 행동이 어떻게 학습되고 제거되는지에 대한 이해인 행동주의는 인간 행동의 이해와 심리학의 메타이론적 기반으로서 인정받았다(Baars, 1986). G. 윌슨(1978)에 의하면, 행동치료는 하나의 치료방법이기보다는 다양한 치료적 개입이다. 이 다양성을 이해하기 위해 그는 행동치료를 네 가지 주안점, 즉 ① 응용행동분석(Applied Behavior Analysis: ABA), ② 자극-반응(Stimulus-Response: S-R) 치료 모델, ③ 사회학습이론, ④ 인지(행동)치료로 분류하였다.

응용행동분석

이를 G. 윌슨은 "사회적으로 중요한 것의 문제 행동에 대한 실험 분석의 응용"으로 정의하였다(1978, p. 8). 이 치료는 명백한 행동이 행동 연구의 유일한 요소이며, 행동 변화를 측정하는 도구라고 하는 스키너와 다른 이론가들에 의해 시작된 원리들에 근거를 두고 있다. 세 가지 중요한 요소가 응용행동분석의 기초가 된다. ① 통제된 환경에서 한 가지 주제에 대한 반복적인 행동 측정이 일반적인 규칙이다. ② 강화와 처벌이 학습 전략의 주요 요소이다. ③ 예를 들어, 어린 아동들, 지적장애를 지닌 사람들, 정신장애로 입원한 환자들과 같은 일종의 인지 손상을 지닌 개인들에게 이 치료가 주가 되어 적용되지만 반드시 그런 것은 아니다(G. Wilson, 1978). 응용행동분석은 보통 학교나 가정에서, 그리고 다른 제도적 환경에서 아동의 병리적 행동을 이해하기 위해 오늘날에도 여전히 사용되고 있다. 이 행동치료 유형은 평가 도구이며, 강화와 처벌(억제) 치료 유형을 검토하기 위한 도구이다.

S-R 모델

G. 윌슨(1978)은 행동치료의 두 번째 유형을 신행동주의적 중재 자극-반응 모델이라고 명명하였는데, 이는 비정상적 행동(예: 보통 두려움과 불안)을 감소시키기 위해 조건형성과 역조건형성의 원리를 사용한다. S-R 치료는 미술치료사들에게 익숙한 파블로브(1927)와 다른 연구자들이 만든 것과 같은 학습이론에 근거를 두고 있다. 이 행동치료 유형에 포함된 것은 체계적 둔감법과 홍수법과 관련된 기법들이고, 목표는 공포증과 관련된 두려움과 불안을 감소시키거나 제거하는 것이다. 내담자들에게 무서운 상황이나 대상을 상상하고 그들의 반응을 인식하며 마지막으로 문제 상황에 참여하는 것의 결말을 시각화하도록 한다. 상상적이거나 상징적인 표현은 실제 대상이나 실제 상황에 노출되는 것과는 다르지 않은 각성 반응을 낳는다. 고등 인지과정인 정신적 이미지의 도입은 행동치료의 부분(G. 윌슨이 '신행동주의적' 방법이라고 이름 붙인 것)

으로써 치료에 도움이 되는 인지적 매개자를 가정하는 단계이다(p. 10). 이러한 유형의 행동치료를 통해, 즉 두려운 사건에 대한 위계적 방식으로 증가하는 노출을 통해 개인은 그들의 불안을 효과적으로 해결하는 것을 배우게 된다. 체계적 둔감법은 오늘날 여전히 사용되고 있지만, 대개 항불안제, CBT, 이완치료와 함께 사용된다.

사회학습이론

이 제3의 행동치료는 개인을 치료하는 접근방법에 있어서 보다 종합적이다. 인간 행동이 다른 동물의 행동과 어떻게 다른지 이해하려고 하였을 때 심리학자들은 생각하고 숙고하고 언어와 정신 이미지를 사용하는 우리의 능력이 학습과정에 크게 영향을 미친다는 것을 알게 되었다. 사실상, 강화 그 자체는 내적 인지과정이라고 설명되었다. 초기 인지심리학자들은 인간이 어떻게 행동하는지, 문제, 감정, 사건에 대해 어떻게 생각하는지, 그리고 우리 자신을 어떻게 인식하는지 설명하기 위한 대안적인 이론을 탐색하고 있었다. 밴듀라(1969)는 그 문제를 간단명료하게 설명하였다.

> 자기평가 행동, 자기강화 행동을 지속적으로 하는 인간과 다르게, 쥐나 침팬지는 칭찬할 만한 수행에 대해 격려의 말을 하거나 막다른 골목에서 길을 잃었을 때 자신을 비난하려는 마음이 생기지 않는다. 반대로, 인간은 일반적으로 특정 행동 기준을 설정하고, 자기가 정한 요구 수준에 자신의 수행이 부족한지, 대등한지, 과한지에 따른 결과에 보상이나 처벌을 스스로 가한다.
>
> (p. 32)

밴듀라(G. Wilson, 1978, 재인용)는 행동을 조절하는 세 가지 분리된 체계인 ① 외적 자극이 되는 사건, ② 외적 강화, ③ 인지 중재과정을 설명하였다. 따라서 사회학습이론의 한 가지 주요 요소는 인지과정이 사회학습의 중요한 요소이며 행동의 습득과 조절을 중재한다는 점이다(G. Wilson, 1978). 사회학습이론의 또 다른 측면은 "개인의 행동과 환경 사이의 상호작용적 관계"이다(G. Wilson, 1978, p. 11). 또는 밴듀라에 의해 언급되었듯이(G. Wilson, 1978, p. 12 재인용) " '만일의 사태를 바꿔라. 그러면 당신은 행동을 바꾸게 된다.'라는 반복해서 인용되는 격언에 '행동을 바꿔라. 그러면 당신은 만일의 사태를 바꾸게 된다.'라는 상반된 측면을 추가하여야 한다." 사회학습이론의 세 번째 요소는 자기통제력이다. 인간은 행동을 바꾸는 데 있어서 자기지시 능력을 가지고 있고 미래 행동을 결정할 수 있다. 마지막으로, G. 윌슨은 사회학습이론의 네 번째 구성요소로 자기효능감을 발견하였다. 그것에 의해 개인은 "불안 유발 상황에 대처할 행동 전략을 활성화하고 유지할지"를 알게 된다(1978, p. 12). 자기효능감은 이 주제에 대해 영향력 있는 논문을 쓴 밴듀라(1977)에 의해 제안된 또 다른 중요한 개념이다.

마호니와 토레슨(Mahoney & Thoresen, 1974)에 의하면, 행동의 주요 결정 요인으로서 인지 매개자의 도입은 사회학습이론의 특징이다. 따라서 자기효능감 기대는 행동 중재의 주요 측면이 된다. 일반적으로 인지적 관련성과 행동 변화에서 매개 변인으로서의 자기효능감의 개념은 CBT에서 주요 개념이다.

또 다른 사회학습이론가인 줄리언 B. 로터(Julian B. Rotter)는 행동이 목표나 강화의 중요성에 따라 결정될 뿐만 아니라 "이 목표가 이루어질 것이라는 사람의 예상이나 기대에 따라 결정된다."고 하였다(Rotter, 1954, p. 102). 로터의 사회학습이론 개념에서, 강화는 강화 다음에 머지않아 특정 행동이나 사건이 따라올 것이라는 개인의 기대를 증가시킨다. 로터의 주요 가정 중 하나는 강화가 개인의 특정 행동에 따라 나타나는 것으로 보일 경우 미래에 행동이 강화될 것이라는 기대를 증가시킬 것이라는 것이다. 강화가 특정 행동에 따라 나타나는 것으로 보이지 않을 때, 기대는 감소할 것이다. 모든 사람은 다른 강화 패턴과 독특한 배경을 가지고 있다. 그러므로 사람들은 자신의 행동에 대해 강화라고 여기는 정도가 다르다. 만약 강화가 개인의 행동에 따라 나타난다면, 일반화된 기대는 개인이 그들의 강화를 통제하고 있다는 것을 뜻하는 것으로 발달될 것이다. 정반대 또한 사실이다. 로터는 이 강화에 대한 일반화된 기대 개념을 통제소재라고 불렀다.

통제소재 연속체는 한쪽 끝에는 외적으로 의존적인 보상과 다른 쪽 끝에는 내적으로 결정되는 보상으로 이루어진다. 강화를 자신의 행동 외부에 근거한 것으로 보는 사람들은 외적 통제소재에 대한 믿음을 가지고 있으며, 자신의 행동을 보상이나 강화의 근거로 생각하는 개인은 내적 통제소재에 대한 믿음을 가지고 있다고 한다. 적응 행동의 기능으로서 통제소재를 이해하고 활용하는 것은 자기효능감(Bandura, 1976)과 자기통제력(Rotter, 1966)을 포함한 다양한 이론적 구성개념들에 의해 지지되고 보완되고 있다.

로터(1966, p. 6)는 또 자기통제력의 정의를 설명하였는데, 그것은 현실을 다루는 개인의 능력이라고 하였다. 자기통제력의 정의에 덧붙여, 로터는 이 구성개념은 자신감을 포함한다고 하였다. 그러므로 자기통제력 구성개념은 자기통제력을 가진 개인이 행동할 수 있을 뿐만 아니라 수행할 수 있고 자신의 기대가 유효할 것이라는 자신감도 있다는 것을 의미한다. 통제소재 구성개념에 관한 개관에서 레프코트(Lefcourt, 1976)는 행동이나 수행 능력이 있다는 것을 알고 있는 개인은 인식된 자기통제감을 지닌다고 하였다. 그는 또 개인이 통제할 수 있다는 의식이 부정적 상황의 영향을 줄인다고 가정하였다. 사회학습이론에서 자기통제력은 학습될 수 있는 변수이거나 특징이다(Bandura, 1971; Kanfer, 1970).

사회학습이론에서 인간이 환경과 자신에게 영향을 미치는 자신의 능력을 어떻게 보는지 그리고 자기를 어떻게 평가하는지에 대해 중점을 두는 것은 인지심리학과 CBT의 기초가 된다. 가능한 치료 결과가 되는 자기효능감, 내적 통제소재, 자기통제력을 형성하는 인지과정과 자각의 매개 효과를 이해하는 것은 CBT의 전략과 기법들을 위한 기초를 이룬다.

제2의 물결: CBT

비록 CBT[1]가 G. 윌슨(1978)의 기준으로 식별된 행동치료의 네 번째 영역으로 명명되긴 하였지만, 지금은 제2의 물결로 알려진 CBT는 사회학습이론(Bandura, 1969; Miller & Dollard, 1941; Rotter, 1966)에 기반을 두고 있다. 고등 정신이나 인지 과정, 바람, 욕구를 행동 구조에 통합하려는 첫 시도는 밀러와 달러드(Miller & Dollard, 1941)에 의해 개념화되었다. 사회 학습과 모방이라는 두 가지 수준의 학습된 행동이 그들의 연구에서 탐색되었다. 단순 자극-반응 행동 유형으로 명명되는 첫 번째 수준의 행동은 자동적 습관을 포함하였다. 이 수준은 환경적 자극과 내적 욕구에 대한 직접적인 반응인 행동으로 구성된다. 언어, 이미지, 사고, 감정과 같은 두 번째 수준의 행동들 또한 문제 해결을 위해 사용된다. 이 인지적 조작은 개인이 일상에서 직면하는 매우 다양한 문제를 중재하고 해결책의 생성을 촉진하였다. 밀러와 달러드는 많은 행동이 두 유형의 행동의 복합적인 혼합이고, 인간은 두 번째 유형, 즉 "고등 정신과정"에 대한 엄청난 능력을 가지고 있다는 점을 알게 되었다(1941, p. 48).

밀러와 달러드(1941)의 연구는 밴듀라(1969)에 의해 개발된 사회학습이론의 기초가 되었다. 그러나 밴듀라는 밀러와 달러드의 연구가 정신분석적 전통과 너무 밀접하게 연관된다고 비판하였다. 밀러와 달러드는 혼란된 행동은 숨겨진 갈등의 원천이 원인이 된다고 생각하였다. 반면, 밴듀라는 개인의 내적 상태가 원인이 될 수 있지만, 행동 변화는 조작 가능하고 관찰 가능한 행동에 기반을 두고 나타난다는 추론 안에서 사회학습적 접근을 제안하였다.

밀러와 달러드가 신경증적 갈등의 결정 요인이 무의식이라는 정신역동이론가들에게 동의하는 반면에 밴듀라(1969)는 신경증적 증상을 지속적인 환경적 보상에 의해 계속 유지되고 있는 과거 학습의 산물로 개념화하였다. 앞서 언급했듯이, 사회학습이론은 행동에 대한 환경의 영향과 환경에 대한 행동의 영향에

1) 이 책에서 인지치료와 인지행동치료라는 용어는 바꿔서도 사용하게 될 것이다.

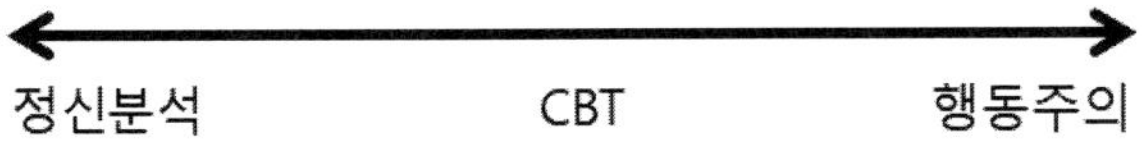

[그림 4-1] 두 가지 이전 행동 변화 이론과 비교한 CBT

관한 것이다. 그것은 정신역동이론의 내적 정신과정과 학습이론의 명백한 행동 사이에 다리 역할을 한 시도이다([그림 4-1] 참조).

밴듀라는 우리는 "자기평가적이고 자기강화적인 행동에 지속적으로 참여한다."라고 하였다(1969, p. 32). 비록 밀러와 달러드는 사회학습이론이 몇몇 정신분석적 원리들을 입증한다고 느꼈지만, 밴듀라는 두 이론적 모델 간에 분명한 차이를 발견하였다.

> ……사회학습이론 접근은 조작 가능하고 측정 가능한 내적 과정을 다룬다. 이 매개 원리들은 주로 외적 자극 사건들에 의해 제어되고, 그것들은 명백한 반응성을 조절한다. 반면에 정신역동적 이론은 내적 사건을 비교적 자발적인 것으로 여기는 경향이 있다. 이 가설상의 인과적 매개자들은 외적 자극이나 그것들이 낳은 증상과의 관계가 대체로 미미하다.
>
> (1969, pp. 10-11)

마이켄바움(1971)은 "인지 개념화"를 제안하고 인지과정을 행동 변화를 위한 중요한 도구로 회복시킨 밀러와 달러드를 지지하였다(p. 109). 밴듀라(1986)는 이 모델을 사회인지이론이라고 이름 붙였다. 마이켄바움과 밴듀라도 CBT 치료방법론에 영향을 미쳤다. 예를 들어, 모델링은 사회학습이론으로부터 직접적으로 빌려 온 인지치료 도구이다.

요약하면, 사회학습이론은 개인 행동에 대한 환경의 영향과 환경에 대한 개인 행동의 영향을 통합한다. 게다가 사회학습이론은 정신역동적 이론의 내적 정신과정을 행동과 학습 이론가들의 외적 행동과 연결하려고 한다([그림 4-1] 참조). 인간 행동에 대한 내적 메시지의 강한 영향을 설명하기 위해 발전된 이론이 지금은 인지심리학이라고 불린다. 인지심리학은 사회학습이론으로부터 파생된 것이며 또한 CBT의 기초 이론이다.

초기 CBT 치료 모델

마호니와 안코프(Mahoney & Arnkoff, 1978)는 CBT의 수많은 변형이 있다는 것을 알고 있었다. 많은 CBT 치료 모델에 대한 주의 깊은 연구를 통해, 그들은 인지치료가 세 가지 기본적인 핵심 구성요소를 나타낸다는 것을 발견하였다.

> ① 인간은 인지과정을 통해 적응적이고 부적응적인 행동과 감정 패턴을 발달시킨다.
> ② 일반적으로 인지과정은 인간의 학습 실험의 절차들과 일치하는 절차에 의해 기능적으로 활성화된다(비록 인지과정을 활성화시키는 다른 절차가 또 있을 수 있지만).
> ③ 치료사의 할 일은 부적응적인 인지과정을 평가하고 그다음 인지, 행동, 그것들과 관련된 감정 패턴을 변경시키게 될 학습 경험을 계획하는 심리진단사-교육자의 일이다. (p. 692)

많은 CBT 기법의 효과가 폭넓게 연구되고 있다.[2] 인지적 기법들은 성인의 우울(Beck, Rush, Shaw, & Emery, 1979), 조현병(Meichenbaum & Carmeron, 1973), 공포 반응(Meichenbaum, 1977)을 치료하는 데 효과적이다. CBT 기법은 충동을 보이는 아동(Meichenbaum & Goodman, 1971)과 행동장애를 보이는 아동(DiGiuseppe, 1981; Kanfer & Zich, 1974; Spivack & Shure, 1974)에게 유용하다.

CBT에 속하는 여러 치료 모델이 있고 이 변형들은 특정한 공통점을 가진다. 호프먼, 애스먼드슨과 벡(2013)은 수많은 유형의 CBT 개입방법이 있다는 점이 CBT 이론 기반의 적응성을 말해 주기 때문에 문제가 되기보다는 강점이

2) 인지행동치료(CBT)가 때때로 행동(B)이라는 단어가 빠지고 인지치료(CT)만 남겨진다.

라는 것을 발견하였다. CBT의 근거는 인지과정이 행동을 조절한다는 것이다. CBT 역사의 초기에, 마호니와 안코프(1978)는 CBT를 세 가지 주요 형태, 즉 ① 인지재구성치료, ② 대처기술치료, ③ 문제해결치료로 구별하였다.

인지재구성치료

이 치료의 주된 예로는 알버트 엘리스의 합리적 정서치료(Rational-Emotive Therapy: RET; Ellis, 1962)가 있다. 그의 치료 양식에서 엘리스는 옳지 않은 신념과 잘못된 사고에 도전하였다. 그가 정한 열두 가지 비합리적 신념이 대부분 정서장애의 뿌리라고 정리하였다. RET는 비합리적 신념에 도전하는 것과 그것들이 나타났을 때 내담자가 인식하도록 돕는 것에 근거를 두고 있다. 그 다음 문제가 되는 신념은 개인의 삶에서 더 합리적이고 더 건설적인 생각으로 대체된다.

또 다른 재구성치료는 마이켄바움(1975)에 의해 발달된 자기지시 훈련(Self-Instruction Training: SIT)인데, 이는 RET와 루리아(Luria)의 내적 대화의 발달(Lucia, 1961)을 통합한 것이다. 이 치료는 충동장애를 가진 아동(Meichenbaum & Goodman, 1971)에게 적합하다. 부적응적인 사고를 대체하기 위해, 아동들은 과제를 완성하기 위해 그리고 잘 할 수 있는 역량을 강화하기 위해 또는 자기를 강화하기 위해 자기진술을 사용하였다. 주요 정신질환을 가진 개인을 위해 마이켄바움과 카메론(Meichenbaum & Cameron, 1973)은 다양한 치료에서 일상적 자기돌봄 기술과 참여를 촉진하기 위해 자기지시 훈련을 사용하였다.

벡(1976)은 인지치료는 합리적이고 적응적인 사고 양식을 발달시키기 위해 우울한 내담자가 무기력과 무망감을 초래하는 잘못된 인지를 확인하도록 돕는 것을 목표로 한다고 생각하였다. 내담자는 자신의 내적 사고과정을 알아차린 후, 잘못된 인지를 스스로 확인하고 최종적으로 좀 더 올바르고 덜 유해한 사고로 대체시키는 법을 배운다.

세 가지 치료 모두 CBT의 일부인 거리두기와 탈중심화와 같은 기법을 사용하여 내담자가 자신을 결함이 있다고 말하는 것을 검토한다. G. 윌슨(1978)에 의하면, 거리두기는 객관적 방법으로 사고를 보는 기법이고, 탈중심화는 외적 사건과 자기 자신을 분리시키기 시작하는 과정이다. 그러므로 인지 재구성은 내적 대화와 인지를 변화시키게 되고 그다음 외현적 행동이 달라진다.

대처기술치료

이 치료들은 개인이 스트레스 상황에 더 잘 적응하기 위한 일련의 대처 전략을 가르치고 증가시킨다. 자기효능감은 사회학습이론과 CBT의 성과이다. 새로운 대처 전략의 학습은 자기효능감을 개선시키며 대처기술치료의 근원이 된다. 이 범주에 속한 치료는 다른 두 범주에 속한 치료들과 공통점이 많지만, 내담자가 새로운 대처 기술을 습득할 수 있도록 하는 데에서 차이가 있다. 울프(1958)는 대처 전략을 초기에 적용하였으며 오늘날에도 여전히 중요한 기술인 체계적 둔감법을 발달시켰다. 이 방법에서 내담자는 스트레스 유발 자극을 상상하고(예: 뱀에 대한 두려움) 그다음 그들에게 두려움을 느끼게 하는 이미지가 점진적으로 둔감해질 때까지 이완에 초점을 맞춘다. 대처기술치료의 또 다른 예는 스트레스 예방접종인데(Meichenbaum, 1975), 내담자는 외적 사건에 대한 감정이나 스트레스 반응을 인식하게 된다. 마이켄바움은 회기 동안 내담자가 잘 대처할 수 있는 자기진술과 이완 기술을 훈련하게 하였다. 이 기술은 내담자를 스트레스 상황에 넣고 새로운 대처 전략이 얼마나 효과적인지 평가하는 것을 포함한다.

또 다른 대처기술치료는 내현적 모델링(Kazdin, 1974)이다. 이 치료 상황에서 내담자는 바라는 행동을 하는 사람(즉, 모델)을 상상한다. 이 치료 유형은 불안을 감소시키고 스트레스 상황에서 새로운 대처 반응을 발전시키는 데 효과적이다. 불안조절 훈련(Suinn & Richardson, 1971)과 수정된 체계적 둔감법(Goldfried, 1971) 모두 대처치료에 포함된다. 이 치료 결과, 내담자들은 그들의 삶에서 스트레스 경험이나 부정적인 사건에 대해 더 증가된 통제력을 경험하게 된다.

문제해결치료

이 목록에 속한 치료 모델은 사실상 다양하다. 드즈릴라와 골드프리드(D'Zurilla & Goldfried, 1971)는 문제 행동을 "개인이 특정 상황적 문제를 해결할 수 없는, 비효과적인 행동과 그 결과"라고 정의하였다(p. 107). 문제해결치료의 철학적 핵심은 실용주의와 인본주의이다(Mahoney & Arnkoff, 1978). 문제해결치료사들은 갈등을 겪고 있는 내담자를 돕는 가장 효과적인 수단을 발견한다. CBT에서 목표로 삼는 몇 가지 문제는 불안, 시간 관리, 사회적 기술이다.

개인구성개념이론

미술치료사와 관련된 CBT의 다른 기본적인 이론은 개인구성개념이론인데, 이는 조지 켈리(1955/1991)에 의해 개발되었다. 싱어(2006)에 의하면, 켈리는 현대 인지심리학의 중요한 선구자이다. 따라서 켈리는 심리학에서 인지 운동에 기여한 주요 이론가들 중 한 명으로 여겨지며(Fransella & Neimeyer, 2005), 클라크슨과 포코니(Clarkson & Pokorny, 1994)는 켈리가 "인지치료의 초석을 놓았다."고 하였다(p. 151). 다른 인지심리학자들과 마찬가지로, 켈리는 내적 세계를 발달시키는 데 있어서 사람은 적극적이고 구성적이라는 것을 발견하였으며, 인간 행동을 설명하기 위해 인지 모델을 창안하였다(Taylor: Diamond, 1982 재인용).

인지 심리치료의 창시자 중 한 명으로서 켈리의 입지는 인간이 자신의 기대에 따라 행동한다는 그의 전제에 기반을 두고 있다. 이 기대는 예상하는 것이고 과거 경험과 사건에 근거를 두고 있다. "켈리의 인간 행동에 대한 관점은 우리는 가능한 미래를 구성하기 위해 과거 사건의 기억을 사용하는 몇 가지 순간적인 이미지를 거의 항상 포함하고 있는 기대와 정신적 계획에 의하여 움직인다고 가정한다."(Singer, 2006, p. 106) 세계가 어떻게 작용하는지에 대한 개인의 지각이나 가정을 이해하는 그의 모델은 개인구성개념이론(Personal Construct Theory: PCT)이라고 불린다. 개인구성개념의 지배적인 개념은 개인은 그들의 환경을 이해하려 하고 환경에 대해 반응하는 방법을 발견하고자 하는 자연과학자라는 것이다. "켈리는 우리가 우주를, 우리 자신을, 우리가 직면하는 특정 상황을 이해하려고 노력한다고 믿었다."(Fransella & Bannister, 1977, p. 4) 과학자로서 사람들은 세상이 어떻게 조직되고 사람들이 어떻게 행동하는지에 대해 추측하고 가정한다. 그는 이 가정을 개인구성개념이라고 불렀다. 프랜셀라와 배니스터(Fransella & Bannister)에 의하면, 개인구성개념은 언어적 명칭일 뿐만 아니라 세상에 대한 개인의 관점이고 자신에 대한 개인의 관점이다.

두 미술치료사인 라인(1976b)과 칸즈(Carnes, 1979)의 인지 기반 연구에 대한 초석이 되기 때문에 켈리 이론의 인지적 기반에 대해 논의하는 것은 중요하다. 두 사람 모두 개인구성개념이론에 의해 알려진 것처럼 정신 이미지 기반 과정이나 구체적인 시각 이미지 기반 과정에 대한 탐구로써 그리고 개인적 구성개념으로써 미술치료를 인지에 기반을 두고 이해할 것을 제안하였다. 싱어(2006)는 사람들의 예상적인 기대나 개인구성개념이 이미지 요소를 지닌다고 하였다. 라인과 칸즈는 이를 이해하였고, 이 개인구성개념이 미술치료 내에서 창조될 수 있다고 주장하였다. 각각은 개인이 감정, 감정을 불러일으키는 상황과 사건을 이해하고 인지 기반 구성개념을 탐구하도록 돕는 데 공헌하였다.[3)]

기본 견해

미술치료사들이 켈리의 연구를 어떻게 활용하였는지 이해하기 전에, 개인구성개념 심리학의 기본 견해를 알아보는 것은 중요하다(Kelly, 1955/1999). 개인구성개념의 핵심은 다음과 같은 가정에 있다. 세계에 대한 개인의 관점은

---

3) 칸즈와 라인에 대한 더 많은 정보는 제5장을 참조하라.

환경과의 상호작용에 바탕을 두고 있으며, 그들의 지각에 기반을 두고 개인은 세계가 어떻게 작용하고 그들이 세상에서 자신을 어떻게 지각하는지에 대해 가정을 형성한다. 이 가정을 개인구성개념라고 부른다. 개인의 개인구성개념의 집합은 개인구성개념 체계를 이룬다. 개인구성개념 체계에 대한 개인의 탐색은 부정확하거나 잘못된 구성개념을 밝히도록 돕는다. 일단 문제가 되는 구성개념이 확인되면, 문제가 어떻게 발전되었는지 탐색하는 것은 개인구성개념을 재검토하거나 전체 체계를 변경시키게 한다.

켈리는 개인구성개념의 특징이 본질적으로 양극적이라고 하였다. 개인은 가정이나 구성개념의 양극성을 모를 수도 있다. 대개 이 인지의 부족은 개인의 불쾌함의 원인이 된다. 예를 들어, 만약 한 내담자가 모든 사람은 근본적으로 선하다고 가정하고 있는데 폭행이나 개인 강도를 경험한다면, 하나의 불균형이 개인구성개념 체계 내에서 일어날 것이다. 잘못된 단극성의 개념(사람들이 선하다는)에 대한 탐색을 통해, 내담자는 '대부분의 사람은 선하지만, 일부는 그렇지 않다.'와 같이 일부 개념을 재구성할 수 있다. 개인구성개념의 양극성 특징에 대한 이해를 통해 내담자는 자신의 체계 내에 반대되는 생각이나 가치가 있을 수 있다는 것을 인식할 수 있다.

다양한 구성개념 체계

개인구성개념은 자신의 경험에 대한 지각에 근거하여 개인적으로 인식된다. 이 지각은 실제 세계에 존재하는 것과 일치할 수도 있고 그렇지 않을 수도 있다. 켈리에 의하면, 모든 지각이나 구성개념은 액면 그대로 믿어진다. 그러나 그것들은 혼란스럽고, 왜곡되거나 복합적이고 명료하다(Rhyne, 1979b).

건강한 구성개념 체계는 체계 안으로 새로운 정보가 들어올 수 있게 하고 구성개념이 수정될 수 있도록 한다([그림 4-2] 참조). 예를 들어, 한 사람이 직장 동료들의 상호작용을 관찰할 때 그들은 동료들에게 다가가는 가장 좋은 방법을 배운다. 어쩌면 몇 가지 실수를 한 후에, 감독과의 상호작용은 동료와의

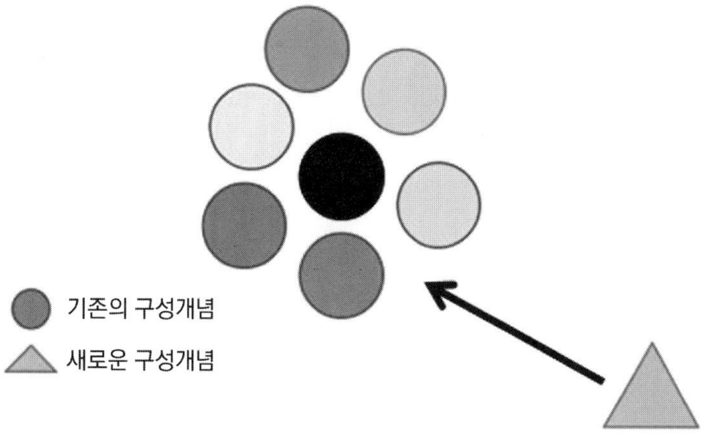

[그림 4-2] 건강한 개인구성개념 체계

상호작용과는 다른 기술과 태도를 요한다는 것을 배운다. 이 자기지식의 결과로, 이제 그들은 직장에서 감독과 잘 지내는 방법에 관한 가정이나 구성개념을 재구성하거나 추가할 것이다. 반대로, 몇 가지 어려움의 원인이 되는 구성개념 체계를 지닌 사람들도 있다. 예를 들어, 어떤 사람은 대부분 또는 모든 새로운 정보가 체계에 침입할 수 있게 한다. 이 체계 내에서 편집이 거의 일어나지 않는다. 그 결과, 개인은 환경에 의해 압도당하거나 자신의 신념 체계에 대해 혼란스러워할 것이다([그림 4-3] 참조).

반대로, 체계에서 개인이 새로운 자료를 수용하거나 새로운 정보나 경험을 통합하는 것이 어렵게 꽉 잠겨 있거나 빡빡할 수 있다. 그 결과, 사고과정이 경직되거나 억제된 사람 또는 변화를 어렵게 생각하는 사람이 된다([그림 4-4] 참조).

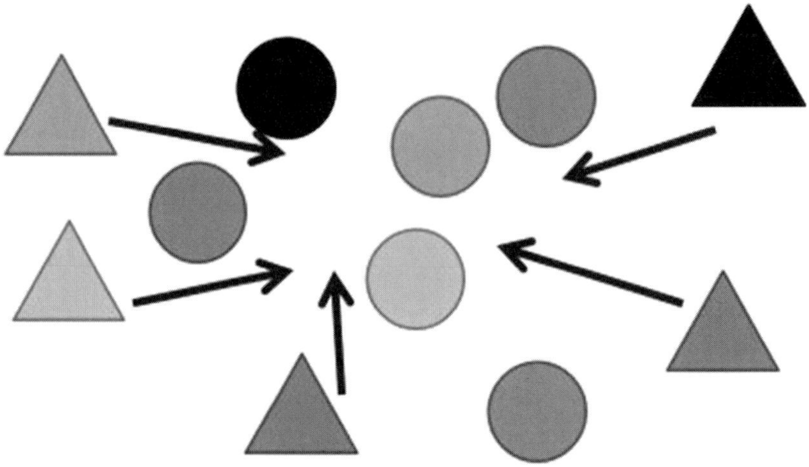

[그림 4-3] 느슨한 구성개념 체계

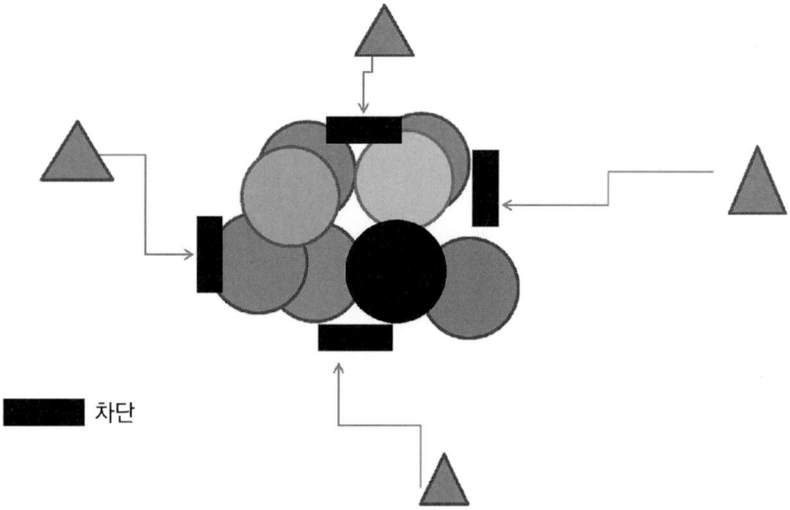

[그림 4-4] 단단한 구성개념 체계

켈리의 레퍼토리 그리드 검사

켈리는 내담자가 자신의 개인구성개념 체계를 발견하도록 돕는 치료를 시작하였다. 그는 "레퍼토리 검사(Repertory Grid)" 또는 "레퍼토리 그리드(Repertory Grid)"라고 명명한, 새로운 내담자를 위한 면담과정을 발달시켰는데, 그가 설명한 것은 개인구성개념들 사이의 관계를 살펴보는 체계였다(Kelly, 1955, p. 219).[4] 내담자의 삶에서 가장 중요한 사람들을 먼저 확인한 후(예: 엄마, 좋아하는 선생님, 가장 가까운 친구 등), 내담자에게 이 개인들의 특징을 비교하고 대조하도록 요구하였다. 그는 평가 면접에서 내담자에게 22명의 개인을 결정하도록 하였는데, 켈리는 이를 요소라고 명명하였다. 구성개념 도출에 대한 레퍼토리 그리드 또는 3인조 방식은 한 사람이 그리드에서 결정된 세 사람이나 3인조를 비교하고 대조하도록 요구한다(부록 A 참조).

그다음 그는 내담자에게 다음 질문을 한다. 세 사람 중 어느 두 사람이 비슷한가, 그리고 그들은 어떻게 비슷한가? 만약 내담자가 이 두 사람이 따뜻하고 양육적이라고 대답한다면 이 서술어들은 구성개념으로 평가될 것이다. 그다음 켈리는 이 3인조에서 세 번째 사람은 어떻게 다른가라고 묻는다. 이 질문에 대한 답은 정반대이거나 대조되는 것이다. 이 개인의 양극의 개인구성개념은 일부 사람은 양육적이고 일부 사람은 냉담하다는 것이다. 이 면담과정은 22개의 3인조를 비교하고 대조하도록 하여 22개의 의미 있는 양극의 개인구성개념에 이르도록 하고, 내담자의 개인구성개념 체계를 이해하게 한다. 켈리는 내담자에게 문제되는 생각과 행동을 정확히 설명하고 그다음 내담자가 필요할 때 체계를 수정하도록 돕기 위해 이 방식으로 얻은 구성개념 체계 정보를 사용하였다.

프랜셀라와 배니스터(1977)에 의하면, 그리드는 여러 가지 사용 용도가 있는데, 무엇보다도 "켈리는 레퍼토리 그리드 기법을 개인구성개념 체계를 탐색

---

4) 비록 많은 사람이 검사라고 부르지만, 그것은 한 사람이 세상을 어떻게 보는지에 대한 정보를 모으는 방법이다.

하기 위한 도구로 개발하였다. 그것은 타인의 입장에서 보기 위한, 그들이 보는 대로 세상을 보기 위한, 그리고 그들의 상황, 문제를 이해하기 위한 노력이다."(p. 5) 켈리가 개발한 레퍼토리 그리드는 수치 데이터와 수학적 구조 형식으로 나타난다. 그가 언급했듯이, "우리는 한 개인의 심리적 공간과 독특하게 엮여 있는 사건들 사이의 지각적 관계를 표현하고 측정하기 위한 수학적인 기준을 가질 것이다."(Kelly, 1955, p. 302)

그리드 기법의 변형

켈리가 개발한 레퍼토리 그리드는 일부 나이대의 집단과 사람들에게 실시하기 어렵다는 것이 발견되었다. 수년에 걸쳐, 개인구성개념 심리학자와 다른 치료사들은 레퍼토리 그리드 기법을 적용하였다. 한 가지 쉬운 적용방법은 3인조 방법으로 구성개념을 이끌어 내기보다 그것의 순서를 매기는 것이다. 이 방법의 예시로, 내담자에게 요소를 작성하게 하고 지시가 주어질 때(예: 가장 자신감 있게 느껴질 요소나 상황을 파악하라.) 이 요소들의 순서를 매기도록 하는 것이다. 요소들에 번호를 매기기 때문에 수치 자료가 수집될 수 있다. 구성개념을 드러내기 위한 또 다른 덜 복잡한 기법은 평점 그리드이다(Fransella & Bannister, 1977). 이 방법에서 구성개념에 근거한 요소들에 등급을 매기는 대신에 요소를 대조적인 극이나 양극의 구성개념을 갖는 선형 척도로 평가한다(예: 합리성과 비합리성 사이)(p. 40). 이 적용들로 연구자와 치료사들이 다양한 성격과 사회적 문제를 가진 많은 내담자를 대상으로 구성개념 체계를 평가할 수 있다.

언어에서 이미지 기반 그리드로의 변화

켈리는 레퍼토리 그리드 체계로 개인의 개인구성개념 체계를 확인하기 위해 낱말과 언어를 사용하였다. 그러나 그 후 치료사와 연구자들이 3인조 비교와 대조나 순위를 정하는 면접에 도움이 되는 촉구로서 사람과 상황의 사진이나 그려진 이미지를 포함시켰다. 우스터(Wooster, 1970)는 아동들의 사진을 활용한 지적장애 아동들의 자기개념 연구에서 개인구성개념 활동을 활용하였다. 그는 참가자들에게 예를 들어 어떤 소년이 가장 친절할까와 같은 여덟 가지 성격 특징에 따라 사진의 순서를 정하도록 하였다. 아동들의 이상적 자기개념에 대한 연구에서, 새먼(Salmon, 1976)은 요소로서 사전에 그려 둔 비슷한 나이의 아동들(그림)을 준 다음 구성개념을 제공하였다. 구성개념이 제공되었을 때(예: 누가 혼날까? 또는 누가 어른들과 문제를 일으킬까?) 아동은 자신의 구성개념과 일치한다고 생각하는 그려진 아동 이미지를 선택한다. 구성개념 도출을 돕는 사진과 사전에 그린 이미지를 제공하는 것에서 내담자가 개인구성개념 도출을 위한 요소들을 만들거나 그리게 하는 쪽으로의 작은 발전이 있었다.

예를 들어, 레이브넷(Ravenette, 2005)은 따돌림 행동을 한 12세 소년을 대상으로 연구할 때 자화상 갤러리와 자기묘사 그리드라고 부른 것을 활용하였다([그림 4-5] 참조). 아동을 알게 된 후, 그는 소년이 자신을 묘사하는 데 사용할 4개 용어—신경 쓰지 않는, 똑똑한, 장난꾸러기, 예의 바른—를 나열하도록 하였다. 치료사는 아동에 대한 지식에 근거하여 세 가지 특징—그에게 불리한 세상, 친절한, 난 지금 당장 그것을 원해—을 더 제공하였다. 아동에게 그리드의 X축을 이루는 7개의 얼굴을 그리고 수치화하도록 하였다. 그에게 또 삶에서 중요한 사람을 기록하도록 하였다(엄마, 아빠, 남자형제, 여자형제, 선생님, 소년들, 자기). 이 사람들은 그리드의 Y축을 이룬다. 치료사의 질문에 대한 반응에서 아동은 얼굴을 선택한다(예: "만약 내가 너의 엄마에게 묻는다면, 엄마는 이것들 중 어떤 게 너와 가장 닮았다고 말할까?"라는 질문에 대한 반응에서 '1'이나 '똑똑한'을 선택하였다. 그리고 "그는 너와 가장 비슷하지 않다."에 '7' 또는 '신경 쓰지 않는'을 선택하였다. 이 질문하기는 "만약 내가 너의 엄마에게 묻는다면, 엄마는 이것들 중 어떤 게 너와 가장 닮았다고 말할까?"와 "어떤 게 가장 비슷하지 않다고 말할까?"라는 질문들에 대해 모든 얼굴이 선택될 때까지 계속되었다. 이는 Y축을 따라 각 사람들에 대해 계속되었다.

M	7	1	6	2	3	4	5
F	7	1	6	3	2	3	5
Br	6	7	1	2	3	5	4
Si	7	6	1	2	5	3	4
Bo	1	7	2	6	3	5	4
Te	7	1	4	2	6	3	5
S_1	7	1	6	2	5	3	4
R_2	1	7	2	5	3	6	4

[그림 4-5] 자화상 갤러리와 자기묘사 그리드. 그림 왼쪽에서부터 쓰지 않는, 똑똑한, 장난꾸러기, 예의 바른, 그에게 불리한 세상, 친절한 그리고 난 지금당장 그것을 원해.

출처: Ravenette, T. (2005). Constructive Intervention with Children When Presented as Problems. In F. Fransella (Ed.), *The Essential Practitioner's Handbook of Personal Construct Psychology* (p. 139). Chichester, UK: John Wiley & Sons. 허가받아 재인쇄.

켈리(1955/1991)는 개인이 '세상을 어떻게 보는지'에 대해 이해하기 위해 각 개인의 반응들을 수집하는 방법을 보여 주는 수학적 분석을 고안하였다. 그러므로 그리드 검사는 개인의 심리적 공간을 평가하는 데 사용될 뿐만 아니라 심리학 연구에서도 사용된다. 이 모든 그리드 기법으로부터 모은 자료를 분석하기 위해 컴퓨터 프로그램이 개발되었다(Fransella & Bannister, 1977). 이 프로그램은 개인의 개인구성개념 체계에 대한 그래픽 그림을 개발하고 소집단의 합성사진을 제공하기 위해 사용될 수 있다. 레이브넷이 연구한 아동을 위한 그리드 분석은 어른들이 자신을 어떻게 보는지, 예의 바르고 똑똑한지 아동이 인식하고 있는 것을 드러내었다. 동시에 그는 또래 집단과 동일시하는데, "그는 성인의 관점과 정반대인 그들의 관점에서 자신을 만든다."(p. 140) 이 구분되는 자기지각은 미래 치료적 개입의 근거가 되었다.

평가에서 개인구성개념치료까지

엡팅, 제미냐니와 크로스(Epting, Gemignani, & Cross, 2005)에 의하면, 켈리(1955/1991)는 개인구성개념치료의 네 가지 측면을 설명하였다. 켈리는 내담자의 즉각적인 관심에 초점을 맞춘 치료를 시작하였다. **통제된 정교화**(controlled elaboration)라고 명명한 것에서 내담자들은 시간대에 따라 문제를 확인하는데, 이는 고정된 것이기보다는 일시적인 것으로 문제를 보도록 돕는다. 게다가 켈리는 내담자가 문제가 재해석될 수 있다는 것을 발견하도록 도와줄 것을 치료사들에게 권하였다. 레퍼토리 그리드의 사용을 포함한 몇 가지 방법을 통해 문제를 확인할 수 있다. 그러나 켈리는 개인구성개념치료 2단계에서 그리드를 매우 자주 활용하였다.

켈리는 2단계에서 과도기적 진단이라는 용어를 사용하였는데, 여기에서 치료사는 치료의 방향을 계획한다. 이 국면에서 치료사는 내담자가 치료에 가져온 문제를 자세히 말하도록 돕는다. 치료의 초점을 내담자의 결점보다는 해결책을 향해 나아가는 방법과 문제에 두어야 한다는 강한 신념이 있었다. 이 단계에서 켈리는 내담자가 자신을 묘사하는 방식으로 레퍼토리 그리드를 사용한다. 그리드와 다른 평가 절차를 통해, 개인의 개인구성개념 체계는 드러나고 내담자에게 삶의 역할에 대해 생각하게 하는 도전이 된다. 켈리에 의하면, 삶의 역할을 생각하는 것은 내담자의 미래의 지향(orientation), 즉 앞으로 할 일과 기대하는 일의 발달을 돕는 것이다.

세 번째 단계에서 치료사는 내담자가 그들의 체계 내에서 개인구성개념을 느슨하게 하고 팽팽하게 하도록 한다. 켈리는 치료의 이 측면이 창의적이고 흥미롭다는 것을 발견하였다. 엡팅 등(2005)에 의하면, 켈리는 "창조성을 구성개념을 느슨하게 하는 것과 팽팽하게 하는 것 사이를 왔다 갔다 하며 엮는 것에 관여하는 사이클"로 정의하였다(p. 118). 이 단계에서 치료사는 "꿈은 언어화할 수 있는 가장 느슨한 구성개념"이기 때문에 꿈에 대해 보고하도록 지지한다(p. 118). 느슨하고 팽팽한 개인구성개념에 대한 탐색의 일부로, 내담자는 새로운 행동 실험을 하도록 격려된다. 그러므로 "구성개념의 수정을 위한 중심 기법은 실험이다."(p. 119)

고정된 역할치료는 개인구성개념치료의 마지막 단계이다. 이 단계에서 치료의 일부로 역할극이 시작된다. 내담자는 먼저 짧은 이야기나 자신을 묘사하는 단편을 쓴다. 세 번째 단계에서 밝혀진 새로운 구성개념을 사용하기 위해 먼저 회기 내에서 새로운 역할을 하고, 그다음 그들의 세상에서 새로운 역할을 수행하게 한다.

켈리와 그의 후계자들에 의해 개발된 활용 가능한 많은 단계와 기법의 정보들이 있다. 이 간단한 개요에서 다음의 개인구성개념 기법들을 강조한다. 문제에 초점 두기, 개인구성개념 체계의 탐색과 재탐색, 그리고 회기 및 실제에서 새로운 역할 연습하기이다. 이 간단한 개요로부터, 미술치료사는 켈리의 연구를 미술치료에 통합할 수 있는 많은 방법을 상상할 수 있다.

요약

개인구성개념이론이 사회학습이론이나 인지치료와 관련된다는 것이 바로 분명하게 이해되지는 않을 수 있다. 그러나 이 세 가지 모델이 함께 관련된 유사성이 있다. 모든 패러다임에 통하는 한 가지 공통점은 고등 인지과정을 사용하는 것이다. 개인구성개념이론에서 개인의 구성개념이나 가정은 사회적 상호작용에서 개인의 행동에 영향을 미친다. 개인구성개념의 발달은 켈리가 그의 연구에서 초점을 맞춘 고등 인지 기능이다. 개인구성개념이론에서 모델링과 역할 변화는 개인의 구성개념 체계, 인지적 표상 작용, 명백한 행동을 재평가하는 데 도움이 된다. 모델링은 또 사회학습이론과 인지치료에서 주요 기술이다. 세 가지 관점 모두 인간을 인지 매개자를 통해 환경과 상호작용하는 것으로 본다. 각 패러다임은 문제 행동을 변화시키는 데 있어서 문제가 되는 인지과정 변화의 중요성을 지지한다.

결론

이 장에서 CBT를 역사적으로 설명하였다. 미술치료사가 CBT의 역사적·이론적 근거를 이해하는 것은 가치 있는 일이다. CBT가 어떻게 공식화되었는지에 대한 이해는 행동과 성격 변화에 대해서 CBT가 다른 이론들의 본보기가 된다는 것을 보여 준다. 또 CBT 실제의 목표와 치료적 기법을 위한 비계를 제공한다.

심리학적 세계에서 CBT의 개념화와 중요성을 이해하기 위한 지도는 없다. 이론적 기반은 다면적이고 복잡하다. 행동치료의 근원에서부터 사회학습이론에서 인지의 매개 효과에 대한 재고와 마지막으로 인지의 진화까지, CBT는 수많은 치료적 변형으로 구성되어 있다. 단순히 변형들의 수뿐만 아니라, 각 CBT 유형 안에서도 복잡하게 나눠진다. 여기에서 CBT의 네 가지 역사적 기원인 행동치료, 사회학습이론, 인지행동치료, 개인구성개념이론에 대한 폭넓은 개관을 설명하였다. 이 이론과 개념들은 미술치료사들이 미술치료에 대한 CBT 접근을 어떻게 개념화하기 시작하는지를 이해하는 기초가 될 것인데, 이는 다음 장에서 탐색될 것이다.

이것이 CBT의 역사적 개관이라는 것을 기억하라. 제6장에서 현행 CBT와 CBAT 실제의 전체가 논의될 것이다. 더 최근에 CBT가 이 이론적 접근에 DBT, MBSR, MBCT, ACT와 같은 새로운 변형을 포함하도록 확대되었다. 이 제3의 물결 변형들은 제7장과 제8장에서 탐색될 것이다.

05

CBAT의 역사적 근거

05 CBAT의 역사적 근거

"난화 그리기에 거부적이고 억제된 환자를 매체와 관계하도록 격려한 다음 환자가 참여하는 것에 대해 칭찬하는 미술치료사는 행동적 접근을 활용하는 것이다."

(E. Roth, 1987, p. 216)

제4장에서 CBT 이론의 역사적 근원과 최신 신판들을 살펴본 것은 치료에서 CBT의 지속적인 발전과 현대의 사용에 대한 맥락을 제공하였다. CBAT에서도 똑같이 적용된다. 행동치료에서 초기 생각과 실제는 인간 행동에 대한 증가된 이해로부터 발전하였고, CBAT 제1의 물결 실제에서 현실 조형으로 발달되었다. 사회학습이론의 도입과 인지심리학과 CBT의 시작은 내담자가 적응하고 성장하도록 돕기 위해 계획된 구체적인 치료 실제의 발달로 이어졌다. 미술치료사는 이 실제가 중요하다는 것을 알게 되었고, 그들의 연구가 CBAT 제2의 물결이 되었다. 이 장에서는 CBAT가 만들어지는 데 CBT의 첫 두 물결이 어떻게 활용되었는지에 대한 역사적인 연구를 소개한다.

CBAT 미술치료사의 선구자

치료사들은 개인적 또는 정신적 이미지가 사회학습이론가들에 의해 개념화된 것처럼 내담자가 자기통제력을 얻을 수 있도록 하는 강력한 도구라는 것을 발견하였다. 밴듀라(1977)의 접근은 개인적 심상이 자기효능감에 기여한다고 하였다. 싱어와 포프(1978)는 심상이 적응적 회피, 자기자각, 자기 조절, 바이오피드백을 위해 그리고 창조성과 미적 경험을 위해 건설적으로 사용될 수 있다고 제안하였다. 그리고 다음과 같이 말하였다.

> 자기효능감 인지는 심상, 환상 또는 어떤 형태의 자기대화로, 우리가 어떤 유형의 행동을 시작할지 말지, 그리고 일단 행동한다면 얼마나 오래 지속할지, 얼마나 많은 노력을 기울일지를 결정한다. 한 사람이 다룰 수 있는 개인적 심상은 위험하고 당황스럽거나 그렇지 않으면 혐오스럽다고 믿어지는 상황들 속에서 개인이 끝까지 견디도록 도울 것이다.
>
> (pp. 26–27)

밴듀라(1977)는 개인적 심상은 자기강화가 된다고 가정하였다. 미술치료에서 심상의 강화 가치는 세 가지 형식을 띨 수 있다. ① 이미지화하는 행동 그 자체를 통해서, ② 미술의 형태로 심상을 재생하는 것을 통해서, ③ 마음이나 정신적 이미지와 미적 이미지에 대한 토론을 통해서이다. 그러므로 이미지가 자기통제력을 습득하는 것과 관련된다면, 미술치료는 자기효능감을 기를 수 있는 양식일 것이다.

CBAT는 세 명의 미술치료사가 미술치료의 인지적 측면에 대해 이론을 세우기 시작하였을 때인 1970년대 후반에 미술치료 문헌에 처음으로 나타났다. 엘렌 로스(1978)는 발달장애와 정신장애를 가진 아동들을 위한 미술치료를 개념화하기 위해 행동치료 기법들과 현실 조형을 활용하려는 생각에 대해 논하였다. 제니 라인(1979a, 1979b)과 재니스 칸즈(1979)는 개인이 인지, 감정 상태를 탐색하도록 돕기 위한 기준으로서 개인구성개념이론(Kelly, 1955/1991)을 연구하였다. 따라서 CBAT는 약 35년이 되어 가고 있다. 로스, 라인과 칸즈도 그들의 연구가 얼마나 중요하게 될지 알지 못하였다. 이 세 명의 미술치료사는 그들의 연구를 그려진 이미지와 정신적 이미지가 행동을 매개하거나 형성한다는 가정에 근거를 두었다. 로스는 CBAT나 행동치료 제1의 물결에서 미술치료를 사용하였다. 칸즈와 라인은 CBAT 제2의 물결의 일부로 여길 수 있다. 이 장에서 로스, 칸즈, 라인의 연구와 그들의 초기 CBAT 작업을 논의할 것이다. 그들이 처음으로 발전시킨 CBAT 치료 기법들을 초기에 적용한 그 밖의 사람들도 이 장에서 탐색될 것이다.

CBAT 제1의 물결: 현실 조형

로스(1987, 2001)는 "미술치료의 실제(감정적으로 불안하고 정신적으로 지체된 아동들을 대상으로)에서 행동수정 기법(조작적 조건형성과 모델링 절차) 적용"을 하였다(1987, p. 216). 이는 CBT 제1의 물결에 해당하는 행동주의 미술치료의 유형이다. 로스는 한 사람이 "점진적으로 목표 행동에 이르도록 작은 단계들을 강화함으로써 바라는 행동"을 형성하는 것 또는 좀 더 가까워지도록 하는 것인 조작적 조건형성 기법에 치료의 기반을 두었다(1987, p. 214). 또한 다른 조작적 조건형성 기법인 연쇄법은 내담자가 일련의 긍정적 행동을 배우도록 하였다. 정신역동적으로 훈련된 치료사를 포함하여 많은 치료사에 의해 사용된 기법인 강화와 촉구에 의해 형성법과 연쇄법이 향상되었다.

로스는 행동치료와 미술치료를 통합한 것을 현실 조형이라고 하였다. 이 과정은 내담자에 대한 이해가 필요 없다는 개념을 인정하는 것을 포함한다. 먼저 미술치료사는 내담자에게 어떤 형태를 창조하게 함으로써 문제되는 개념에 표현적 형태를 부여하도록 돕는다. 둘째, 아동은 미술 매체를 사용하여 이 구조들을 구성하고 재구성한다. 이는 반복적인 과정일 수 있다. 또 아동이 2차원과 3차원 매체를 사용하여 그 형태를 탐색하기 위해 점차적으로 더 복잡한 매체를 사용하도록 격려한다.

현실 조형의 목표는 복잡하고 심리학적으로 민감한 문제에 대한 (정신적이고 시각적인 이미지를 통해) 도식을 발달시키고 구성하는 것이 혼란되고 역기능적인 사고를 정리하기 위한 수단이 되고, 내담자가 파괴적 충동에 대한 통제력을 얻도록 돕는 데 사용될 수 있다는 원리에 근거를 두고 있다. 그 결과, 완전히 형태를 이룬 도식이 창조되는데, 이는 지금 여기에서 형성되며, 현실에 바탕을 둔 것이다. 로스는 잘 형성된 도식은 대상에 대한 이해를 촉진시키고, 결국 미술치료사와 내담자가 그 도식의 가치와 만약 그 창조물이 파괴된다면 나타날 수 있는 결과를 판단할 수 있다는 것을 가정하였다.

예로서, 로스는 집에 불을 지른, 파괴적인 행동과 지적장애를 가진 아동인

래리를 대상으로 현실 조형을 활용하였다. 공작용 막대기를 사용하여 로스는 평평한 집을 만들었는데, 이는 래리가 집을 재창조하기 위한 모형으로 사용되었다. 평면 집 만들기를 몇 회기 한 후 래리는 입체로 된 집을 만들 준비가 되었다. 그는 그리고 만든 집들을 주의 깊게 다루었는데, 이는 가족의 집이 보호되어야 하고 파괴되지 않아야 한다고 보는 변화와 일치한다. 이 접근에 대한 단서 조항은 현실 조형이 "내적 심리적 변인을 평가"하지 않는다는 점이다(Roth, 2001, p. 208). 그러나 일단 아동의 행동이 이 새로운 학습 경험을 통해 통제된다면, 나타나게 될 불안하게 만드는 정보에 대한 예상이 가능해지고 탐색될 수 있다.

로스는 미술치료사들이 그들의 작업에서 행동주의를 당연하게 사용한다는 것을 상기시켰다. 예를 들어, 일반적인 고전적 조건형성 행동주의인 강화는 문제 행동을 하는 아동들과의 작업에서 중요한 요소이다. 또한 강화는 미술작업에 참여하는 것을 힘들어하는 사람들을 격려하고, 다른 내담자들이 어려운 상황에서도 계속해서 문제를 해결하도록 돕는다. 촉구는 미술치료사에 의해 폭넓게 사용되는 두 번째 행동주의 기법이다(Mellberg, 1998; Roth, 2001). 단순한 촉구의 예로, "이제 당신의 미술작업을 할 시간이에요." 또는 "비록 당신이 그림을 완성했다고 말하지만 여기에 빈 공간이 많으므로 어쩌면 당신은 여기에 뭔가를 추가하고 싶을 지도 모르겠네요."가 있다.

로스는 그녀가 작업했던 사람들을 위해 미술치료의 일부로 행동주의적 기법을 사용하는 것의 가치를 발견하게 되었다. 그녀는 그리고 만드는 경험적 기법을 행동주의 기법인 모델링, 강화, 체계적 학습과 통합하였다. 미술치료에 행동주의 기법을 들여온 사람으로서 그녀는 CBT와 미술치료의 통합을 시작한 공로를 인정받고 있다.

CBAT 제2의 물결: 개인구성개념이론과 미술치료

두 미술치료 이론가 재니스 칸즈와 제니 라인이 미술치료에 인지적 접근을 개념화하기 위해 조지 켈리(1955/1991)의 연구를 사용했던 것은 우연이 아니다. 이 장의 앞에서 언급했듯이, 켈리의 개인구성개념(또는 개인의 세계관에 대한 지각이나 가정)은 언어에서 그려진 구성개념으로 쉽게 옮겨진다.

칸즈

1970년대 후반, 칸즈(1978, 1979)는 미술치료의 인지적 측면에 대한 이해를 거의 중요시하지 않는 점을 우려하였다. 그녀는 인지치료의 이해를 통해 미술치료사는 미술치료의 치료적 가치에 대한 이해를 확대시킬 수 있다고 하였다. 그녀는 이미지, 시각적 사고, 창조성 모두가 미술치료의 측면들이고, 또한 인지의 특징이며, 미술치료사는 그들의 작업에 인지의 중요성을 포함하길 원할 것이라고 하였다.

> 인지치료는 상징화하고, 생각하고, 생각에 대한 생각을 할 수 있는 인간의 능력을 강조한다. 그것은 자기, 즉 경험하는 자기, 뒤로 물러서서 관찰하고 경험에 대해 생각하는 자기를 강조한다. 이 이중적인 면을 가진 자기는 미술치료와 예술활동에서 나타난다. 그것은 미술작업을 하는 주관적인 경험하는 자기이고, 자기가 한 것의 의미에 대해 생각하는 객관적인 관찰하는 자기이다.
>
> (p. 69)

특히 그녀는 켈리와 그의 개인구성개념 심리학 모델은 미술치료에 대한 인지적 접근을 논의하는 데 있어 적절한 근거가 될 수 있다고 하였다. 그녀는 개인구성개념은 비언어적일 수도 있고 언어적일 수도 있으며, 미술작업은 비언어적 생각을 표현할 수 있는 기회를 제공하는데, 이는 개인구성개념 체계의 핵심이라고 가정하였다. 칸즈는 또 미술을 창조하는 것이 한 사람의 개인구성개념 체계를 확장하고 풍부하게 할 수 있다고 하였다. 더 강한 개인구성개념 체계로 인해 개인적 문제에 대한 해결책이 늘어날 것이다. 그녀는 심지어 치료에서 창조된 미술과 관계하는 것은 문제에 대한 새로운 구성개념의 생성이나 대안적인 해결책을 실험할 수 있는 빠르고 효과적인 방법이라고 가정하였다. 이 접근의 예는 개인이 문제되는 상황을 미술로 창조하도록 하는 것이다. 이 구성개념에 대한 그림을 보는 것은 덜 곤란하게 느껴지는 그림으로 재구성하거나 "관찰자에게…… 가능한 사건들에 대한 묘사를 제공한다."(p. 74) 미술에 더하거나 빼는 것은 구성개념을 덜 문제가 되도록 바꿀 수 있다. 칸즈는 "켈리는 새로운 생각이나 구성개념은 통찰력으로 간주하지 않는다. 그러나 만약 유용하다면 실험되고 수용될 수 있는 가정으로 본다."라는 것을 알게 되었다(p. 73).

칸즈는 창조성 면에서 느슨한 구성개념과 단단한 구성개념 체계에 대한 켈리의 생각을 확장시켰다. 칸즈에 의하면, 창조성은 보통 불명료한 느슨한 구성개념으로 시작되고 구성개념의 탐색 이후에 "단단하고 확증된 구성개념으로 끝난다."(p. 73) 앞 장의 켈리에 대한 절에서 논의한 바와 같이, 만약 체계가 너무 단단하면, 창의적인 생각은 거의 생겨날 수 없다. 반대로, 만약 개인의 체계가 너무 느슨하면, 단단한 어떤 것이 나타날 때까지 창조적이기 어려울 수 있다. 칸즈에 의해 언급되었듯이, 켈리는 내담자의 상상을 "단단하게" 할 뿐만 아니라 느슨하게 하는 것이 치료사의 일인데, 그렇지 않다면 "오래된 불평들과 상투적인 통찰의 끝없는 반복일 수 있다."는 것에 대해 분명히 하였다(p. 73).

라인

라인은 또 켈리의 연구를 박사학위 연구를 위한 몇 가지 이론적 기반 중 하나로 사용하였다(Rhyne, 1976b). 칸즈처럼 그녀는 치료에서 그림과 다른 미술 작업이 개인구성개념의 표현이라고 가정하였다. 그녀는 치료에서 밝혀진 경험의 인지적 요소와 감정적 요소가 서로 얽혀 있고 모두에 주의를 두어야 한다고 가정하였다. 그녀는 내담자에게 사고와 감정의 관계를 강조하였다. 그녀의 박사학위 연구에서 각 참가자들이 개인구성개념 세트인 '마음상태' 그림을 그리도록 하였고, 그녀는 그들이 자기 자신과 개인적 신념 체계에 대해 더 폭넓게 이해하도록 격려하였다. 라인은 참가자들이 그림으로 그린 구성개념의 양극적인 특징을 이해하게 될 때 그것들의 의미가 풍부해지고 정교해진다는 것을 발견하였다. 개인구성개념 모델을 사용해서 그녀는 경험의 인지적이고 감정적인 구성개념이 밀접하게 관련된다는 것을 알게 되었다.

켈리의 연구에 기반을 두고, 라인은 다양한 감정에 부여된 공통적인 시각적 요소를 밝히기 위해 개인구성개념 그림을 연구하였다. 그녀는 열다섯 가지 공통 감정이나 마음상태를 통해 개인이 어떻게 감정을 다루는지 이해할 수 있다고 설명하였다(Rhyne, 1979b). 그녀는 50명의 참가자가 각 마음상태나 감정에 대한 개인구성개념을 작은 흑백 그림으로 그리도록 권하였다(부록 B의 라인의 개인구성개념 그림 그리기에 대한 견본 참조). 그려진 개인구성개념 사이의 공통점과 차이점을 발견하는 과정을 통해 개인은 ① 삶에서 감정이 북받친 상황들을 어떻게 통제할 수 없게 되었는지를 알게 되었고, ② 삶에서 불안한 시기 전에 어떤 감정 상태가 선행하였는지 알기 위해 마음상태 그림을 활용하였으며, ③ 그들의 감정적 안녕감을 조절하기 위해 마음상태를 사용하는 방법을 배웠다.

5×5인치 흰 사각형 종이 위에 세 가지 굵기의 검정색 마커를 가지고 마음상태를 그린다. 이 통일된 방식은 그 연구에 참여한 각 참가자와 집단 전체의 마음상태 그림을 비교하고 대조하는 데 도움이 된다. 라인은 감정 상태나 마음상태의 구성개념에 대한 자료를 모으기 위해 켈리가 개발한 레퍼토리 그리드를 수정하였다. 라인의 그리드에서 요소들은 그녀가 제안한 폭넓은 감정을 대표하는 열다섯 가지 마음상태였다. 구성개념들은 **시각적 문해력**(visual literacy) 이론에서 도출한 가정이다. 이 가정들은 그림의 시각적 요소에 대한 것이다. 그녀는 또 연구 참가자들의 경험을 분석하기 위해 필요했던 양적 자료를 모으

기 위해 켈리가 제안한 대로 3인조 방식(부록 B의 라인의 그리드 참조)을 사용하였다. 그림 사이의 관련성 정도를 평가하기 위해 통계 프로그램이 사용되었다. 참가자의 과업은 각 감정의 공통된 시각적 요소를 찾아내기 위해 마음상태 그림들을 비교하고 대조하는 것이었다.

그녀의 박사학위 논문에서 라인은 먼저 집단 자료를 분석한 다음, 사례 연구로 참가자의 마음상태 그림 세트를 분석하기 위해 5명을 선정하였다. 사례 연구 참가자들 중 한 사람인 수잔은 그녀의 마음상태 그림을 비교하고 대조하는 과업을 재빨리 이해하였다(수잔의 15개 마음상태 그림 전체 세트는 [그림 5-1] 참조). 라인은 중요한 결정을 하는 데 있어 어려워하여 치료를 받고 있기 때문에 사례 연구의 대상으로 수잔을 선택하였다. 수잔은 그림에 대해서는 재빠르고 현명하게 결정하였는 데 반해 실제 생활에서 그녀는 결정력이 떨어진다는 것을 알게 되었다.

[그림 5-1] 수잔의 마음상태 그림 전체. 맨 위 왼쪽에서부터 두려운, 우울한, 흥분된, 수동적인, 공격적인, 고요한, 불안한, 희망적인, 위협적인, 적대적인, 호기심 어린, 자책하는, 순진한, 미쳐 가는, 제정신인.

출처: Rhyne, J. (1979). *Drawings as Personal Constructs: A Study in Visual Dynamics* (p. 179). Unpublished doctoral dissertation. University of California Santa Cruz, Santa Cruz, CA.

라인은 수잔의 유사군('위협받는'과 '미쳐 가는')과 대조군('희망적인'과 '위협받는') 중 하나를 논의하였다. 수잔은 '미쳐 가는'은 "어색하고 수축되는 그림이고 그것은 '압도되는' 경험을 나타낸다."라고 라인에게 말하였다(Rhyne, 1979b, p.178). 수잔은 두 그림에 대해 '사선의, 각진, 정적인, 질서정연한, 무거운'을 포함한 유사한 표현들을 사용하였다([그림 5-2] 참조). 수잔은 '위협적인'과 대조되는 것으로 '희망적인'을 선택하였다([그림 5-3] 참조). 수잔은 위협적인 그림에 대해 '정적인, 억압적인, 포위된, 눌리는'을 포함한 수많은 감정이 실린 표현을 사용하였다고 라인은 보고하였다. 그녀는 '희망적인' 그림을 위해 다음 용어를 사용하였다. 가벼운, 공기 같은, 섬세한, 약한, 흐르는. 라인은 수잔이 " '위협적인' 경험과 '희망적인' 경험의 차이를 강렬하게 인식하였다."는 것을 추측하였다(Rhyne, 1979b, p. 182).

논의 중에, 라인은 수잔이 "외부 힘이 그녀를 '누를' "때 압도된다는 것을 알게 되었다(Rhyne, 1979b, p. 183). 수잔은 또 희망에 대해서도 두려워한다는 것을 인정하였다. 라인은 마음상태 그림이나 개인구성개념의 활용이 자신의 시각 언어를 이해할 뿐만 아니라 힘든 감정을 분명하게 이해하도록 수잔을 돕는

[그림 5-2] 수잔의 유사군

출처: Rhyne, J. (1979). *Drawings as Personal Constructs: A Study in Visual Dynamics* (p. 179) Unpublished doctoral dissertation. University of California Santa Cruz, Santa Cruz, CA.

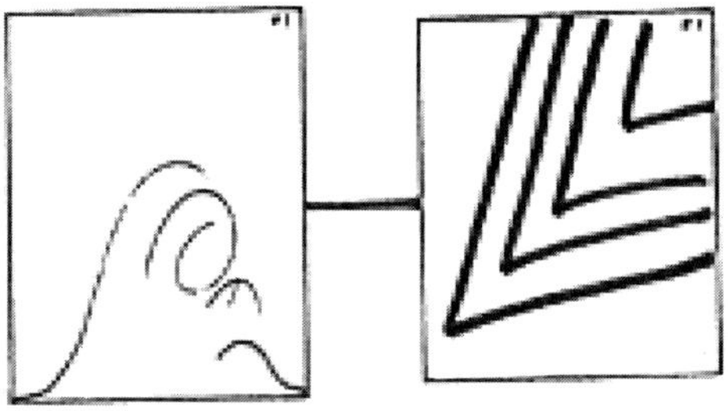

[그림 5-3] 수잔의 대조군

출처: Rhyne, J. (1979). *Drawings as Personal Constructs: A Study in Visual Dynamics* (p. 179) Unpublished doctoral dissertation. University of California Santa Cruz, Santa Cruz, CA.

다는 것을 발견하였다. 이것은 제4장에서 설명한 것처럼 개인구성개념이론의 첫 단계와 일치한다. 켈리는 이 단계를 통제된 정교화라고 불렀고, 여기서 수잔은 시간대에 따른 그녀의 문제들을 알게 되었다. 그것들은 고정되어 있지 않고 일시적인 것으로 여겨졌다. 과도기적 진단이라고 부르는 개인구성개념치료의 두 번째 단계와 유사한, 다음 단계는 미술치료사가 치료 계획을 공식화함으로써 이 문제들을 탐색해 나가는 것이다.

칸즈와 라인 모두 인지치료와 미술치료의 공통점을 발견하였다. 인지치료 제2의 물결을 활용하여, 각각은 CBAT의 토대를 마련할 수 있게 되었다. 그들은 내담자가 사고와 생각의 이해를 통해 자신을 둘러싸고 있는 세계를 어떻게 해석하고 있는지를 더 잘 이해할 수 있다는 것을 알게 되었다. 이 이해는 문제, 쟁점, 감정 상태를 그림으로써 강화되었다. 그래서 CBAT가 탄생하였다.

요약

이 세 이론가의 연구를 통해 인지행동 기반 미술치료가 시작되었다. 그들은 신중하고 용감하게 인지 영역에 발을 들여놓았다. 이는 1970년대와 1980년대 미술치료에서는 급진적인 움직임이었다. 칸즈(1978)가 말했듯이, "많은 미술치료 문헌에서 인지적 측면에 대한 충분한 고려를 하지 않고 감정적 측면을 강조하였다."(p. 91) 심지어 로스(2001)는 "처음에 미술치료의 행동주의적 접근에 대한 생각이 미술치료 과정이 지향하는 것과는 상반되는 것으로 보일지 모른다."는 것을 인정하였다(p. 197). 그러나 이들 시작이 미술치료사들에게 그들의 작업에 사용된 접근 유형과 개입방법을 다른 각도에서 보도록 도왔다. 다음 절에서 CBAT의 초기에 사용된 몇 가지 기법이 검토될 것이다.

미술치료에의 정당한 접근으로서 CBAT의 강화

1980년대에, 나는 문제 행동 해결을 위한 미술치료 프로그램의 개발을 목적으로, 정서장애와 행동장애를 가진 아동과 청소년들을 치료하는 가장 좋은 방법을 발견하기 위한 연구 프로젝트를 시작할 기회가 있었다(Rosal, 1985). 이런 유형의 아동들이 로터(1954)에 의해 가정되었던 것처럼 외적 통제소재를 가지는지와 외적 통제소재가 치료될 수 있는 것인지에 대해 흥미를 가지고 있었다. 우선, 두 번의 메타분석이 첫째, 문제 행동을 하지 않는 아동과 비교해서 문제 행동을 하는 아동이 과연 외적 통제소재를 지니고 있는지 밝히기 위해서 둘째, 어떤 유형의 치료 개입을 제공하는 것이 아동을 치료하는 데 가장 효과적인 방법인지 연구하기 위해서 실시하였다.

문제가 없는 아동과 비교할 때 문제 행동을 하는 아동이 더 강한 외적 통제소재를 지향한다는 것을 알게 된 것은 놀라운 일이 아니다. 그러나 외적 통제소재에 대해 아동을 돕기 위해 가장 효과적인 개입 유형이 CBT라는 것이 밝혀졌다. 이 결과로 내가 CBT를 연구하게 되었고, CBT와 미술치료 사이의 공통점을 발견하기 위해 노력하였다.

CBAT 프로그램의 개발

이를 위해 통제소재의 치료적 효과에 대한 메타분석에서 발견한 아홉 가지 유용한 CBT 기법을 활용하였다. 연구에서 발견했던 CBT 전략들이 행동 변화를 위해 미술치료에 통합되었다.

① 행동 수반성(Rose, 1980; Spivack & Shure, 1974; Wodarski, Reldman, & Flax, 1974)
② 심상(Barry, 1982; Stanton, 1982)
③ 모델링(Kazdin, 1974)
④ 수정된 둔감법(Goldfried, 1971)
⑤ 문제 해결(D'Zurilla & Goldfried, 1971)
⑥ 이완(Barry, 1982; Stanton, 1982)
⑦ 스트레스 예방접종(Meichenbaum, 1975)
⑧ 언어적 자기지시(Barry, 1982; Meichenbaum, 1975)
⑨ 개인구성개념 활동(Kelly, 1955/1991; Monte, 1980; Rhyne, 1979a, 1979b).

CBAT 프로그램은 두 번의 메타분석과 전체 20회기의 결과에 근거한 정보를 가지고 개발하였다. 개입이 시작되기 전에 각 회기가 준비되었고 주제, 자세한 목표, 목표를 위한 구체적인 매체 선정, 정확히 서술된 언어적 지시문과 토론 주제가 포함되었다. 개발 순서상 각 회기는 이전 회기를 기초로 설계되었다.

각 회기의 기본 구조는 다음을 포함하였다. ① 행동 수반성이 아동들의 참여를 도왔던 이완 시간, ② 아동들에게 특정 상황을 상상하도록 했던 심상 활동, ③ 미술작업과 매체 사용에 대한 지시문, ④ 미술 매체와의 상호작용 시간, ⑤ 정리하기, ⑥ 토론과 종료이다. 회기 중 마지막 세 부분에서, 미술치료사가 질문하고, 문제를 명료화하고, 집단 역동을 언급하고, 매체에 대한 어려움을 경험하고 있는 참가자를 돕는 동안 아동들은 서로 상호작용하도록 격려되었다.

CBAT의 주요 요소

CBT 초점과 미술치료의 경험적 특징을 연결 짓는 데 사용된 CBAT 프로그램의 주요 요소 중 하나는 내적 또는 정신적 이미지의 사용이었다. 심상은 개인에게 큰 영향을 미친다고 알려졌으며, 관점, 구성개념, 행동을 변화시키는 데 치료적으로 사용될 수 있다. 밴듀라(1977)는 정신적 이미지가 행동에 비중을 두고 강화시키는 인지과정의 유형 중 하나라고 가정하였다. 나는 이 심리적 구성개념을 각 회기의 도입으로 사용하였다. 이완을 심상과 연합시켰는데, 개인이 이완된 상태일 때 정신적 이미지가 촉진되고 향상되기 때문이다(Lusebrink, 1990).

CBAT 모델의 다른 측면은 고등 정신과정을 사용하는 인간의 능력에 역점을 두는 것인데, 예를 들면 자기지시와 자기평가뿐만 아니라 심상, 범주화, 문제 해결, 사고하기이다. CBAT에서 치료사는 적극적이고 지시적이다. 언어적 지시는 정신적 및 시각적 이미지 작품의 탐색을 돕는다. 미술 매체에 대한 교육은 미술치료사의 또 다른 중요한 일이다. 미술치료사는 또한 긍정적이고 친사회적인 행동을 강화하고 보상한다. 요약하면, CBAT 접근은 외적 통제소재와 부적응적인 행동을 변화시키도록 돕기 위해 그림으로 나타내는 기법들, 특히 응용된 이미지, 매체 기법들과 구조화된 접근법을 사용한다.

내담자가 더 내적으로 생각하는 사람이 될 수 있도록 정신적 이미지를 사용하는 것은 CBAT의 중요한 측면이다. 행동장애를 위한 CBAT 프로그램에서 아동들은 전체 치료 방법을 통해 정신적 이미지에 접근하고 사용하는 방법을 배운다. 아주 짧은 시간 이완 훈련 후에, 그들은 학교에 가는 것과 이 (정신적 이미지) 여정의 주요 측면을 기억하는 것이 어떤지 상상하였다. 다른 짧은 여정은 더 상상적이고 극복해야 할 장애물을 포함하였다. 그 예는 정상에 도착하기 위해 산에 오르기 또는 용을 죽이고 보석을 찾기 위해 동굴에 들어가기이다. 이 정신적 이미지 여정의 문제 해결 측면들은 아동들에게 흥미로울 뿐만 아니라 그들이 장애를 어떻게 다룰지에 대해 생각하고 문제를 해결하도록 격려한다([그림 6-24], [그림 6-25], [그림 6-26] 참조). 다른 심상은 좀 더 정적인데, 예를 들면 그들의 교실을 상상하기와 그들이 그 교실 어디를 어떻게 다니는지 시각화하기이다.

CBAT에 개인구성개념 심리학 통합

개인구성개념 심리학과 활동은 또 CBAT 개념화의 기초에 중요하다. 앞에서 언급했듯이, 칸즈와 라인은 인지심리학 이론이 미술치료의 가치에 대한 깊은 이해에 중요하다는 것을 알게 되었다. 개인구성개념 심리학은 CBAT에서 두 가지 역할을 지니는데, 그것은 평가 목적과 치료적 가치를 위한 것이다.

CBAT 평가에서 개인구성개념 심리학

켈리의 획기적인 연구와 우스터(1970), 새먼(1976), 레이브넷(2005)과 라인(1979a, 1979b)과 같은 다른 개인구성개념 심리학 치료사들의 개정에 기반을 둔 개인구성개념을 밝히는 것은 내담자와 치료사가 문제가 되고 치료적 주의를 필요로 하는 삶의 영역을 확인하도록 도울 수 있다. 레퍼토리 그리드의 사용은 이 구성개념의 도출을 돕는 인지과정이다. 제4장에서 언급했듯이, 켈리(1955/1991)는 구성개념을 도출하기 위해 내담자의 삶에서 친구들이나 친척들(요소들)과 같은 중요한 사람들을 활용하였다(구성개념과 가정은 개인이 그들의 세상을 바라보는 방식이라는 것을 기억하라). 그는 내담자에게 한 번에 세 가지 요소를 비교하고 대조하도록 요구하였다. 그는 내담자에게 어떤 두 요소가 비슷하고 그것들이 어떻게 비슷한지 말하게 하고 그다음 세 번째 요소는 왜 어떻게 다른지에 대해 물어보았다(이 도출을 구성개념이라고 불렀다). 비교된 비슷한 두 요소는 다르다는 하나와 대조되는 것으로 개인구성개념의 양극성을 나타낸다(예: 이 두 사람은 사려 깊고 세 번째 사람은 엄할 수 있다). 켈리의 원래 그리드가 아동들에게 너무 추상적이라고 인식되었고, 그리하여 우스터와 새먼은 이 유형의 평가를 돕기 위해 아동들의 사진을 사용하기 시작하였다. 사진은 요소였다. 레이브넷과 라인은 이 단계를 더 발전시켰는데, 구성개념을 확인하는 과정을 시작하기 위해 내담자가 그 요소들을 그리도록 하였다(주요 사람들의 이름을 사용하는 대신).

미술치료사들은 자신만의 개인구성개념 심리학 평가를 개발할 수 있다. 앞서 언급한 연구에서, 나는 참가자들에게 다양한 활동을 하는 여덟 개의 아동 그림(즉, 요소들)을 그리도록 하였다(그려진 요소의 예시는 [그림 5-4] 참조). 그 그림은 다음과 같다.

① 학교에서 공부하는 아이
② 학교에서 나쁜 아이
③ 백일몽에 빠진 아이
④ 집에서 공부하는 아이
⑤ 규칙을 어기는 아이
⑥ 다른 아이들을 돕는 아이
⑦ 다른 아이들과 싸우는 아이
⑧ 다른 아이들과 노는 아이

[그림 5-4] 스콧의 학교에서 공부하는 아이에 대한 개인구성개념 그림

요소들은 아동의 경험에 직접적으로 관련되는 것이고, 외적 또는 내적 통제 소재 지향을 포함한다. 각 아동이 그들의 세상을 어떻게 보는지 이해하기 위해 양극 구성개념이 사용되었다. 활용된 구성개념은 아동들의 공통적인 집단 경험으로부터 도출된 것이었다. 새먼(1976)은 공통적인 집단 경험의 활용이 아동들과 작업할 때 의미론의 문제가 생길 가능성을 감소시킨다는 것을 발견하였다. 다음 여덟 개의 구성개념을 사용하였다.

① 누가 학교를 가장 좋아하는가/누가 학교를 가장 싫어하는가?
② 누가 가장 행복한가/누가 가장 불행한가?
③ 누가 너와 가장 비슷한가/누가 너와 가장 비슷하지 않은가?
④ 누가 다른 아이들을 가장 기쁘게 하는가/누가 가장 화나게 하는가?
⑤ 누가 가장 열심히 공부하는가/누가 가장 열심히 공부하지 않는가?
⑥ 누가 선생님을 가장 기쁘게 하는가/누가 선생님을 가장 화나게 하는가?
⑦ 누가 가장 어른스럽게 느껴지는가/누가 가장 어른스럽지 않게 느껴지는가?
⑧ 너는 누구처럼 되고 싶은가/누구처럼 되고 싶지 않은가?

이 질문들은 아동들이 그들의 대답에 해당하는 그림을 선택하도록 하는 데 사용되었다. 예를 들어, 한 참가자는 첫 번째 질문 '누가 학교를 가장 좋아하는가?'에 대한 반응으로 그림 1을 선택할 수 있고, '누가 학교를 가장 싫어하는가?'에 대해 그림 2를 선택할 수 있다. 질문 1은 모든 그림이 순위대로 선택될 때까지 반복한다. 그림에 1에서 8까지 번호를 매긴 후, 질문에 대한 반응으로 그림이 선택되면 자료가 생성되고 FOCUS와 SOCIOGRIDS 프로그램을 사용하여 아동이 환경 속에서 자신을 어떻게 보는지 설명할 수 있는 아동의 프로파일을 만드는 것이 가능하다(Shaw, 1980).

개인구성개념 심리학 그리드의 예는 [그림 5-5]에서 볼 수 있는 것처럼, 심각한 문제 행동을 하는 스콧의 것이다. 그리드를 자세히 보면 다음 질문들에 세 가지 요소가 해당하는 것으로 나타났다. '누가 학교를 가장 좋아하는가/가장 싫어하는가, 누가 가장 공부를 열심히 하고 있는가/가장 열심히 공부하지 않은가, 그리고 누가 선생님을 가장 기쁘게 하는가/가장 화나게 하는가' 두 번째 정도로 해당하는 것은 '누가 가장 행복한가/가장 불행한가, 그리고 누가 다른 아이들을 가장 기쁘게 하는가/가장 화나게 하는가'이다. 거의 해당하지 않는 세 가지 구성개념은 '너는 누구처럼 되고 싶은가/누구처럼 되고 싶지 않은가, 누가 너와 가장 비슷한가/누가 너와 가장 비슷하지 않은가, 누가 가장 어른스럽게 느껴지는가/누가 가장 어른스럽지 않게 느껴지는가'였다. 이 세 가지 구성개념 사이의 차이는 스콧의 자기감이 불안정하고, 그가 자신을 어떻게 보는가와 그가 어떻게 되고 싶은가 사이에 불일치가 있다는 점을 가리킨다. 예를 들어, '그는 누가 너와 가장 비슷한가'라는 질문에 대한 첫 선택으로 학교에서 나쁜 아이 그림을 뽑았고, '누가 가장 너와 비슷하지 않는가'라는 질문에 대한 첫 선택으로 집에서 공부하는 아이 그림을 뽑았다. 이는 몇 가지 미술치료의 목표에 정보를 제공하였다.

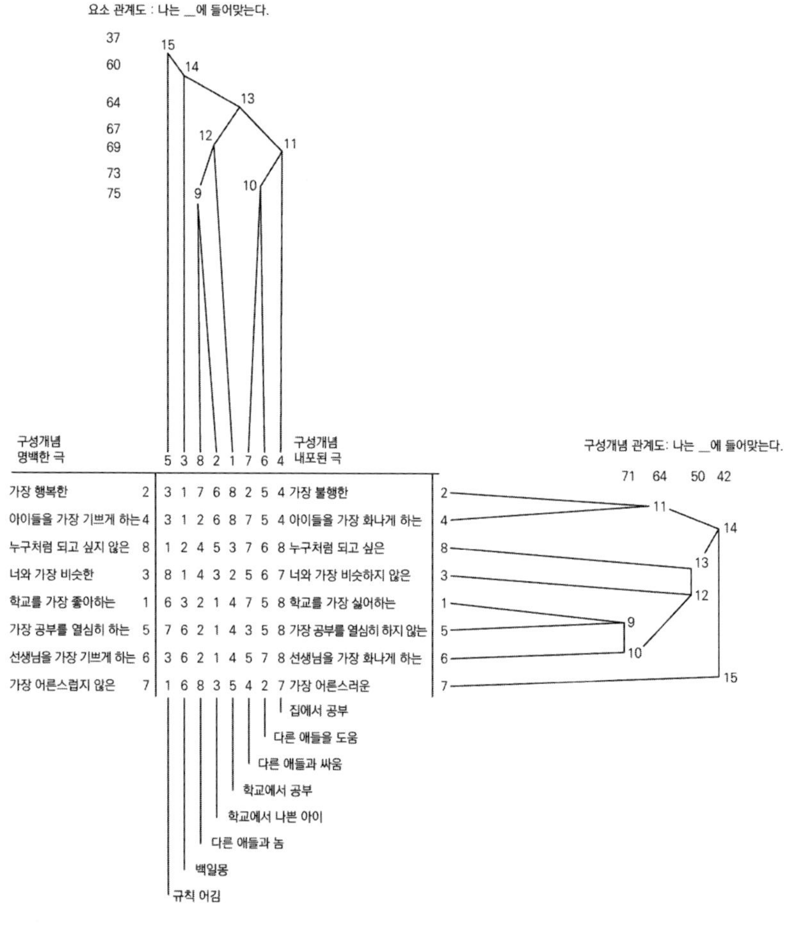

[그림 5-5] 스콧의 개인구성개념 심리학(PCP) 분석 그리드

CBAT 치료에서 개인구성개념 심리학의 활용

개인적 문제를 비교하고 대조하는 것은 CBAT의 중요한 측면이다. 이는 켈리의 연구에서 필수적인 개념이다. 다시 말하지만, 칸즈와 라인은 이 인지과정이 미술치료에 유용하다는 것을 발견하였다. 라인에 의해 지지되었듯이, 이 미술치료 유형의 몇 가지 예시는 개인이 감정 상태를 비교하고 대조하는 것을 포함한다. 라인의 작업은 열다섯 가지 마음/기분 상태를 포함하였으나, 아동들에게 이것을 '화난, 슬픈, 기쁜, 무서운'의 네 개로 줄일 수 있다. 이 기분 상태나 감정은 아동들에게 익숙하고 대부분은 환경, 타인과의 상호작용에서 이들 중 하나나 모두를 경험하였다. 네 가지 마음상태 그림은 켈리와 라인의 과정과 비슷한 방식으로 비교되고 대조될 수 있다.

예를 들어, 스콧의 집단원들은 그의 네 가지 마음상태 그림을 해석하기 쉬웠다. 그의 경우에 화난 그림과 슬픈 그림은 비슷하다. 그러나 그의 집단원들은 슬픈 그림이 화난 것처럼 보이고 화난 그림은 슬픈 것처럼 보인다고 지적하였다([그림 5-6]과 [그림 5-7] 참조). 이것을 들은 스콧은 그의 기분에 대해 더 현

[그림 5-6] 스콧의 슬픈 기분에 대한 그림

실적으로 생각해 볼 수 있었고 그가 슬플 때 화내게 되고 공격적이게 된다는 것을 깨닫게 되었다. 이 두 감정에 대한 이해를 증진시키기 위해, 그는 화의 가면을 만들게 되었다([그림 5-8] 참조). 화의 가면의 요소는 슬픔과는 다른 화를 더 잘 이해하게 하였다. 그 화의 가면이 약간의 재미있는 요소를 포함하고 있는데 머리 꼭대기에서 불이 나오고 있다. 또 가면에는 세 번째 눈이 있는데, 감정 상태에 대해 새로 알게 된 점과 관련될 수 있다.

[그림 5-7] 스콧의 화난 기분에 대한 그림

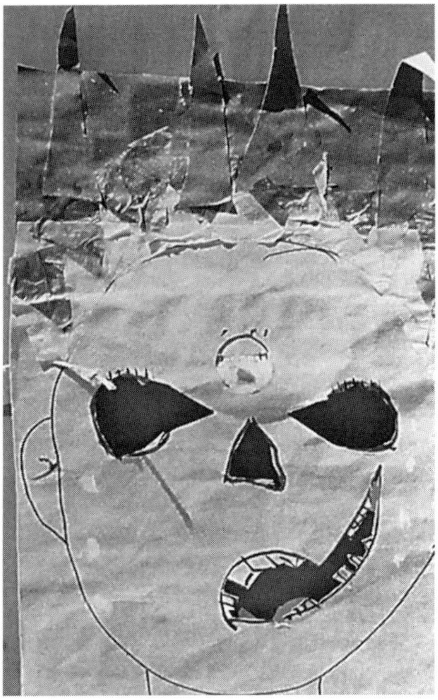

[그림 5-8] 스콧의 머리에서 불꽃이 뿜어져 나오고 세 번째 눈이 있는 화의 가면

개인구성개념 심리학에 기반을 둔 또 다른 CBAT 기법은 참가자들에게 그림을 그리게 하는 것인데, 이는 자기와 경험들에 대한 반영을 돕기 위해 설계되었다. 이 개입 유형의 예로 삶의 단계들—더 어린 시기의 나, 현재의 나, 몇 년 후의 나—에 대해 생각해 보기가 있다. 또 이해되지 않는 측면과 좋아하는 학교의 측면들을 비교하는 두 가지 그림 그리기는 학교 관련 문제를 가진 아동들이 먼저 특정 문제를 인식한 다음 미술치료사가 이 정보를 활용하여 이 문제를 해결하도록 돕는 데 있어서 효과적이다. 미술치료를 하는 동안 변화를 반영해 보기 위해, 참가자들은 두 가지 그림, 즉 ① 치료 초기에 너는 어떠하였는가, ② 오늘 너는 어떠한가를 완성하게 된다. 스콧의 집단은 CBAT 마지막 회기에 이 두 가지 그림을 그리게 되었다. [그림 5-9]에서 스콧은 자신을 행복한 사람으로 묘사하였다. 그는 행복한 것이 어떤 것인지 전혀 이해하지 못하였는

[그림 5-9] 스콧의 집단미술치료 종결 회기에 그린 행복한 기분에 대한 그림

출처: Rosal, M. L. (1992). Approach to Art Therapy with Children. In F. E. Anderson (Ed.), *Art for All the Children* (p. 178). Charles C. Thomas. 허가받아 재인쇄; Rosal, M. L. (1996). *Approach to Art Therapy with Children* (p. 64). Burlingame, CA: Abbeygate Press. 허가받아 재인쇄.

데, 이제 이것은 그가 어떤지를 알 수 있다.

요약

CBAT는 미술치료 전문가들의 이론과 행동치료, 인지심리학, 인지행동 이론과 치료 그리고 개인구성개념 심리학으로부터 이론과 기법들을 활용하여 발달되었다. 로스, 칸즈와 라인에 의해 나타난 이 개념들은 CBAT를 개념화하고 발달시켰다. 이 정보와 CBAT 프로그램의 통합으로 문제 행동을 하는 아동을 위한 치료 방법이 세심하게 만들어졌다. 프로그램은 두 번의 메타분석에서 수집된 정보로부터 가장 효과적인 치료 개념을 선택하였다. 미술치료와 CBT의 통합은 다양한 행동장애를 가진 아동과 청소년들에게 유용하다고 증명되었다.

CBAT 제2의 물결의 다른 예

2001년에 쓰인 책에서(Rosal, 2001), 나는 1970년대, 1980년대와 1990년대의 수많은 미술치료사가 그들의 연구에서 CBAT를 사용했다는 것을 발견하였다. 많은 초기 행동치료와 CBT 연구가 아동과 함께 시작되었는데, 행동 조절에 문제가 있는 아동・청소년에게는 대개 필요하기 때문에 그리 놀라운 일이 아니다. CBAT 초기에는 성인들과 작업하는 미술치료사들은 수적으로 적었지만 그래도 초기 CBAT 연구의 의의를 제공한다. 여기에서는 두 연령대 집단을 대상으로 한 미술치료의 예시를 다룰 것이다.

아동 CBAT

로스(1987, 2001)에 의해 행해진 현실 조형과 함께, 미술치료사들은 인지 지도, 문제해결치료, 모델링, 체계적 둔감법, 이완 기술, 개인구성개념, 정신적 메시지, 내파법, 스트레스 예방접종, 강화 그리고 촉구와 같은 기법들을 사용하였다(〈표 5-1〉 참조). 예를 들어, 학습장애가 있는 아동들에게 새로운 생각이나 개념들은 혼란스러운 경로상에서 길을 잃거나 엉킬 수 있는데, 패커드(Packard, 1977)는 그들이 새로운 개념을 습득하도록 인지 지도라 부르는 기법을 사용하였다. 그려진 이미지나 시각적 이미지를 사용하여, 패커드는 새로운 정보가 재조직되거나 그녀가 사용한 용어인 **재포장**(repaved)될 수 있고 정리될 수 있다는 것을 발견하였다. 이 재구성된 정신적 배치가 새로운 연결과 혁신적인 학습이 일어나게 하는 능력을 증가시킬 수 있다.

로스의 현실 조형과 유사하게, 일부 미술치료사는 문제 해결 능력을 향상시키기 위해 아동들에게 힘든 개인적 · 사회적 상황을 창조하도록 하였다. 복잡한 사건들에 대한 묘사는 그림 형태의 대안적인 해결책 생성으로 이어지는데, 그것은 선택의 폭을 넓히게 된다. 드 프란시스코(De Francisco, 1983), 거버(Gerber, 1994)와 로살(1985, 1992)은 미술치료에서 네 가지 CBT 기법을 지지했는데, 그것은 이완, 체계적 둔감법, 내파법과 스트레스 예방접종이다. 이 기법들의 목표는 스트레스 이완과 불안 감소이다. 이 기법들의 기본 생각은 이완 상태의 유발이다. 일단 참가자들이 이완되면, 몇 가지 다른 행동 기법이 곤란한 행동 반응을 감소시키기 위해 도입될 수 있다.

예를 들어, 드 프란시스코(1983)와 거버(1994)는 아동들에게 도전적인 상황을 천천히 노출시키기 위해 이미지를 활용하거나 두려운 대상이나 상황에 대해 체계적 둔감법을 활용하였다. 내파법과 스트레스 예방접종은 아동의 대처 능력을 증가시키기 위해 사용되었다. 정신적 이미지와 그려진 이미지는 감정적 경험이 넘치도록 하기 위해 사용되었는데(De Francisco, 1983), 이는 스트레스 저항을 초래하거나, 스트레스의 영향을 감소시키고 대처 능력을 증가시키는 수단으로써 아동에게 예방접종 역할을 하게 된다(Rosal, 1985, 1992).

그 밖의 정신적 이미지 활용은 힘든 기억의 재배치인데, 덜 부담스럽거나 두렵게 만들기 위해 그려진 이미지의 측면들을 추가하거나 제거하는 것이다. 힘든 사건의 이미지를 단계적으로 창조하는 것은 공격이나 위반 행동이 순환되는 것을 변화시킬 수 있는 부분을 아동에게 노출시킬 수 있다. 예를 들어, 말싸움의 '이전' '동안' '이후' 그리기는 깨달음이 될 수 있다(Rosal, 1985).

표 5-1 아동을 위한 CBAT 기법과 목표

CBAT 기법	CBAT 목표	미술치료 적용	저자와 연도
인지 지도	잘못된 사고 양식 감소시키기	문제 상황과 사건 그리기	Packard(1977)
문제 해결	해결방법 생성과 행동 선택 증가시키기	문제에 대한 다양한 해결책 그리기	Packard(1977); Rosal(1985, 1992, 1993, 1996)

모델링	새로운 행동 학습과 훈련시키기	현실 조형	Roth(1987)
이완 기술	스트레스와 행동화 감소시키기, 정신적 이미지 증가시키기	이완을 증가시키기 위해 부드러운 매체 사용하기	Rosal(1985, 1992, 1993, 1996)
체계적 둔감법	스트레스와 공포증 감소시키기	두려운 대상이나 상황의 느린 노출을 위해 (정신적 또는 그려진) 이미지 사용하기	De Francisco(1983); Gerber(1994)
내파법과 스트레스 예방접종	스트레스 대처 능력 증가시키기	감정 반응을 유발시키거나 넘치도록 하기 위해 (정신적 또는 그려진) 이미지 사용하기	De Francisco(1983); Rosal(1985, 1992)
개인구성 개념	아동의 삶의 인지적 측면 평가하기와 다루기	인지를 비교 · 대조시키기 위해 아동의 삶에서 개인구성개념 그리기	Rosal(1985, 1992, 1993, 1996)
정신적 메시지	부정적인 내적 언어 감소와 자기통제력 증가시키기	비합리성을 감소시키기 위해 메시지를 쓰거나 그리고 수정하기	De Francisco(1983); Rosal(1985, 1992, 1993, 1996)
정신적 이미지	외적 행동과 내적 세계 연결하기, 내현적 모델링이나 행동 연습	이완과 정신적 이미지 유도하기, 이 이미지를 그리고 수정하기	Rosal(1985, 1992, 1993, 1996)
내적 과정의 외현화	위반을 초래하는 정신적 과정 해결하기, 역기능적 사고 양식 재구성하기	위반 행동 사이클 그리기: 이전, 동안, 이후, 자기 내면/외면 그리기, 가면들	Gerber(1994); Gentry & Rosal (1998); Roth(1987); Stanley & Miller (1993)
감정 상태 평가	부정적인 감정에 대한 통제력 증가시키기, 공감 증가시키기	덜 복잡한 것에서 가장 복잡한 감정 상태 그리기, 감정 상태 그림 목록화하기	Gerber(1994)
강화와 촉구	긍정적 · 친사회적 그리고 적응적 행동 증가시키기	현실 조형, 구조화된 미술 경험들	Roth(1987); Mellberg (1998)

출처: Rosal, M. L. (2001). Cognitive-Behavioral Art Therapy. In J. A. Rubin (Ed.), *Approaches to Art Therapy: Theory and Technique*, (2nd ed.). New York, NY: Brunner-Routledge. 허락받아 재인쇄.

자기통제력이나 통제소재의 변화는 CBAT 초기 적용자들의 연구에서 중요하였다. 거버(1994)는 공감 기술을 향상시키기 위해 아동이 감정 상태에 도전하는 것에 대한 통제력을 얻도록 돕는 데 미술치료를 사용하였다. 가장 덜 복잡한 감정 상태에서 가장 까다로운 감정까지 작업하는 동안, 그녀는 청소년들이 느끼고 행동하는 데 이 감정들이 어떻게 영향을 미치는지를 인지적으로 이해하도록 하였다. 로살(1985, 1992)은 감정 상태 도전하기와 문제가 되는 정신적 이미지에 관한 미술이 아동들에게 통제소재에 대한 더 많은 내적 의미를 얻도록 돕는다는 것을 발견하였다.

내적 · 외적 자기이미지에 대한 그림을 그리는 것은 아동들이 자신을 어떻게 보는지와 타인들이 자신을 어떻게 보는지를 비교하고 대조하도록 돕는다. 이것이 내적 과정의 외현화라고 부르는 것이다(Gerner, 1994; Gentry & Rosal, 1998; Stanley & Miller, 1993). 개인구성개념 그림의 활용은 아동의 내적 세계를 개방하고, 내면을 외현화하도록 돕는다(Rosal, 1985). 켈리(1955)와 라인(1979a, 1979b)의 기법들에 근거하여, 아동들은 주요 생활 사건 그리기를 하였다. 이 그림은 아동들이 그들의 세계를 어떻게 인식하고 있는지 탐색하고, 그들이 편안하게 느끼거나 위화감을 느끼는 영역을 인식하도록 하기 위해 사용되었다.

성인 CBAT

성인 CBAT의 선구자들에 포함되는 레이널즈(1999)는 "인지행동적 접근이 창조적인 치료 문헌으로부터 전적으로 배제되어 나타난다."(p. 165)라고 아쉬워하였다. 나는 2001년 성인 CBAT에 대한 몇 가지 참고문헌을 발견하였다(〈표 5-2〉 참조). 많은 미술치료사가 주요 정신질환이나 심한 행동장애를 가진 사람들을 대상으로 연구하였다.

표 5-2 성인을 위한 CBAT 기법과 목표

인지행동적 목표	인지행동적 기법	미술치료 적용	저자와 연도
통제소재 증가시키기	감각적 경험의 유도된 심상	이미지의 크레용화와 콜라주	Bowen & Rosal (1989)
촉발 요인 확인하고 명명하기	실제 기법과 인지적 왜곡 발견하기	마을과 축제와 같은 사회적 환경 창조	Rosal, Ackerman-Haswell, & Johnson(1994)
통제소재 증가시키기	자기통제력 증가시키기	내적 감정을 외현화하기 위해 미술 활용	Gentile(1997)
감정를 다루는 동안 불안 감소시키기	실제 기법과 체계적 둔감법	가장 불안을 야기하는 최근 감정 상태 그리기	Matto(1997)
회피 행동 감소시키기	체계적 둔감법과 홍수법	높은 감정적 가치를 지닌 사진을 테피스트리로 재창조	Reynolds(1999)

출처: Rosal, M. L. (2001). Cognitive-Behavioral Art Therapy. In J. A. Rubin (Ed.), *Approaches to Art Therapy: Theory and Technique*, (2nd ed.). New York, NY: Brunner-Routledge. 허락받아 재인쇄.

두 명의 미술치료사는 섭식장애를 가진 사람들과 작업하였다. 젠타일(Gentile, 1997)은 이들에게 내적 통제소재와 자기통제력을 증가시키려고 하였다. 그녀는 신경성 식욕부진 환자들이 외적 통제소재를 지향한다고 하는 연구들을 인용하였고, 미술치료가 "유형적이고, 구체적이고, 말이 부족한 운동감각적 특성"을 야기한다는 것을 발견하였다(p. 196). 따라서 내적 감정의 외현화는 통제소재를 증가시킨다고 가정되었다. 마찬가지로 매토(1997)는 여성들이 가장 덜 불안을 일으키는 감정 상태에서 가장 심한 감정 상태까지 그리도록 하는 체계적 둔감법을 활용하였다. 이 과정을 통해 내담자들은 다음 감정으로 옮겨 가기 전 각 감정 상태를 수용하고 통제력을 얻을 수 있게 되었다. 레이널즈(1999)는 또 미해결된 슬픔을 겪고 있는 여성들을 돕기 위해 체계적 둔감법을 활용하였다. 그들이 상실한 사람에 대한 사진을 재창조하는데, 상실감을 느끼는 내담자들은 사진을 태피스트리로 재작업하였다.

성범죄자들과 작업할 때, 로살, 애커먼-해스웰과 존슨(Rosal, Ackerman-Haswell, & Johnson, 1994)은 그들에게 범죄 행동을 야기하는 촉발 요인을 그리도록 하였다. 미술치료 프로그램은 또한 범죄를 일으킬 수 있는 사회적 환경 창조하기와 이 상황들에서 그들이 촉발 요인을 다루는 방법의 학습을 포함하였다. 이 CBAT 치료의 목표는 자기통제력을 증가시키는 것이다. 또 통제력을 증가시키는 것은 지적장애 성인 여성을 위한 CBAT의 목표였다(Bowen & Rosal, 1989). 문제 행동은 쉼터 워크숍에서 그녀의 활동을 방해하였다. 스트레스는 내담자의 고통스러운 문제 행동 중 하나였고, 그녀는 자기이완과 스트레스 감소를 돕는 이완 기술을 배웠다. 이것은 워크숍의 스트레스원을 다루고 활동에 집중하도록 도왔다.

요약

이론에서 실제로 옮겨 갈 때, 미술치료사들은 그들의 임상에서 CBT 기법들을 활용한 실험을 시작하였다. 심각한 문제 행동과 학습 곤란을 지닌 아동들을 위해서, CBAT는 힘든 감정이 미치는 영향을 감소시키고, 다루기 어려운 감정을 이해하고 행동을 변화시킬 수 있는 영역을 만드는 데 유용하였다. 성인을 위한 CBAT의 사용은 사고와 자극들에 도전하거나 불편한 감정을 외현화하기 위해 체계적 둔감법을 사용하는 데 초점을 맞추었다. 두 연령대를 위한 CBAT의 초점은 스트레스와 문제가 되는 상황의 영향을 줄이기 위한 대처 능력, 자기통제력과 내적 통제소재를 증가시키는 데 있다.

결론

밀러, 달러드, 밴듀라, 로터와 켈리의 연구 방향들을 활용한 로스, 칸즈와 라인은 미술치료에 대한 CBAT 접근이 이뤄지는 방식에 대한 기반을 마련하였다. CBAT 초기 적용자들은 엘리스, 마이켄바움, 벡, 스피백(Spivack)과 슈어(Shure)에 의해 개발된 기법들을 실험하였다. 인지 지도, 체계적 둔감법, 정신적 이미지, 개인구성개념 그림, 스트레스 예방접종, 이완과 내면의 외현화를 사용하여, 미술치료사들은 임상에서 아동과 성인 내담자에게 CBAT를 적용하는 데 성공하였다.

나는 행동장애 아동들을 대상으로 CBAT 방법을 혼합하기 위해 CBT 치료사들의 치료 기법들과 로스, 칸즈와 라인의 연구를 사용하였다. 그 프로그램은 아동과 관계된 문제를 비교하고 대조시키는 기법과 심상과 이완의 치료적 힘을 포함하였다. 켈리, 칸즈와 라인의 연구, 개인구성개념 심리학과 켈리와 라인의 평가 방법의 사용은 프로그램에서 아동과 청소년을 평가하는 독특한 방법을 낳았다.

수년에 걸친 CBAT 이론의 발전과 CBAT의 실제에 영향을 미친 이 변화 방식이 다음 장에서 탐색될 것이다. 오늘날, CBAT 기법을 활용하는 미술치료사들이 증가하고 있다. 이 작업은 흥미롭고 시의적절하다. 제6장에서 자세하게 탐색된다.

06

현행 CBAT의 실제

06 현행 CBAT의 실제

"미술작업의 내재적인 인지적인 본질을 활용하는 것은 인지행동 미술치료(CBAT)의 핵심이다."

(M. L. Rosal, 2001, p. 222)

CBT와 마찬가지로, CBAT도 잘못된 생각의 확인, 변경을 다룬다. 새로운 인지과학과 인지심리학이 행동치료에 소개되었을 때, 문제 행동을 수정하는 것에서 왜곡된 인지의 변경과 문제되는 추론이 어떻게 역기능적인 행동을 초래하는지를 밝히는 것으로 관심이 바뀌었다. 사고가 그 당시 검토되었던 유일한 인지과정은 아니었다. CBT 치료사들은 인지의 모든 측면, 즉 사고, 감정, 기분 상태, 지각, 심상과 행동에 관심을 갖기 시작하였다(Hafmann & Asmundson, 2008). 1980년대, CBT 이론가들은 인지 변화과정의 부분으로서 감정의 중요성을 다루기 시작하였다(Samoilov & Goldfried, 2000). CBAT 치료사들도 같은 생각이었고, 그들의 작업에서 감정을 포함한 인지의 모든 측면을 다루었다.

CBAT 또한 문제 중심 치료이다. 내담자가 치료에 가져오는 문제를 확인하도록 돕는 것이 치료의 시작이다. 그럼에도 불구하고 미술치료의 다른 접근들과 마찬가지로, CBAT 치료사들도 내담자와 치료적 동맹을 먼저 발달시키는 것이 중요하다. 긍정적 관계를 발달시키는 것은 치료과정에서 다른 단계를 위한 준비가 될 것이고, 문제를 이해하기 시작하게 한다. 일단 문제가 확인되면, 잘못된 생각을 확인하기, 도전하기, 실험하기와 무효화하기 작업이 시작된다. 내담자가 그들의 몇 가지 생각이 잘못되거나 그들의 감정적 반응이 비합리적이라는 것을 이해하면 그다음 단계는 더 적응적이고 효과적인 인지로 변경하거나 재구성하는 것이다(Hofmann & Asmundson, 2008).

CBT와 CBAT 기법들의 효과는 이 이론적 접근에서 중요하다. 만약 어떤 기법이 효과적이지 않다면, 그것이 삭제되는 것은 드문 일이 아니다. 각 새로운 기법은 그것의 효과성이 연구된다. 일단 하나의 기법이 철저하게 검토되면, 효과적인 치료로 간주될 수 있도록 지속적인 조사가 진행된다. CBT는 폭넓게 연구되고 있으며 효과적이라는 많은 증거가 있다(즉, 연구 결과가 긍정적이다.). 그리고 다양한 사람에게 수많은 CBT 치료 접근이 효과적이었던 많은 증거가 있다. 그러나 CBT와 CBAT의 변화 원리는 여전히 탐구 중이다. 이는 치료적 변화가 일어나는 과정과 '그것이 효과적인 이유'에 대해 알아보는 것이다(Hayes, Hope, & Hayes, 2007; Kazdin & Nock, 2003). 미술치료에서 변화의 원리는 CBAT의 치료적 변화를 매개하는 미술치료 과정과 내담자-치료사 관계의 특징들에 있다.

이 장에서 다양한 현행 CBT와 CBAT 기법이 탐색될 것이고, CBAT 모델 내에서 변화의 과정도 조사될 것이다. CBAT 개입방법의 광범위한 여섯 가지 범주, 즉 ① 구성개념과 사고의 이해, ② 감정 다루기, ③ 자기도식 변경하기, ④ 정신적 이미지 사용하기, ⑤ 문제 해결 능력과 대처 능력 향상시키기, ⑥ 적응과 자기조절력 발전시키기가 사례를 통해 탐색될 것이다. 구체적인 목표나 개입방법의 하위 범주들을 포함한 각 범주들을 자세히 알아볼 것이다.

구성개념과 사고의 이해

현행 CBAT 과정을 탐색하기 위해, 나는 사람의 인지가 어떻게 구성되어 있는지를 미술치료가 밝힐 수 있는지에 먼저 초점을 맞출 것이다. 내담자가 그들의 사고방식과 주요 구성개념을 어떻게 발달시켰는지를 이해하게 되면, 그들의 문제를 더 분명히 이해하게 된다. 다음으로 문제가 되는 사고를 밝히고 평가하기 위한 CBAT의 활용에 대해 논의할 것이다. 다루기 힘든 사고과정의 인지 재구성이나 재구조화의 방법이 이어진다.

구성개념으로서 인지

CBAT 치료사는 인지를 어떻게 이해하는지에 대한 소개로서 사고가 어떻게 형성되는지에 대한 간단한 설명으로 이 절을 시작하는 것이 중요하다. 제2장의 지식에 근거하여, 우리는 사람이 환경, 타인과의 상호작용을 통해 그들 주변의 세상에 대한 개념이나 도식을 창조하거나 구성한다는 것을 안다. 인지는 각 개인에 의해 독특하게 구성되고 개인의 경험에 근거를 둔다(Piaget, 1954, 1962). 비록 CBT가 잘못된 사고 양식에 초점을 맞추지만, 개인구성개념에 대한 켈리의 연구에 대한 이해(제4장에 요약된 것처럼)는 미술치료사가 개인의 인지가 어떻게 발달하는지 이해하도록 돕는다는 것을 매토(1997)는 분명히 하였다. 칸즈(1979)와 라인(1979a, 1979b) 또한 사고과정 발달의 이해에 대한 구성주의적 접근을 언급하였다. 칸즈, 라인과 매토는 인지 발달에 대한 구성주의의 개념과 CBAT 접근을 지지하였다.

게다가 CBAT 치료사는 문제 행동에 영향을 미치는 문제에 대한 내담자의 사고를 밝히고자 한다. 앞에서 언급한 것처럼, 사고에 초점을 맞추는 것은 CBT의 중요한 기본 원리이다. 인지가 원인이 되어 문제 행동과 감정적 문제에 영향을 미친다. 그러므로 CBAT 치료사는 무엇보다도 내담자의 인지 양식과 사고과정의 이해에 초점을 맞춘다(Hofmann et al., 2013).

CBAT에서 내담자는 미술을 통해 그들의 인지, 도식과 그것들이 어떻게 발달했는지 탐색할 기회를 갖게 된다. 이는 단순한 미술 매체(작은 종이와 쉽게 다룰 수 있는 매체)와 내담자의 치료 목적과 관련된 다양한 구성개념을 설명할 시간을 내담자에게 제공함으로써 이루어진다. 미술 작품이 완성되면, 내담자는 작품에 대해 묘사하고 작품의 내용에 대한 생각이 어떻게 발전하였는지를 탐색할 기회를 가진다.

사례

복합적인 문제 행동을 하는 12세 학생인 스콧은 [그림 6-1]에서 볼 수 있는 것처럼 그의 집 그림을 그렸다. 집을 조감도의 관점에서 그렸고 청사진처럼 내부를 그렸다. 그의 집에는 몇 개의 방이 있었지만, 그의 방이나 개인적 공간을 발견할 수 없었다. 집이 작고 그의 가족과 함께 친척들이 그곳에 종종 머무른다고 하였다. 그의 어린 사촌동생이 잘 공간이 필요했기 때문에 그는 담요를 가지고 소파나 구석진 곳으로 밀려났고, 날마다 어디에 누워야 할지 전혀 알지 못하였다. 집단원들의 질문과 의견을 들은 후, 스콧은 그의 가정생활이 혼란스럽고, 그것은 소속되지 않는 느낌, 자신이 중요하지 않은 사람이라는 느낌을 증가시킨다는 것에 동의하였다.

그의 환경이 혼란스럽다는 그의 개념과 자신이 가치 있는 사람이라고 믿지 않는다는 것을 가리키는 그의 자기도식이 학교와 교실 환경에도 미쳐 있었다. 이 개념들은 그의 가정생활 경험사를 통해 구성되었다. 그는 학교를 그의 혼란스러운 가정생활의 확장으로, 신경 쓰지 않는 곳으로 여기고 있었다. 이 부

[그림 6-1] 배치 도면으로 조감도 관점에서 그린 스콧의 집 그림

정적인 자기인지는 학교에서 문제 행동의 원인이었다. 그러므로 그의 집 그림은 스콧의 몇 가지 사고 양식과 이 도식과 인지가 어떻게 발전되었는지를 드러내는 통로였다.

사고의 확인과 평가

인지가 어떻게 발달하는지 내담자가 파악하도록 돕는 것과 더불어, CBAT 치료사는 문제가 되는 사고를 내담자가 확인하고 평가하도록 한다. 평가는 건전한 사고를 확인하는 것뿐만 아니라 잘못된 사고를 확인하는 기회를 제공한다. 켈리(1955/1991)는 개인의 사고나 구성개념의 평가는 개인이 문제를 해결하는 데 필요한 개입이 될 수 있고, 치료가 더 필요하지 않다는 것을 결정할 수 있다고 설명하였다. 그는 세상에 대한 생각과 지각에 대한 개인의 가정들을 드러내기 위해 개인구성개념 그리드 검사를 사용하였다. 라인(1979b)은 감정에 대한 지각을 평가하기 위해 켈리의 그리드를 적용하였다. 나는 학생들이 학교에 대해 어떻게 생각하고 있는지를 밝히기 위해 비슷한 방법을 사용하였다(제5장 참조). CBAT에서 내담자의 사고를 평가하는 것은 개인구성개념 방법처럼 형식적일 필요는 없다. 미술치료사는 내담자의 사고과정을 평가하기 위해 자유롭게 다양한 방법을 쓴다. 예를 들어, 스콧을 돕기 위해 사용했던 것과 모리스(Morris, 2014)에 의해 사용된 것과 같은 많은 비공식적인 평가처럼 미술치료사들에 의해 개발되고 있는 다양한 비공식적인 평가가 있다.

사례

앞에서 언급한 내담자 스콧은 그의 분노 문제가 드러난 개인구성개념 그림 평가를 완성하였다. '학교에서 나쁜 아이'를 그리도록 했을 때 그는 [그림 6-2]를 그렸다. 그림을 설명할 때, 스콧은 "그 소년은 다른 애 위에 올라타고 있어서 그 애는 움직일 수 없어요. …… 그는 아마도 그 애를 때릴 거예요."라고 하였다. 다른 사람을 때리는 것에 대해 생각해 본 적이 있는지 물었을 때, 그는

[그림 6-2] 학교에서 나쁜 아이 그림에 대한 스콧의 개인구성개념

출처: Rosal, M. L. (1992). Approaches to Art Therapy with Children. In F. E. Anderson (Ed.), *Art for All the Children* (p. 175). Springfield, IL: Charles C. Thomas. 허가받아 재인쇄; Rosal, M.L. (1996). *Approaches to Art Therapy with Children* (p. 64). Burlingame, CA: Abbeygate Press. 허가받아 재인쇄.

다른 애들이 그를 놀렸을 때 그랬다고 하였다. 괴롭힘을 당하는 것에 대한 질문에, 스콧은 보통 다른 사람을 때리고 싶을 정도로 화가 나지만 대신에 아이들에게 소리를 지르고 달려가서 운다고 대답하였다. 그림이 폭력적인 행동을 묘사하기 때문에 그에게 특히 때리고 싶은 사람이 있는지 물으니 없다고 하였다. 그림을 통해 스콧은 자신이 쉽게 화를 내고 따돌림을 당할 때 화를 내게 되는데, 그 따돌림 때문에 그의 정체감이 파괴된다고 평가되었다. 스콧에게 부정적으로 영향을 미치는 일련의 사건에 대한 이 평가는 자기도식에 대한 그의 생각을 드러내었고, 미술치료의 초점이 되었다.

모리스(2014)는 갑자기 불안 증상에 빠지게 되는 사고를 탐색하기 위해 불안장애를 가진 내담자를 위해 간단한 콜라주 재료를 사용하였다. 경험이 없는 미술작업자에게 친숙하고 사용하기 쉽기 때문에 간단한 매체를 선택하였다. 모리스의 내담자 중 한 사람은 불안 문제와 관련된 인지를 탐색하기 위해 잘라 놓은 이미지, 단순한 그림과 단어를 사용하였다. 콜라주는 내담자에게 불안한 순간을 초래하는 그녀의 사고를 확인하도록 도왔다. 그녀의 콜라주에는 도화지의 아래쪽 중간에 큰 코끼리가 보이는데, 이는 사람들로 가득 찬 방에 들어갈 때 '방 안에 코끼리가 있는 것 같은' 느낌을 나타내었다. 한 개의 눈동자는 사회적 상황에서 그녀를 향하는 모든 시선에 대한 그녀의 생각을 나타내었다([그림 6-3] 참조). 이 인지의 확인은 걱정, 불안, 공황 증상들과 인과관계가 있

[그림 6-3] 방 안에 코끼리가 있는 것 같은 느낌에 대한 콜라주

출처: Morris, F. J. (2014). Should Art Be Integrated into Cognitive Behavioral Therapy for Anxiety Disorders? *The Arts in Psychotherapy, 41,* 348. Elsevier의 허가를 받아 재인쇄.

는 내담자의 사고를 확인하는 데 유용하였다.

인지 재구성

인지 재구성은 잘못된 사고를 확인하고, 그것을 분석하고 더 적응적이고 현실적이도록 인지의 감정적 강도를 줄이기 위해 내담자를 돕는 과정이다. 이 방법은 엘리스(1962)에 의해 먼저 발달되었다. 목표는 문제가 되는 사고를 제거하기보다는 재구성하는 것이다. 인지 재구성은 예를 들어 '난 중요하지 않아.'와 같은 문제되는 사고의 단순하고 분명한 수준을 알아보고, 내담자가 다양한 환경에서 이 사고를 실험하도록 한다(Arch & Craskes, 2008). 그다음 그는 그 결과에 더 적합한 것으로 사고를 재구성하게 된다. 예를 들어, 스콧은 이 인지를 '때때로 나는 할 수 있는 만큼 유능하지 않지만 다른 때는 유능하다.'로 바꿀 수 있었다. 균형 잡힌 사고과정을 발달시킴으로써, 내담자는 때때로 가치 없는 것처럼 느낀다는 것을 부인하는 것이 아니라 그들의 가치가 두드러지는 다른 때가 있을 것이라는 것을 앎으로써 이 부정적인 자기진술을 완화시키는 것이다. 인지 재구성의 목표는 "합리적이고 적응적인 사고 양식의 발달이다."(Rosal, 2001, p. 212)

사례

학교에서 따돌림을 당하고 있으며, 부정적인 자기도식을 지닌 스콧은 괴롭히는 아이들로부터 도망가는 행동에 도전하고 그들을 때리는 환상을 바꾸어야 했다. 따돌림 문제에 대응하기 위해, 그가 소리치거나 울면서 도망가는 대신에 어떤 것을 할 수 있는지 물었다. 그는 선생님에게 이르기를 떠올렸다. 그것에 대해 물어보았을 때, 그는 더 어렸을 때는 이 기술이 효과적이었지만 12세에게는 가장 좋은 방법이 아닐 수 있다는 것을 알게 되었다고 답하였다. 그가 최근에 따돌림 당한 일을 선생님에게 말했을 때 다른 아이들이 더 심하게 놀렸다는 것을 받아들였다. 미술치료사, 집단원들과 이 문제를 토론한 후, 그는 그

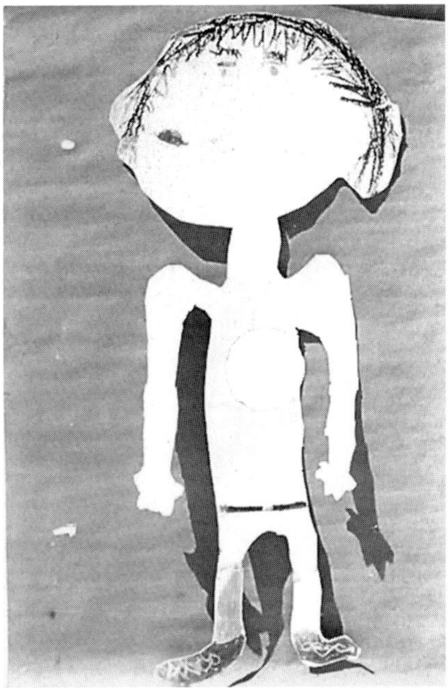

[그림 6-4] 강한 사람으로서 스콧의 자기이미지

가 더 강한 사람이라면 아이들이 그렇게 많이 놀리지는 않을 것이라는 것을 이해하기 시작하였다. 더 강한 자기이미지를 탐색하기 위해, 그는 더 자신감 있는 사람으로서 자신을 나타내는 자화상을 그렸다([그림 6-4] 참조). 중요하지 않은 사람에서 자신감 있는 사람으로 그의 생각을 바꾸는 것은 스콧이 그가 어떻게 대우 받아야 하는지와 따돌림에 대해 반응하는 방법에 대한 그의 관점을 바꾸도록 도왔다.

비합리적인 사고는 앞서 말했던 불안한 내담자의 인지 재구성 활동에서 확인한다(Morris, 2014). 먼저, 내담자는 콜라주를 통해 확인된 인지를 나열하였다. 모리스는 그녀가 일어날 가능성이 없는 이 인지가 얼마나 정확한지를 1에서 10까지 평정하도록 하였다. 다음으로, 내담자는 이 사고에 대해 토론하고 정확성을 분석하기 위해 이 가능성이 없는 생각들 중 하나인 '모든 사람은 나를 평가해.'를 선택하였다. 대부분의 사람이 그녀의 행동보다는 그들 자신의

[그림 6-5] 단지 자신에 대해서만 생각하는 것으로 타인을 표현한 그림

출처: Morris, F. J. (2014). Should Art Be Integrated into Cognitive Behavioral Therapy for Anxiety Disorders? *The Arts in Psychotherapy, 41*, 349. Elsevier의 허가를 받아 재인쇄.

행동에 대해 생각한다는 것을 깨닫고, 그녀는 새로운 인지 "모든 사람은 자신과 자신의 걱정에 대해 생각하고 있다."를 탐색하기 위해 그림을 그렸다(p. 170; [그림 6-5] 참조). 사회적으로 불안한 개인이 덜 무섭거나 심지어 황당한 상황 속에 있는 타인(예: 이상하게 옷 입은)을 상상하도록 했던 벡과 에머리(Beck & Emery, 1985)에 의해 확인되었듯이, 이 개입방법은 심상 수정과 관련된다. 재구성된 인지는 원래 생각보다 더 적응적이다. 대부분의 사람이 자기 자신을 걱정한다는 깨달음은 사회적 상황 속에서의 내담자를 도울 뿐만 아니라 타인들이 사회적 사건에서 경험하는 것에 대한 그녀의 구성개념을 바꾸도록 돕는다.

감정

원래 CBT 치료사는 직접적으로 감정을 다루지 않지만, 그들은 감정을 다루는 것이 CBT의 중요한 측면이라는 것을 곧 알게 되었다. 왜냐하면 감정은 사고와 비슷한 특징을 지니는 인지이기 때문이다. 오늘날 CBT 치료사는 감정과 인지가 서로 연결되어 있고, 평가라는 인지를 통해 관련된다는 것을 설명하였다. 제2장에서 언급했듯이, 라자루스(1968)는 감정의 평가과정에 대해 연구했고 세 단계, 즉 1차, 2차와 재평가가 있다는 것을 발견하였다. 1차 단계에서 개인은 자신의 안녕과 관련된 환경에서의 자극을 인식하고, 그다음 감정을 경험하게 될 것이다. 2차 단계에서 개인은 그 상황에 반응하기 위해 자원을 불러온다. 마지막으로, 재평가는 개인이 새롭거나 수정된 정보를 바탕으로 반응을 재평가할 때 나타난다. 재평가는 힘든 감정 상태를 변화시킬 수 있다.

라자루스의 연구 결과에 동의하는 다른 많은 이론가는 감정이 개인과 환경 사이의 관계에서 나타난다는 것을 발견하였고, 감정과 인지 평가 사이의 순환작용의 개념을 추가하였다. 루이스(Lewis, 1996)는 감정과 인지의 관계를 규명하는 수많은 이론가를 인용하였다. 예를 들어, 루이스는 부정적인 사고(평가)와 우울(감정 상태)의 상호작용적 관계를 밝힌 티즈데일과 두려움에 대한 평가와 불안 사이의 비슷한 순환작용을 관찰한 매슈스를 언급하였다. 라자루스(1991)와 다른 이들은 연구자와 치료사의 연구에서 중요한 감정의 다른 요소들, 특히 생리학적 요소(예: 두려움은 심장박동률을 증가시킬 수 있다.)와 동기적 요소(예: 화는 행동화를 초래할 수 있다.)가 있다는 것을 인식하였다. 감정 상태를 다룸으로써, CBAT 치료사는 내담자가 그들의 감정과 그것이 어떻게 문제가 되는 결과를 초래하게 되는지 이해하도록 도울 수 있다.

감정의 평가

감정은 환경에 대한 평가와 자기에 대한 평가와 관련된다. 라인(1979b)은 치료의 첫 단계로서 마음상태나 감정 상태를 평가하였다. 제4장에서 언급하였듯이, 열다섯 가지 감정 상태를 작은 흑백 그림으로 그리도록 했는데, 그중 몇 가지는 서로 반대되는 감정(예: 절망적인 대 희망적인)이다. 그 그림들을 바탕으로 그림과 감정 자체의 유사점과 차이점에 대해 토론하였다. 그림과 토론은 개인 참가자들이 긍정적인 감정과 힘든 감정을 어떻게 다루는지를 보여 주었다. 아동의 경우에는 복잡한 열다섯 가지 마음상태 세트를 대개 네 가지(화난, 슬픈, 기쁜, 두려운)로 축소시키는데, 대부분의 아동이 경험하는 것이며 이 상태가 무엇을 의미하는지 그리고 그것들을 어떻게 느끼는지를 이해하게 될 것이기 때문이다.

사례

피팔로(2007)는 "미술치료는 아동이 언어에 전적으로 의존하지 않은 채 복잡한 감정을 파악하고, 확인하고, 표현하도록 돕는다."는 것과 "감정 확인의 목표는 첫 단계에서 외상 사건에 대해 완전히 파악하는 것이고, 그러고 나서 아동은 감정을 표현하는 안전한 방법을 찾아야만 한다."는 것에 대해 언급하였다(p. 172). 그녀는 신발 상자를 사용하여 아동이 타인들에게 보여 주기에 안전한 감정들은 상자의 바깥쪽에 붙이고, 그 반대로 힘들거나 매우 무서운 감정들은 상자의 안쪽에 붙여서 감정을 인식하도록 도왔다. 이 입체 표현은 아동이 감정을 확인하도록 도울 뿐만 아니라 일상의 감정과 힘든 감정적 반응을 야기하는 것들을 식별하도록 도왔다.

제5장에서 말했듯이, 12세의 스콧은 문제 행동뿐만 아니라 힘든 감정, 특히 분노와 슬픔을 겪고 있었다. 아동 소집단에서 그에게 화난, 슬픈, 기쁜, 두려운 감정 상태들을 그리도록 하였다. 그림에 대한 나누기 과정에서 집단원들은 스콧의 두 가지 그림(기쁜, 두려운)을 정확하게 이해하였지만 화난과 슬픈 그림은

잘못 이해하였는데, 그들에게는 화난 그림이 슬프게 보이고 슬픈 그림은 화난 것으로 보였기 때문이었다. 이것으로 스콧은 새롭게 알게 되었다. 그는 슬플 때 화내고 행동화했고, 화가 났을 때 울었다([그림 5-7]과 [그림 5-8] 참조). 이 감정 반응들 중 어떤 것도 그가 상황을 해결하거나 그의 힘든 감정을 다루도록 돕지 못하였다.

아스퍼거 증후군 진단을 받은 청소년인 에마를 위한 미술치료에서 사용된 개입방법으로, 엘키스-애부호프(Elkis-Abuhoff, 2008)는 감정/표현 콜라주를 사용하였다. 이 개입방법은 에마의 사회적 활동 능력을 향상시키고 타인과 자신의 얼굴 표정에 대한 이해를 높이기 위해 계획되었다. 내담자를 돕기 위해 콜라주를 하였는데, 엘키스-애부호프는 에마에게 감정 표현 목록을 만든 다음 표정 그림을 찾도록 하였다([그림 6-6] 참조). 콜라주가 완성된 후, 엘키스-애부호프는 "사람들은 언제 저런 표정을 짓나요?" "누군가 저런 표정을 짓는 것을 봤을 때를 예를 들어 보세요." "저 표정을 지은 적이 있는가요?"와 같은

[그림 6-6] 에마의 감정 표현 콜라주

출처: Elkis-Abuhoff, D. L. (2008) Art Therapy Applied to an Adolescent with Asperger's Syndrome. *The Arts in Psychotherapy, 35*, 267. Elsevier의 허가를 받아 재인쇄.

[그림 6-7] 캐런의 우울감에 대한 그림

출처: Rosal, M. L. (2001). Cognitive-Behavioral Art Therapy. In J.A. Rubin (Ed.), *Approaches to Art Therapy: Theory and Technique* (2nd ed., p. 222). New York, NY: Brunner/Routledge. Taylor와 Francis Group, LLC, a division of Infoma plc의 허가를 받아 재인쇄.

질문을 하였다(Elkis-Abuhoff, 2008, p. 269). 내담자는 감정 상태에 대한 질문에 대답했지만, 그녀는 여전히 그 표정을 자신에게 관련시키는 것은 어려워하였다. 다음 작업으로 가면 만들기를 통한 감정 확인하기를 하였다. 가면 중 하나에 대한 나누기에서, 에마는 가면 안쪽에 불꽃이 튀는 것을 묘사하였는데, 사람들은 그녀를 이해하지 못한다고 하였다. 이 시간에 에마는 화가 났을 때 폭발한다는 것을 인정하였다. 또 그녀는 감정을 잘못 이해했다는 것을 인정하였다. 이러한 감정에 대한 에마의 인정은 치료의 진전을 의미한다.

우울과 자살 사고를 진단받은 캐런은 병원에서 퇴원한 후 미술치료에 의뢰되었다. 그녀는 병원에서의 치료 덕분에 많이 좋아졌다. 그리고 외래 환자로서 어떤 것을 다루고 싶은지 물었을 때 망설임 없이 그녀는 감정을 인식할 수 없으니 그것들이 무엇인지와 그것들을 인지하는 방법을 알고 싶다고 답하였다. 라인의 접근방법을 활용하여, 캐런에게 몇 가지 감정에 대해 그리도록 하였다. 그녀에게 라인의 열다섯 가지 감정 상태 목록에서 탐색하기를 원하는

[그림 6-8] 캐런의 불안에 대한 그림

감정들을 선택하고 마음에 떠오르는 다른 감정들을 추가하도록 하였다. 그다음, 선택한 각 감정이 반대되는 감정 상태를 가진다는 것을 이해시키기 위해 그녀에게 질문하였다. 몇 회기 후에, 캐런은 각 감정들을 표현하기 위해 크레파스와 파스텔을 사용하였다. 평가에서 그녀에게 가장 큰 영향을 미치는 감정이 우울과 불안이라는 것이 드러났다([그림 6-7]과 [그림 6-8] 참조). 티즈데일(Lewis, 1996, 재인용)에 의해 언급되었듯이, 이 감정들은 부정적 사고로 이어지고 우울로 진단되었다.

감정의 의미 형성

CBAT의 목적은 감정을 확인·평가하는 것과 내담자가 자신의 감정을 인식하도록 돕는 것이다. 감정의 진의는 대개 평가(appraisal)라고 말해지는데, 이는 감정의 개인적 의미나 중요성이다(Lazarus & Smith, 1988). CBT와 CBAT에서 감정은 뭔가 잘못되었고 문제가 되는 행동이나 상황을 초래할 수 있다는 지표로 보아야 한다는 점에서 사고와 같다. 피팔로(2007)는 "강한 감정들과 거리를 두고 그것을 담을 수 있는 미술의 힘은 외상적 내용에 대한 감정의 처리과정에 특히 잘 어울린다."는 것을 발견하였다(p. 172). 그리고 내담자가 힘든 경험을 이해하거나 의미를 얻도록 도울 수 있다.

사례

스콧으로 돌아가서, 그가 최근 발견한 '화난'과 '슬픈'에 얽힌 감정에 대한 이해는 재평가의 개념을 부각시킨다. 스콧은 그의 슬픈 감정이 화를 초래하지만, 중간 상태는 여전히 모른다는 것을 알게 되었다. 슬픔에서 분노 폭발로 직접적으로 가는 경우는 흔치 않다. 스콧의 감정처리 과정에 대한 더 나은 이해를 위해, 그에게 아이들이 괴롭혔을 때 선생님에게 이르기라는 처음의 생각으로 되돌아가보자고 하였다. 선생님에게 문제를 알리는 것에 대해 그린 그림은 스스로 문제를 해결하는 데 있어서 무기력과 무능력을 보여 주었다([그림 6-9] 참조). 이제 무기력을 포함한 슬픔의 의미가 드러났고, 이 민감한 감정들로 인해 문제가 되는 결과에 대한 대안적 해결책을 발견할 가능성이 열렸다. 분노와 함께 폭발하기보다, 스콧은 그의 무기력을 해결할 필요가 있다는 것을 알게 되었다.

스콧과 유사하게, 캐런의 감정 상태도 행동의 중요한 기준이었다. 그녀에게는 우울 상태가 나타나는 데 있어 어떤 감정이 촉발 자극이 되는지 발견하는 것이 중요하였다. 이를 돕기 위해 그녀에게 자신의 삶의 긍정적인 측면과 부정적인 측면에 대한 연대표를 그리도록 하였다. 그다음 연대표 위에 다양한 감정 상태 그림을 배치하도록 하였다. 좋은 시기에 감정 상태는 균형 잡힌 느낌, 희망적인 느낌, 평온한 느낌이 우세한 감정이었다. 그녀가 최악의 상태일 때는 우울한, 절망적인, 위협적인 느낌이 주요 감정이었다. 마지막으로, 그녀에게 최상의 상태와 최악의 상태 사이에서 경험되는 감정이 어떤 것인지 물었고, 그녀는 하향식 선 위에 '불안한'을 놓았다([그림 6-10] 참조). 그녀는 불안한 감정과 '위협적인'을 연결하였는데, 이는 최악의 상태에 놓은 감정 상태 중 하나이다. 매슈스(Lewis, 1996 재인용)는 위협적인 느낌을 불안의 시작과 관련시

[그림 6-9] 교사에게 괴롭힘 당한 것을 이르는 그림

출처: Rosal, M. L. (2001). Cognitive-Behavioral Art Therapy. In J.A. Rubin (Ed.), *Approaches to Art Therapy: Theory and Technique* (2nd ed., p. 222). New York, NY: Brunner/Routledge. Taylor와 Francis Group, LLC, a division of Infoma plc의 허가를 받아 재인쇄.

[그림 6-10] 캐런의 연대표에서 불안과 우울을 초래하는 초기 감정으로서 절망감, 위협감에 대한 그림

켰다. 캐런은 위협적인 느낌이 불안에 선행하는 것이고, 불안이 우울의 촉발요인 중 하나라는 것을 새롭게 통찰하게 되었다. 그녀는 이미 항우울제를 복용하고 있었지만 항불안제는 복용하고 있지 않았다. 그녀는 불안이 우울의 전조라는 것에 대한 이야기를 나누기 위해 그녀의 정신과 의사에게 그 그림을 가져가기로 하였다. 의사는 불안한 감정 상태가 될 때 복용하기 위해 항불안제를 처방하는 데 동의하였다(이 상황이 되면 의사를 만나러 오도록 하였다).

기능적이고 변형적인 감정

앞의 사례에서 설명했듯이, 치료에서 나타나는 감정의 작업은 CBAT 치료사들에게 내담자를 도울 수 있는 풍부한 자료를 줄 수 있다. 감정은 환경에 대한 내담자의 사고와 지각의 중요한 단서로 보인다. 켈트너와 그로스(Keltner & Gross, 1999)에 의하면, 감정은 개인에게 사회문화적 상황과 신체의 생존을 위한 기능적인 역할을 한다. 감정은 개인이 환경에서의 어떤 것이나 자기에게 집중하고 주의를 기울이도록 한다. 예를 들어, 불안에 대한 깊은 이해를 통해 캐런은 다가오는 우울의 지표로 이 감정을 활용할 수 있다. 또 CBAT에서 감정은 변형될 수 있거나, 라자루스의 용어(1968)로 말하면 재평가될 수 있다. 재평가는 힘든 감정을 내담자가 이해하도록 돕고 덜 문제되는 반응을 야기한다. 재평가과정 동안, 개인은 힘든 감정을 확인한 다음 반응으로 나타내기보다는, 그것의 반응하는 힘을 더 적응적인 반응으로 변형시키게 된다.

사례

스콧은 화난, 슬픈, 기쁜, 두려운 개입방법을 통해 감정의 의미를 이해하기 시작하였다. 그는 이전 회기에서 슬픈 감정, 무기력과 화를 관련지었다. 힘든 감정에 대한 이해를 강화하기 위해 네 가지 감정 상태 중 하나를 가면으로 작업하게 하였다. 그는 화를 선택했고, 이 감정에 대한 가면을 만들었다([그림 5-9] 참조). 가면을 쓰고 화를 표현해 보도록 했을 때 그는 고함을 질렀다. 그가

[그림 6-11] 캐런의 절망감에 대한 그림

가면을 썼을 때 강한 감정을 느꼈다고 하였다. 이 개입방법으로 스콧은 화와 권능감의 새로운 관계를 발견하게 되었다. 화의 지표인 슬픈 그림을 상기시켰을 때, 그는 슬픔이 무기력에 대한 반응이라는 것을 깨닫게 되었다. 처음에 화는 괴롭힘을 당하는 느낌에 대한 내적 반응이었다. 이 회기는 스콧에게 전환점이 되었는데, 그는 감정, 특히 화의 중요성에 대해 인식하게 되었다. 화는 무기력으로부터 온 것이지만 또 상황을 다루는 에너지를 모으는 자극이었다. 스콧의 사례에서 켈트너와 그로스(1999)는 화의 기능을 "부당함을 보상하기 위한" 에너지를 그에게 부여하는 것으로 이해하게 되었다(p. 473).

스콧처럼, 캐런은 어떤 감정들이 독이 된다는 것을 깨달았다. 캐런의 사례에서 그것은 우울감이었다. 위협감으로부터 생기는 불안이 우울을 초래할 수 있는 자극이라는 것을 깨달은 후에, 그녀는 우울의 의미를 이해하고 싶었다. 그녀는 바로 그것을 절망감과 관련시켰다. 절망감의 근원을 밝히는 과정에서

([그림 6-11] 참조), 그녀는 아버지의 자살에 대해 말하였다. 아버지 시체를 발견했을 때 그녀는 약 10세였다. 그녀는 자살의 이유를 알지 못했으나 추측해 보았을 때 그가 절망감을 느꼈음에 틀림없다고 믿었다(예: 오늘은 나빴어, 미래의 변화에 대한 희망이 없어.). 그녀의 어머니가 아이들이 자살을 극복하도록 도울 수 없게 되자 가족 내에서 절망감이 지속되었다. 절망감은 벡 등(1979)이 말했던 우울이론에서 세 가지 주요 인지 왜곡 중 하나이다. 인지삼재 중 다른 두 개념은 자기에 대한 부정적 감정(나는 가치 없다.)과 세상에 대한 부정적 감정(모두 나를 가치 없게 여긴다)이다. 캐런에게 위협감, 불안과 절망감과의 관계가 우울을 초래하였다.

캐런은 '절망적인'과 '희망적인'에 대한 그림을 그렸고([그림 6-12] 참조), 기꺼이 이 두 가지를 함께 토론하였다. 그녀의 첫 반응은 그것들이 얼마나 상반되는지에 대한 것이었다. '희망적인'은 가볍고, 활기차고 움직임에서 상향적인([그림 6-12] 참조) 반면, '절망적인'은 짙은, 어두운, 무거운 느낌으로 우울과 비슷하였다. 그녀는 단지 드물게 희망적인 느낌이 든다는 것을 인정하였다. 다른 어떤 감정 그림이 '희망적인'과 비슷한 요소를 지니는지 알아보도록 했고 그녀는 '평온한'에 대한 그림을 가리켰다([그림 6-13] 참조). '평온한'의 그림은 비슷한 색채를 지녔고 가볍고 활기찬 것으로 묘사되었다. 희망적인과 평온한 느낌에 대해 방해가 되는 것에 대해 생각해 보도록 하였는데, 바로 불안이 원인이라는 것에 동의하였다. 그녀가 다시 우울에 주의를 기울였을 때 그녀는 우울이 주요 문제가 아니라 절망감, 위협감과 불안감 등 다른 감정들이 쌓인 결과라는 것을 깨달았다. 캐런은 의사와의 면담에서 직업에서 권능감을 느끼고 위협감을 조기에 확인함으로써 불안을 다루는 작업을 이미 하고 있다는 것을 인식하였다. 그녀는 예전에는 매우 압도되는 것처럼 느껴지는 우울이 그녀의 생각에 다룰 수 있는 이러한 다른 감정들에 대한 반응이라는 것을 알게 되어 매우 기뻤다. 캐런은 그녀가 할 수 있는 명확한 영역, 즉 위협하는 것 인식하기, 희망적이게 하는 것 찾기, 평온함 발견하기가 있다는 것이 기뻤다.

[그림 6-12] 캐런의 희망적인에 대한 그림

[그림 6-13] 캐런의 평온한에 대한 그림

출처: Rosal, M. L. (2001). Cognitive-Behavioral Art Therapy. In J.A. Rubin (Ed.), *Approaches tc Art Therapy: Theory and Technique* (2nd ed., p. 222). New York, NY: Brunner/Routledge. Taylor와 Francis Group, LLC, a division of Infoma plc의 허가를 받아 재인쇄.

실제에서 감정 다루기

회기나 실제에서 감정처리 과정은 미술치료사들이 내담자가 두려운 대상이나 상황에 대해 새롭고 더 현실적인 신념을 인식하고 두려운, 무서운 경험이 좀 더 편안하도록 돕는 데 활용되는 과정이다. 이는 직접적인 방식으로 내담자가 상황이나 대상에 내담자가 직면하는 직접적인 과정이다. 힘든 감정들은 대개 미술치료 회기의 목표가 된다.

사례

A. W. 제틀러(A. W. Zettler, 개인적 대화, 2017. 6. 25.)는 PTSD와 기분부전증 진단을 받은 15세의 수지에게 어머니를 향한 분노 때문에 생기는 두려움에 대한 압도감을 다룰 기회를 제공하였다. 그녀가 어머니에게 소리를 지르는 상황과 그녀가 '수치스러움과 후회의 블랙홀로 빨려 들어가는 것'과 같이 느끼는 순간과 관련된 감정에 대해 말하였다. 그녀는 어머니에 대한 반응이 불필요하고 적절하지 않다는 것을 인정하였다. 먼저, 그녀에게 두려움에 집중하면서 후회의 블랙홀에 대한 그림을 그리도록 하였다([그림 6-14] 참조). 그림은 그저 상황에 대한 기억만큼 파괴적이었다. 그다음에는 반대로 수지에게 어머니와의 다른 상호작용 중 긍정적인 측면에 대해 생각해 보도록 하였다. 그녀의 관계에 대한 반영과 긍정적 순간들에 대해 떠올린 후에 그녀는 두 번째 그림을 그렸다([그림 6-15] 참조). 그녀는 블랙홀로 표현된 감정을 누그러뜨리기 위해 두 번째 그림을 그렸고, 긍정적인 사고가 '블랙홀을 찌그러뜨린다(그림의 왼쪽 아래 코너).'는 것을 가리켰다. 수지에게 두 번째 그림은 블랙홀 그림으로 구체화되었던 후회와 두려움에 의한 파괴적인 느낌을 감소시켰다.

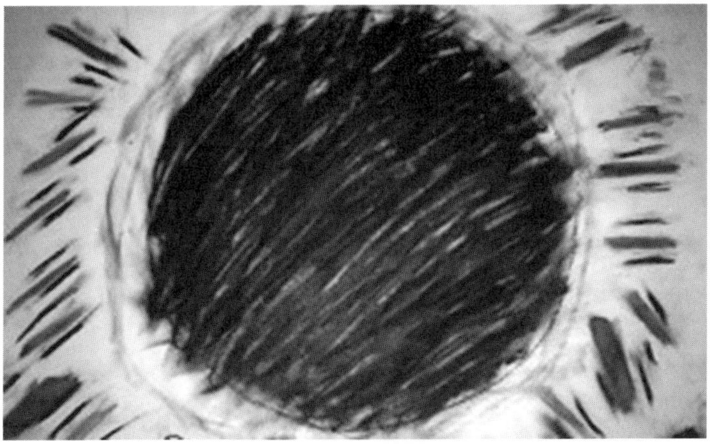

[그림 6-14] 수지의 엄마에게 소리 지른 것에 대한 수치스러움과 후회의 블랙홀 그림

출처: A. W. 제틀러의 개인 소장품을 허가받아 인쇄.

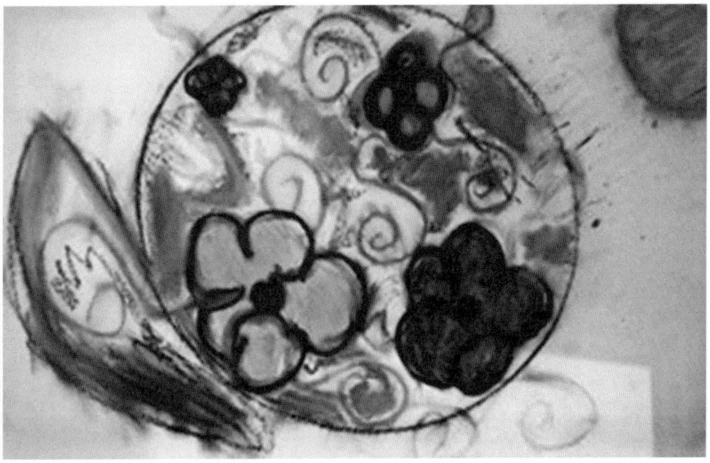

[그림 6-15] 수지의 블랙홀을 찌그러뜨리는 긍정적 감정에 대한 그림

출처: A. W. 제틀러의 개인 소장품을 허가받아 인쇄.

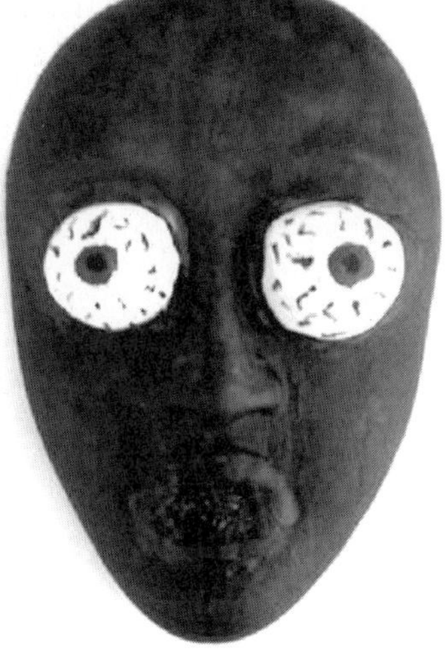

[그림 6-16] 전투 참전 군인이 침습적인 기억으로부터 만든 전사 가면

출처: Walker., M. S. Kaimal, G. Koffman, R., & T. J. DeGraba(2016). Art Therapy for PTSD and TBI: A Senior Active Duty Service Member's Therapeutic Journey. *The Arts in Psychotherapy, 49,* 14. http://dx.doi.org/10.1016/j.aip.2016.05.015. Elsevier. 이 논문은 CC BY-NC-ND license 하에 자유열람(http://creativecommons.org/licenses/by-nc-nd/4.0/).

워커, 카이말, 코프먼과 디그라바(Walker, Kaimal, Koffman, & DeGraba, 2016)는 미술치료가 "압도적인 감정을 담는" 안전한 환경이라는 것을 발견하였다(p. 11). 저자들은 PTSD와 외상성 뇌손상을 경험하고 있는 남성 현역 복무자의 사례를 제시하였다. 그는 전사의 정체성을 나타내는 가면을 작업할 기회를 가졌다. 그가 만든 가면은 반복해서 떠오르는 피투성이의 얼굴 이미지를 회상시켰다([그림 6-16] 참조). 그에게 7년 이상 그 이미지가 계속 떠올랐다. 그는 가면을 볼 자신이 없었고 그것을 보는 동안 두려움과 불안을 경험하였다. 가면이 압도되는 느낌을 야기했기 때문인데, 미술치료사는 가면을 숨길 수 있도록 상자를 만드는 것이 어떻겠냐는 제안을 하였다. 상자는 내담자의 두려움과 불안을 위한 용기(container)로써 도움이 되었다([그림 6-17] 참조). 이 용기 안에 마스크를 숨겼기

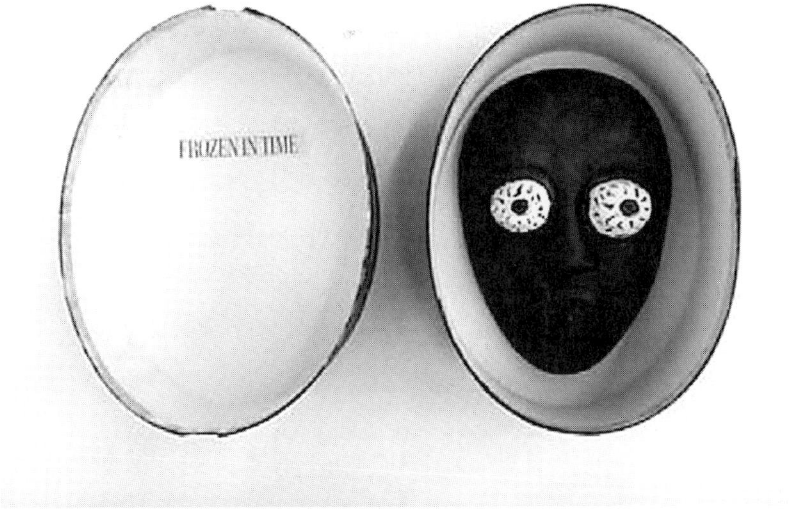

[그림 6-17] 전사 가면 그리고 가면과 관련된 두려움과 불안을 위한 용기로서 상자

출처: Walker., M. S. Kaimal, G. Koffman, R., & T. J. DeGraba(2016). Art Therapy for PTSD and TBI: A Senior Active Duty Service Member's Therapeutic Journey. *The Arts in Psychotherapy, 49,* 14. http://dx.doi.org/10.1016/j.aip.2016.05.015. Elsevier. 이 논문은 CC BY-NC-ND license 하에 자유열람(http://creativecommons.org/licenses/by-nc-nd/4.0/).

때문에 내담자는 마스크를 볼 수 있을 만큼 충분히 힘이 느껴질 때 그것을 꺼낼 수 있게 되었다. 미술치료사에 따르면, "그는 또 훈습과정과 외현화 미술작업 그리고 그것을 물리적으로 '담는 것'이 쇠약하게 만드는 과거의 침습적인 이미지를 극복하도록 도왔다고 하였다."(Walker et al., 2016, p. 15)

자기도식 변형

자기존중감과 자기효능감은 긍정적 · 적응적 기능을 위해 중요하다. 미술치료사는 낮은 자기존중감을 가진 내담자를 돕는 것에 익숙하다. CBAT 치료사는 부정적인 자기도식을 먼저 확인하고 그것이 어떻게 발달하였는지를 확인함으로써(이 장 앞쪽에서 스콧 사례에 대해 토론하였듯이) 부정적인 자기도식과 자기개념의 문제를 직접적으로 다룬다. 그다음 내담자는 다양한 환경에서 자기신념에 대해 검토하거나 부정적인 자기이미지와 반대되는 긍정적인 특징과 자원을 찾게 된다. 이 절에서는 내담자가 어떻게 자신을 보고 있는지를 드러내는 방법에 대한 설명을 한 다음, 내담자가 강점과 자원들 발견하도록 돕는 방법에 대한 논의를 한다. 그리고 CBAT 치료사가 내담자의 응집적인 자기의식을 발달시키고 마지막으로 자기효능감을 발달시키도록 도울 수 있는 방법이 설명될 것이다.

자기도식 확인

문제가 되는 사고를 확인하도록 내담자를 돕기 위한 비슷한 방법으로, CBAT 치료사는 개인의 자기도식이나 특징을 평가한다. 자기 그리기처럼 단순한 그림이 내담자의 자기이미지를 이해하는 데 필요한 전부이다. 다시 말하면, 유용한 몇 가지 미술치료 평가방법이 있고, 치료사에 따른 평가방법이 있다.

사례

ADHD 진단을 받은 9세 존은 부정적인 자기의식을 걱정하는 부모에 의해 미술치료에 의뢰되었다. 먼저, 자신을 묘사하는 데 사용되는 단어들을 확인하도록 하였다. 거친, 이상한, 지겨운, 실패자, 나쁜, 슬픔, 두려운 또는 불안한과 수치스러운 등 그의 표현들은 부정적인 자기도식을 가리켰다. 그림을 그리기 위해 그중 하나를 선택하도록 하였다. 그는 '지겨운'을 선택했고, 쉽게 지겨워하는 자신의 경향에 대해 말하였다([그림 6-18] 참조). 존은 그가 지겨울 때 '일에 말려들고', 사람들을 괴롭힌다고 자세하게 말하였다. '지겨운'의 반대는 '재미있는'과 '신난'으로 인식했는데, 재미있다고 느낄 때 과하게 자극받게 되고, 이 상황에서 그는 종종 친구들과 선을 넘게 되고 '거칠고 이상하게' 되었다. 이

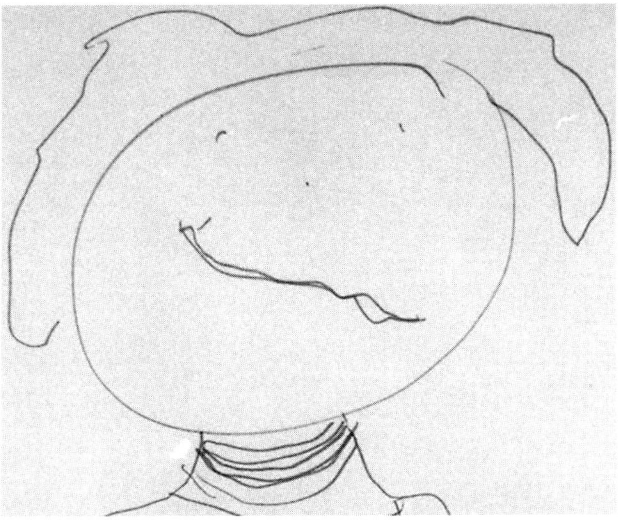

[그림 6-18] 존의 지겨운에 대한 그림

출처: Rosal M. L. (1996). Approaches to Art Therapy with Children. (p. 55). Burlingame, CA: Abbeygate Press. 허가받아 재인쇄.

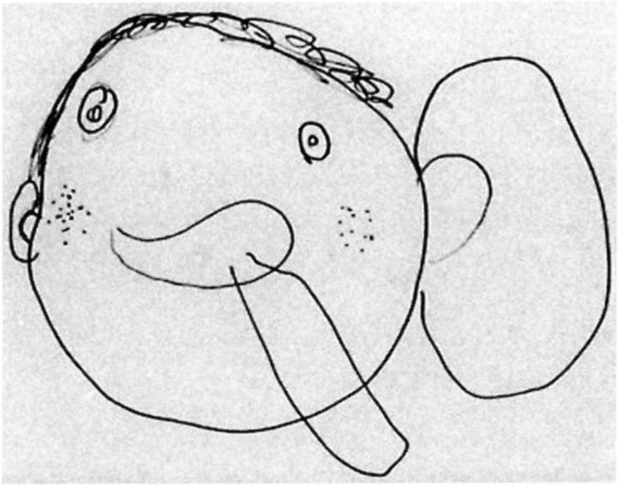

[그림 6-19] 존의 혀가 두드러지고 귀가 확대된 거칠고 이상한에 대한 그림

출처: Rosal M. L. (1996). Approaches to Art Therapy with Children. (p. 56). Burlingame, CA: Abbeygate Press. 허가받아 재인쇄.

것을 그려 보도록 하였다([그림 6-19] 참조). 지루함과 쉽게 흥분하게 되는 것 때문에 그가 실패자라는 판단을 하게 되었고, 그는 자신의 행동에 대해 수치스러워하였다. 이 자기개념화는 미술치료의 초점이 되었다.

강점과 자원의 확인

자기도식에 대한 면밀한 평가를 마친 후, 다음 단계는 내담자가 긍정적인 특징들을 인식하도록 돕는 것이다. 이것은 말처럼 단순하지 않다. 대개 내담자들은 부정적인 자기 특징들만 인식할 수 있다. 집단 환경은 이런 사례에 유용할 수 있는데, 타인들은 내담자가 보지 못하는 강점들을 볼 수 있고 또는 선생님, 친구와 친척들에게 자신의 강점에 대해 물어보도록 할 수 있다. 긍정적 특징들을 확인하기 위해 그들이 좋아하고 신뢰하는 사람들에게 물어보는 것은 치료사가 그것을 말하는 것보다 더 효과적일 수 있다. CBAT 치료사도 긍정적인 특징들을 발견하기 위해 미술을 사용한다.

사례

A. W. 제틀러(개인적 대화, 2017. 6. 25.)는 자폐 스펙트럼과 불안 동반 적응장애 진단을 받은 17세 소녀 에이프릴의 사례에 대해 논하였다. 에이프릴은 똑똑하고 예술적인데, 사실 공립 예술특별학교에 다니고 있었다. 그녀는 사회적 기술을 위해 소규모 집단미술치료에 참가하였다. 자기개념 작업을 시작하기 위해, 자기의 다루기 힘든 면들을 인식한 후에 집단원들에게 긍정적인 자기 측면들을 확인하고 설명하도록 하였다. 마지막으로, 집단원들에게 그림이나 말로, 힘든 특징들 중 하나와 자기가 대화를 하도록 하였다([그림 6-20] 참조). 에이프릴은 토론하기 위해 '코너에 있는 외로운 소녀'를 선택했고, 대화를 통해 불안의 주요 요소 중 하나가 타인들로부터 평가된다고 느끼는 걱정으로부터 왔다는 것을 깨달았다. 군중의 일부가 되고 싶은 느낌도 또한 걱정의 근원이었다. 그녀는 외로운 소녀가 그녀의 다른 감정들이나 측면들보다 다루기 쉽다

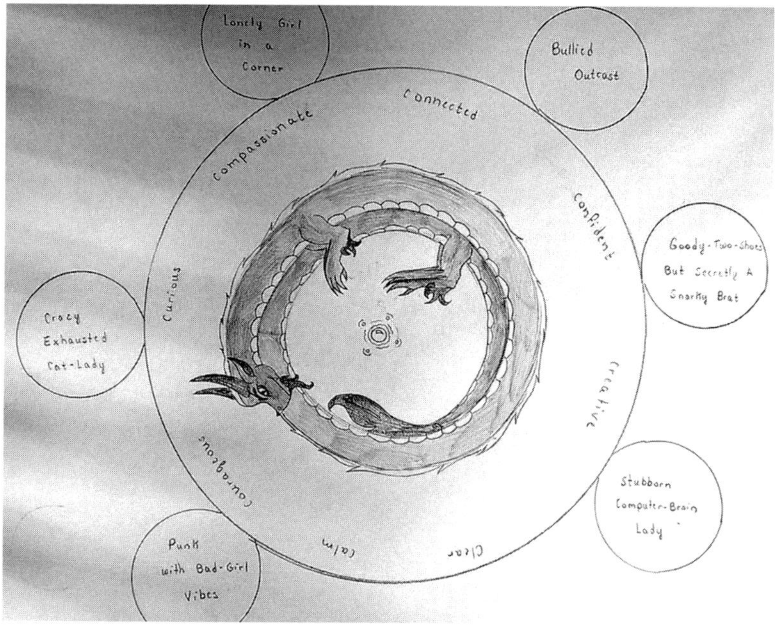

[그림 6-20] 에이프릴의 긍정적인 특징과 힘든 자기 특징들에 대한 그림

출처: A. W. 제틀러의 개인 소장품을 허가받아 인쇄.

는 결론을 내렸다. 이 미술치료의 결과로 에이프릴은 불안을 달래고 편안하게 느끼기 위해 긍정적인 특징들을 활용하는 것을 배우고 있다고 하였다.

응집적인 자기의식 형성

일관성 없는 가족 배경, 가난, 따돌림, 외상 사건 경험은 응집적인 자기의식의 발달을 왜곡시킨다. 내담자가 견고한 자기의식과 긍정적 자기정체감을 발견하도록 돕는 것은 CBAT의 부분이다. 자기에 대한 많은 작업 후에 가면은 내담자가 전체적인 자기의식을 강화할 수 있도록 한다.

사례

A. W. 제틀러(개인적 대화, 2017. 6. 25)는 조울증 진단을 받은 15세 소녀 헬렌과 작업하였다. 부모는 알코올 문제로 이혼하고 나이 많은 여러 명의 이복형제가 있으며, 그녀는 영재 프로그램을 운영하는 K-12 지방공립학교에 다니고 있었다. 자기에 대한 이해에 초점을 두고 있는 소규모 집단미술치료의 장기 집단원인 그녀에게 진정한 자기를 표현하는 가면을 만들도록 하였다(예: 타인들에게 일반적으로 보이는 자기가 아닌 내면의 자기). 헬렌은 까마귀 가면을 만들기로 했는데, 이것은 늙은, 현명한, 기회주의적인, 해로운 것으로 묘사되었다([그림 6-21] 참조). 그녀에게 힘든 개인사와 진단이 내려졌지만, 그녀는 마침내 긍정적이고 부정적인 성격 특성 모두를 나타내는 가면 작업을 통해 자기에 대한 통합된 의식을 나타낼 수 있었다.

[그림 6-21] 헬렌의 진정한 자기를 표현하는 까마귀 가면

출처: A. W. 제틀러의 개인 소장품을 허가받아 인쇄.

자기효능감 발달

자기효능감은 자신의 일상생활의 일들을 효과적인 방식으로 수행할 수 있다는 인식된 믿음이다. 베나이트와 밴듀라(Benight & Bandura, 2004)는 자기효능감을 "자신의 행동으로 바라는 효과를 낼 수 있는 힘이 있다는 핵심 신념"으로 설명하였고(p. 1131), 그것이 "스트레스에 대한 인지적 조절기로써 작용한다."라고 하였다(p. 1132). 저자들은 치료에서 숙달 경험들을 촉진하는 것이 자기효능감을 기르는 데 유용하다는 것을 발견하였다.

사례

A. W. 제틀러(개인적 대화, 2017. 6. 25.)는 소규모 집단미술치료에서 범불안장애 진단을 받은 14세 소녀 메기와 작업하였다. 메기와 다른 참가자들은 삶에서의 사건들에 영향을 미칠 수 있다는 생각을 거의 하지 않고 있었다. 자기

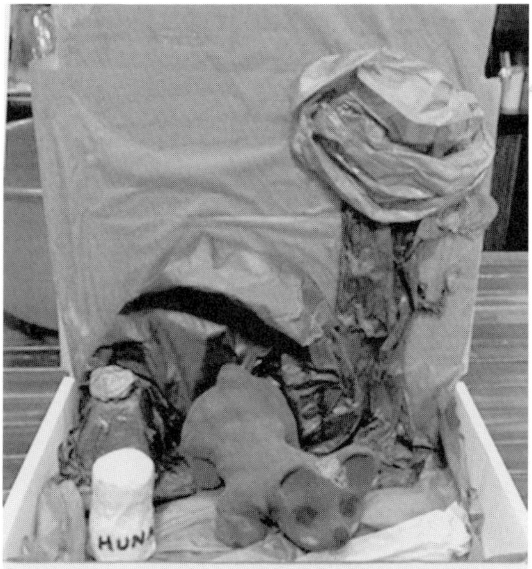

[그림 6-22] 메기의 서식지 안의 힘센 곰

출처: A. W. 제틀러의 개인 소장품을 허가받아 인쇄.

효능감을 향상시키기 위해, 제틀러는 각 집단원들이 갖고 싶은 긍정적 특징들을 지닌 동물을 찾아보도록 하였다. 메기는 점토로 곰을 만들기로 했고, 곰이 얼마나 보호적이고 용기 있고 독립적이고 강한지–강한 자기효능감을 가진 이의 모든 특징–에 대해 말하였다. 게다가 각 집단원들에게 그 동물의 안전한 서식지를 만들도록 하였다. 메기의 곰의 서식지는 집, 음식과 물을 포함했고, 그 모든 것은 곰이 스스로를 돌볼 수 있다는 것을 나타내었다.

제틀러는 또 낮은 자기존중감과 자기효능감을 경험하고 있는 여성 소집단과 함께 작업하였다(개인적 대화, 2017. 6. 25.). 몇 주간의 감정 상태에 대한 작업 후, 그녀는 집단원들에게 힘든 감정 상태를 만들어 보도록 하였다. 한 집단

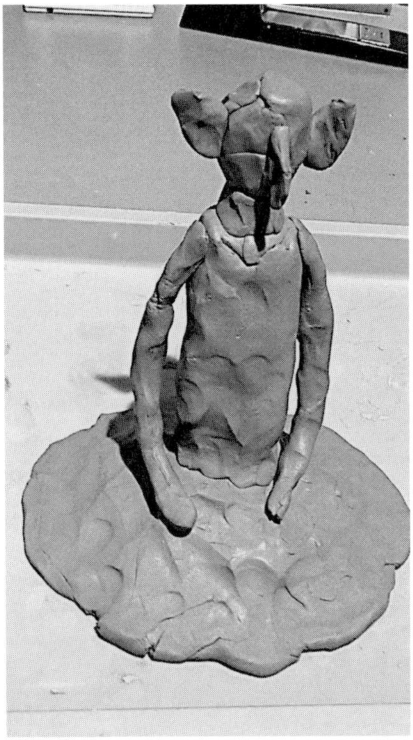

[그림 6-23] 불안 괴물에 대한 집단원의 점토 작업

출처: A. W. 제틀러의 개인 소장품을 허가받아 인쇄.

원이 불안 괴물을 만들었다([그림 6-23] 참조). 이 조형물은 문제되는 감정 상태를 외현화할 뿐만 아니라 내담자가 이 괴물에 대해 얼마나 많은 힘을 낼 수 있는지 발견하도록 도왔다. 불안 괴물을 만듦으로써, 그녀는 이 불안감을 완화시킬 수 있었다. 그녀는 또 필요할 때 그 괴물을 수용하고 가둘 수 있는 용기를 만들었다.

정신적 이미지 활용

CBAT는 대개 심상 활용을 포함한다. 내담자가 가져오는 심상은 문제가 되는 감정적 반응이나 행동의 원인이 되는 요인이 될 수 있다. 내담자가 자신을 보는 심상은 아동기에 겪었던 경험에 뿌리를 두고 있고 청소년기와 성인기까지 이어진다. 다른 심상은 최근의 힘든 경험에 근거를 두고 있다. 이 심상들은 미술치료에서 표현될 수 있고 심상의 감정적 영향을 변경시키거나 감소시킬 가능성과 자기도식에 대한 토론을 위한 자극이 될 수 있다. 변경은 원래 그림에 바로 그리거나, 그림들을 나란히 놓아 비교할 수 있도록 따로 그릴 수도 있다.

예를 들어, 새리드와 후스(2010)는 자전거 사고를 겪은 한 성인을 대상으로 한 미술치료에 대해 보고하였다. 그 24세 여성은 길에서 그녀의 자전거 쪽으로 달려오던 거대한 물체를 알아차리지 못했고 결국 그녀의 다리를 부러뜨렸다는 사실에 집착하고 있었다. 그녀는 그 대상을 마음속에서 제거할 수 없었기 때문에 단기 미술치료에 의뢰되었다(4회기). 먼저 치료사는 내담자에게 그 사건에 대해 그리도록 하였다. 치료사는 그녀가 도로 가운데 커다란 검정색 물체와 그 옆에 검정색 인물을 그렸다고 하였다. 그녀는 그 물체를 알아보지 못한 자신과 자신의 어리석음에 대해 화를 표현하였다. 다음은 그녀에게 자신이 지닌 다른 특징들을, 그 특징마다 다른 색을 사용하여 나타내도록 하였다. 이 단계를 마쳤을 때 그녀는 그림이 얼마나 밝고 다채로운지에 놀랐고 심지어

"검정색이 나의 다른 색들을 부각시키네요."라고 하였다(Sarid & Huss, 2010, p. 10). 새리드와 후스는 이 과정을 통해 내담자는 자신의 전체 심상 맥락 속에 대상과 대상의 심상을 통합할 수 있었다고 결론지었다. 이 때문에 심상의 감정적 영향이 감소되었고, 그것은 더 이상 침습되지 않고 그녀의 생각과 전반적 안녕의 초점이 되지 않았다.

유도된 심상

유도된 심상은 내담자의 정신적 이미지를 활용할 수 있다. 치료사가 이끄는 이야기들은 개인의 내적 자원이나 대처 전략을 발견하기 위해 개인적으로 만들어질 수 있다. 싱어(1974)와 루즈브링크(Lusebrink, 1990)에 의해 이해되었듯이, 정신적 이미지는 내담자가 이완된 상태일 때 가장 효율적으로 포착될 수 있다. 이완은 단순한 호흡 훈련, 보디스캔 또는 점진적 이완 훈련을 통해 유도될 수 있다.

> 전형적인 유도된 심상, 즉 상상 회기는 이완으로 시작하고 안내에 따라 특별한 심상이 따라온다. …… 다음으로 나타나는 다양한 심상을 상상하는 여정과 함께 상당한 감정 표현이 동반된다.
>
> (Singer, 1974, p. 70)

유도된 심상의 마지막은 내담자에게 경험에 머무르고 반영하게 한다. 안내된 여정의 중요한 측면에 대한 반영적 글쓰기나 그리기 또는 색칠하기가 권해진다.

루즈브링크(1990)는 미술치료사들에게 예를 들어 초원, 물이 있는 경치, 산, 집 등 기본적 장면에서 시작하고 거기부터 장애물이나 문제와 마주하도록 요구하였다. 유도된 심상은 전형적으로 장애물을 처리하거나 목표에 도달하는 것으로 종결된다. 루즈브링크는 미술치료사들에게 내담자들이 안내된 여정으로부터 세 가지 장면을 그리는 것을 추천하였다. 그녀는 "경험의 감정적 요소를 강조하기 위해서" 그리고 정신적 이미지의 모호함을 포착하기 위해서 "시각적 그림을 위해 물감이나 수채화물감을 추천한다."라고 말하였다(Lusebrink, 1990, p. 154). 유도된 심상은 장애물 처리를 통한 문제 해결을 위해, 개인에게 힘을 부여하기 위해, 그리고 스트레스 이완과 대처의 향상을 돕기 위해 주로 사용된다(Lusebrink, 1990).

사례

권능감에 대한 작업을 위해 스콧이 참가한 집단미술치료는 일반적인 유도된 심상, 즉 보물을 찾기 위해 동굴로 들어가는 여정을 제공하였다. 짧은 이완 훈련 후에 유도된 심상에서는 참가자들이 동굴에 가져갈 물건, 즉 음식, 백팩, 손전등, 칼 등을 선택하도록 지시하였다. 그다음 그들에게 보물을 찾기 위해 장애물(유도된 심상 동굴 사례에서는 참가자들은 용을 지나가야만 한다.)을 극복하라고 지시하였다. 스콧은 수채화물감을 사용하여 세 개의 그림을 그렸다. ① 준비 심상(동굴 입구 앞에 선 그가 칼을 높이 들고 탐험할 준비를 하고 있다; [그림 6-24] 참조), ② 보물을 지키는 용을 죽이기([그림 6-25] 참조), ③ 보물찾기([그림 6-26] 참조)가 그것이다. 스콧은 흥미롭고, 그런 무서운 곳에 들어갈 수 있고 보물상자를 찾기 위해 사나운 짐승을 처리하는 그의 능력과 힘에 대해 말하였다.

머서, 워슨과 자오(Mercer, Warson, & Zhao, 2010)는 의대생들이 겪는 스트레스에 관심이 있었다. 그 연구를 통해, 그들은 저널 쓰기가 대학원 학생들의 삶에 만연한 스트레스와 불안을 감소시킬 뿐만 아니라 전문적이고 개인적 발전을 돕는다는 것을 발견하였다. 그들은 저널 쓰기 과정에 미술작업을 추가하는 것의 효과를 연구하기 시작하였다. 그들의 가정은 저널 쓰기가 발달을 증진시키고 스트레스를 감소시키는 데 성공적이지만 저널 쓰기에 미술작업을 추가하는 것은 더 효과적이라는 결과에 기반을 두었다. 저자들은 "시각 저널이 시각적 개입과 글쓰기 방법을 성공적으로 통합하고, 감정적 만족과 인지적 깨달음을 경험하게 한다."라고 말하였다(Mercer et al., 2010, p. 144).

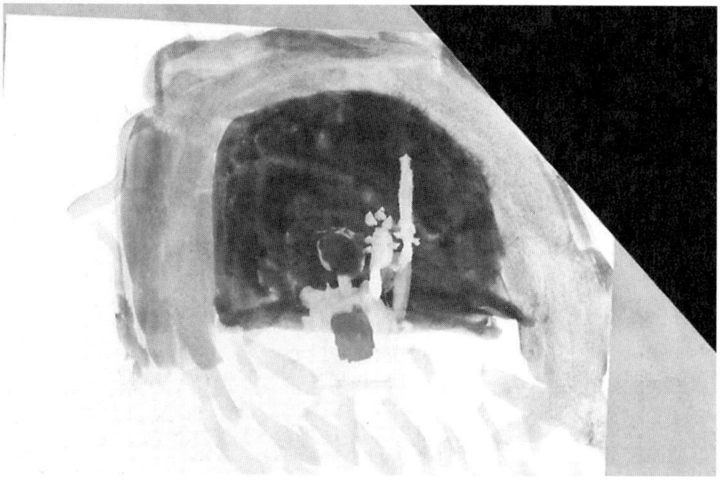

[그림 6-24] 유도된 심상 개입방법에 의해 스콧이 칼을 높이 들고 가방을 메고 동굴 안으로 들어갈 준비를 하고 있는 그림

출처: Rosal, M.L. (1992). Approaches to Art Therapy with Children. In F.E. Anderson (Ed.), *Art for All the Children* (p. 177). Springfield, IL: Charles C. Thomas. 허가받아 재인쇄; Rosal, M.L. (1996). *Approaches to Art Therapy with Children* (p. 65). Burlingame, CA: Abbeygate Press. 허가받아 재인쇄.

[그림 6-25] 유도된 심상 여정: 스콧이 보물을 지키고 있는 용을 죽이는 그림

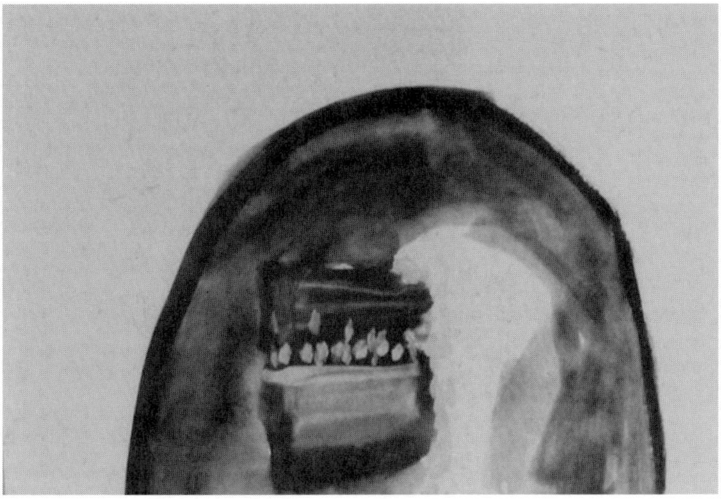

[그림 6-26] 유도된 심상 여정: 스콧이 동굴 안에서 보물을 찾고 있는 그림

의대생들을 2회기 이상 만났다. 1회기에 그들은 유도된 심상 시각화 과정을 거쳤다. "시각화는 그들의 호흡과 스트레스를 야기하는 감정을 확인하는 것에 초점을 맞춘다."(p. 144) 시각화 후에, 참가자들에게 그들의 스트레스에 대해 그리도록 하였다. 두 번째 유도된 심상 시각화가 안내되었고, 이번에는 "덜 스트레스를 일으키는 새로운 심상을 상상"하도록 하였다(p. 144). 그들에게 더 긍정적인 이 이미지를 그리도록 하였다. 비록 참가자 수가 적어 결과를 낼 수 없었지만, 과정에 대한 긍정적인 언어적 반응들이 수집되었다. 머서 등(2010)의 보고에 의하면, 한 참가자는 안내된 여정이 힘이 된다는 것을 발견하였다.

상상적 노출

상상적 노출은 힘든 기억, 상황이나 침습적인 심상에 대처하도록 돕기 위해 계획된 특별한 인지행동 기법이다. 이것은 치료사가 이끄는 심상 훈련의 한 유형으로, 내담자가 두렵거나 불안을 야기하는 상상된 상황에 직접적으로 직면한다(Foa, Hembree, & Rothbaum, 2007). 치료사는 내담자가 정신적으로 그 상황을 그려 보고 이야기해 보고 써 보도록 하거나, CBAT에서는 그것을 그려 보게 한다. 대부분의 사례에서 치료사가 유도하는 심상에 앞서서 이완 훈련을 하게 된다. 만약 내담자가 불안하게 된다면, 치료사는 그들의 불안이나 두려움이 완화되었다는 것을 확인할 때까지 멈추었다가 그 후에 심상 훈련을 계속한다(Keane & Kaloupek, 1982).

사례

레이널즈(1999)는 만성적인 슬픔을 겪고 있는 내담자와 작업하였다. 40세의 이 여성은 첫 가족 집에서 다른 곳으로 이사하기를 원하는 그녀의 바람에 기인한 후회, 수치심, 우울감을 느끼고 있었다. 그녀의 남편은 이사와 가족의 분열에 대해 그녀를 비난하였다. 첫 집에서 찍은 사진을 볼 때 불안, 슬픔, 후회가 증가하였다. 레이널즈는 후회 없이 사진을 볼 수 있는 힘을 얻도록 내담자를 돕기 위해 상상적 노출을 선택하였다. 이를 위해 레이널즈는 내담자에게 자신의 안녕에 가장 적게 위협적인 것부터 가장 위협적인 것까지 사진의 순서를 매기도록 하였다. 우선 내담자는 가장 덜 위협적인 목록에 해당하는 사진을 찾기 위해 자녀들에게 도움을 요청했고, 과제로서 지지적인 자녀들과 함께 사진을 보게 되었다. 이 방법은 성공적이었고, 그녀는 가장 힘든 첫 집의 정원에 있는 사진으로 옮겨 가게 되었다. 이 사진들을 보는 것이 너무 어려웠기 때문에, 정원 이미지를 태피스트리로 만들겠다고 마음먹었다. 비록 사진들을 보기 힘들었지만, 각 주마다 태피스트리 작업으로 몇 시간을 보낸 후에 그녀의 정서적 고통은 감소되었다. 레이널즈는 노출방법이 개인적으로 내담자에게 관련된 것으로, 성공적일 뿐만 아니라 CBT 과정에서의 창의적인 접근을 나타낸다고 결론지었다.

심상 다시 쓰기

심상 다시 쓰기는 외상 사건과 관련된 침습적이거나 비자발적인 기억과 정신적 이미지를 감소시키는 데 사용하는 CBT 기법이다. 안츠(2011)에 따르면, 심상 다시 쓰기는 강박장애, 우울, PTSD, 섭식장애, 사회공포증과 성격장애를 겪는 사람들에게 사용할 때 성공적이었다. 안츠와 위어트먼(Arntz & Weertman, 1999)에 의하면, "의미 있는 그림의 요소를 지닌…… 심상 다시 쓰기의 목적은 권능감을 증가시키는 것이다."(p. 717) 심상 다시 쓰기의 목적은 문제가 되는 기억과 정신적 이미지를 활성화하고, 기억에 대한 감정을 표현할 기회를 제공하고, 기억이나 심상의 감정 강도를 변화시키기 위한 환경을 제공하고, 그 사건과 관련된 신념과 도식을 변화시킬 가능성을 제공하는 것이다(Arntz, Tiesema, & Kindt, 2007). 그루너트, 스머커, 와이스와 러쉬(Grunert, Smucker, Weis, & Rusch, 2003)에 따르면, 심상 다시 쓰기가 기본적으로 외상적 사건에 대하여 힘을 얻고 침습적인 심상과 기억을 제거할 기회를 내담자에게 주는 심상 수정으로, 심상의 네 가지 유형을 포함한다.

> (a) 심상 노출(관련된 감정과 함께 그대로의 두려운 기억에 접근하고 재경험하는 것), (b) 심상 다시 쓰기(희생/외상적 심상을 우세한/적응적 심상으로 대체하기), (c) 자기위안/자기양육적 심상(예: 생존자-양육-희생적 심상, 성인-양육-아이 심상), (d) 감정적-언어적 처리과정(외상 관련 신념에 도전하고 수정하는 동안 외상적 심상 변형하기와 내러티브 표현에 감정을 포함하기)
>
> (p. 334)

그루너트 등에 따르면, 심상 다시 쓰기에 중요한 권능감의 측면이 있다. 그들은 외상 사건을 처리하고 원래의 외상 내러티브에 도전할 때 내담자에게 권능감과 적응적인 심상을 활용하는 것을 설명하기 위해 **소크라테스식 심상**이라는 용어를 사용하였다.

사례

갠트와 티닌(Gantt & Tinnin, 2007)은 PTSD와 해리적 사건을 겪은 사람들을 위한 방법을 개발하였다. 그들은 그 방법에 집중적인 외상치료(Intensive Trauma Therapy: ITT)라고 이름을 붙였다. PTSD를 치료하는 이 접근방법이 수많은 요소를 포함하지만 한 가지 측면은 미술치료를 활용하는 심상 다시 쓰기가 대표적인 예가 된다. 외상 사건의 요소를 언어적 내러티브로 처리한 후에 내담자에게 그 외상 내러티브를 그리도록 한다. 그림의 내러티브는 외상 사건을 "놀람, 좌절된 의도(투쟁 또는 도피), 얼어붙음, 변경된 의식 상태, (신체 기억에 선행하는) 신체 감각, 자동적 복종…… 그리고 자기회복"의 일곱 가지 부분이나 장면으로 나눈다(Gantt & Tinnin, 2007, p. 70). 갠트와 티닌은 각 장면을 다른 종이에 그리도록 하였다. 이전과 이후 그림들이 시리즈를 완성한다. 그다음 치료사는 그림을 전시하고 과거 시제를 사용하여 언어로 외상 이야기를 내담자에게 '다시 표현한다.' 내담자가 볼 수 있도록 집중적인 외상치료 방법에서 재표현하기는 녹화되고, 나중에 활용된다. 저자들은 외상 사건의 언어적 · 비언어적 처리과정이 "보통 인지적 종결[1]을 이루고, 외상 기억을 과거형으로 넣어 버린다."라고 보고하였다(p. 70). 외상은 현재 소유한 어떤 것에서 과거에 일어난 어떤 것으로 바뀌고 내담자가 지금 여기에서 더 적응적인 기능을 성취하도록 돕는다.

새리드와 후스(2010)는 심상 다시 쓰기와 유사한 과정을 사용하였는데, 이들은 주유소에서 강도에게 빼앗기고 폭행을 당한 청년을 대상으로 한 CBAT에 대해 논하였다. 이완과 인지 재구성 기법의 활용과 더불어, 그들은 내담자가 인식한 가장 혼란된 심상에 대해 심상 다시 쓰기를 시행하였다. "가해자가 그에게 고함을 치고 때리는데 머리를 보호하며 주유기 옆에 몸을 웅크리고 있는 자신을 보았고, 내담자는 그 고함을 이 심상에서 가장 혼란된 부분으로 인식하였다."(Sarid & Huss, 2010, p. 9) 이 심상을 다시 쓰도록 돕기 위해, 치료사는 내담자에게 그 고함의 볼륨 정도를 조절하고 가해자가 더 멀어져서 점점 작

1) 역자 주: 불확실하고 애매한 상황에서 확정적인 판단을 내리는 것

아지는 것을 상상하도록 하였다. 심상 다시 쓰기는 내담자가 안전한 장소를 그리는 것으로 끝났다. 새리드와 후스는 이 개입방법이 심상을 "덜 강하고 통합적인 심상"으로 재구성하였다고 결론을 내렸다(p. 9).

외상 내러티브의 인지처리 과정은 캠벨, 데커, 크루크와 디버(Campbell, Decker, Kruk, & Deaver, 2016)에 의해 연구되었다. 그들은 PTSD를 겪는 퇴역 군인을 위한 미술치료와 인지치료의 통합이 단지 인지치료만 하는 것보다 더 효과적이라는 가정을 하였다. 저자들은 그들의 개입방법을 힘든 감정과 감정의 촉발 자극을 확인하기 위한 목표 설정, 가면 작업, 마인드맵, 슬픔을 재구성하기 위한 심상 변형 훈련과 세계관 재구성 등 다른 CBAT뿐만 아니라 갠트와 티닌의 외상 처리를 위한 미술치료 접근에 근거를 두었다. 안전에 대한 콜라주를 작업한 후에, 퇴역 군인에게 6개 그림을 그리도록 하였다([그림 6-27] 참조; K. P. Decker, 개인적 대화, 2017. 8. 23.).

[그림 6-27] 전쟁 외상 사건과 관련된 여섯 가지 그림의 예시

출처: 퇴역군인부와 이스턴버지니아 의과대학 IRB 승인 연구 프로젝트의 소장품. K. P. 데커, MD의 허가를 받아 인쇄.

① 당신이 느끼기에 평온하고 안전한 외상 이전 시기의 심상(긍정적인 기억)를 작업하라.
② 외상 바로 직전 당신이 기억하는 마지막 순간의 심상을 작업하라.
③ 외상 중에 일어났던 일에 대한 심상을 작업하라.
④ 외상 바로 직후 당신이 기억하는 순간의 심상을 작업하라.
⑤ 전쟁에서 신체적 두려움으로부터 안전하였을 때의 심상을 작업하라.
⑥ 자기를 이완시키려고 노력하였을 때의 심상을 작업하라.

외상 내러티브의 그림은 안전한 장소 그리기로 끝난다. 갠트와 티닌과 같이 저자들은 그림들을 벽에 붙였고 각 퇴역 군인들은 과거 시제로 외상 이야기를 말하였다. 그 결과는 인지치료와 미술치료를 받은 개인들이 인지치료만 받은 집단과 비교했을 때 외상처리가 의미 있게 개선되었다는 것을 나타내었다. 이 긍정적인 결과는 외상 내러티브 처리과정과 심상 다시 쓰기에 미술치료를 포함하는 것을 지지한다.

문제 해결

문제 해결은 CBT와 CBAT의 주요 요소이다. 스피백과 슈어(1974)는 1970년대 청소년들의 치료에서 중요한 요소로 문제 해결을 소개하였다. 이는 치료의 실제적 접근으로, "갈등에 처해 있는 사람에게 가장 효율적인 방법을 찾는 것"을 포함한다(Rosal, 2001, p. 212). 이 치료의 초점은 개인을 괴롭히는 문제를 먼저 확인하고 그다음은 실제 생활에서의 해결책 발견을 포함한다(Mahoney, 1977). 캐즈딘, 시걸과 배스(Kazdin, Siegel, & Bass, 1992)는 문제 해결 방법을 행동 관찰하기와 확인하기, 그다음 대안적 해결책 생성하기와 대인관계의 불안을 다루는 방법으로서 '통합적으로 사고하기'를 포함하는 것으로 설명하였다. 문제 해결 능력은 어려움을 다루는 주요 요소이다(다음 '대처하기' 절 참조). 미술작업 자체는 문제 해결과 일치한다(Curl, 2008; Packard, 1977; Rosal, 2001).

아동

엡(Epp, 2008)은 자폐 스펙트럼 장애를 가진 아동들의 사회적 기술의 필요성을 해결하기 위해 CBAT를 사용하였다. 이들에게 미술치료를 실시하려는 근거는 자폐 스펙트럼을 가진 아동들이 대개 시각적이고 구체적인 사고를 한다는 것이며, 그녀의 연구는 미술의 사용이 주의를 집중하도록 돕는다는 것을 확인하였다. 또한 엡은 "미술치료가 문제를 시각적으로 해결하는 방법을 제공한다."라고 하였다(p. 29). 그녀는 각 집단이 약 6명으로 이뤄진 소규모 집단과 작업하였다. 문제 해결과 사회화를 목표로 한 집단미술치료는 각 아동들이 동물을 만드는 것을 포함하였다(예: 만약 네가 동물이라면, 어떤 동물이고 싶니?) 몇 회기 집단을 거치면서 각 소집단은 모든 동물이 함께 살 수 있는 동물 서식지 벽화를 만들었다. 자폐 아동들에게 이것은 문제 해결 능력에 대한 중요한 도전이었다. 집단원들은 서식지를 계획하고 완성하기 위해 함께 작업해야만 했고, 사회적으로 수용적인 태도로 함께 작업할 것을 요구하였다.

성인

구사크(Gussak, 2009)는 수감자들의 우울 감소를 위한 미술치료 프로그램을 개발하였다. 프로그램은 수감자들이 거칠고 때로는 위험한 감옥 환경에 대처하도록 돕기 위한 방법으로 몇 가지 문제 해결에 초점을 맞춘 방법들과 CBAT의 많은 측면을 포함하였다. 구사크는 각 수감자들에게 흰 종이와 테이프만으로 조형물을 만들어야 한다는 미술 지시문을 소개하였다. 그는 그 프로젝트가 "문제 해결 능력을 다루면서, 개인의 정체감을 강조하였다."고 하였다(p. 8). [그림 6-28]에서 볼 수 있듯이 자기를 상징하는 조형물은 복잡하였고, 지시문을 완성하기 위해 수많은 단계와 창조적인 사고를 요하였다. 더 복잡한 문제 해결은 전체로서 집단에게 소개되었다. 구사크는 집단원들이 종이와 테이프만을 사용하여 다리를 만들도록 했는데, 이는 각 집단원이 만든 개인적 조형물 요소들을 포함하였다([그림 6-29] 참조). 구사크가 말했듯이, "다리의 일부는

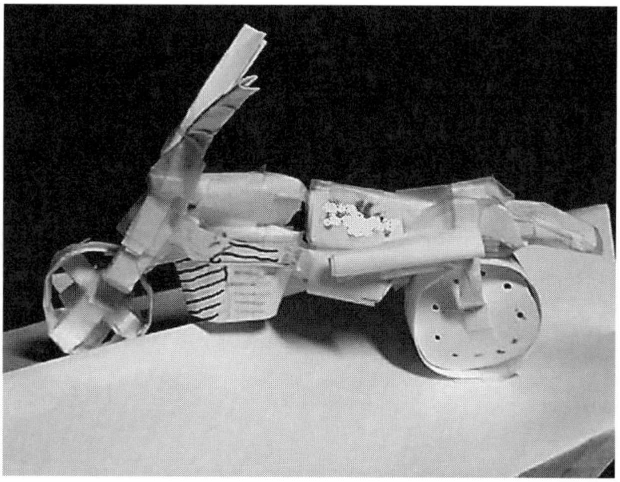

[그림 6-28] 문제 해결 기술을 나타내는 수감자가 만든 자기상징 종이 조형물

출처: Gussak, D. E. (2009). The Effects of Art Therapy on Male and Female Inmates: Advancing the Research Base. *The Arts in Psychotherapy, 36*, 8. Elsevier의 허가를 받아 인쇄.

[그림 6-29] 문제 해결 기술을 향상시키기 위해 모든 집단원의 생각을 포함한 종이 조형물

출처: Gussak, D. E. (2009). The Effects of Art Therapy on Male and Female Inmates: Advancing the Research Base. *The Arts in Psychotherapy, 36*, 9. Elsevier의 허가를 받아 인쇄.

아주 정교하였고 더 섬세한 문제 해결과 사회화 기술을 요하였다."(p. 8) 그 연구의 결과는 미술치료 참가자들이 덜 우울해지고 그들의 통제소재가 더 내재적이게 되었다는 것을 가리켰다. 그는 "마지막 프로젝트는 틀림없이 복잡함과 문제 해결의 좋은 예가 되었다."라고 언급함으로써 집단미술치료의 결과를 요약하였다(p. 11).

대처하기

대처하기는 스트레스 사건을 다루기 위해 사람들이 활용하는 인지 전략이다. 라자루스와 포크먼(Lazarus & Folkman, 1984)은 대처하기를 "스트레스를 줄이는" "현실적이고 융통성 있는 사고"라고 정의하였다(p. 118). 그러므로 치료 기간 동안 대처하기, 스트레스와 스트레스 상황 간의 관계를 탐색하는 것은 중요하다. 대처하기의 두 가지 주요 기능이 있다. 첫째는 스트레스 감정을 다루는 것(내적)이고, 둘째는 환경에서 나타나는 개인에게 영향을 미치는 문제를 해결하는 것(외적)이다(Folkman et al., 1986). 또 대처하기와 인지 평가 간에 관련이 있다. 라자루스와 포크먼(1984)이 제안한 대처하기 모델에서, 개인은 스트레스원을 도전이나 두려움으로 평가한다. 스트레스원을 도전으로 인식한다면, 개인은 문제에 대처하고 효과적으로 해결할 수 있을 것이다. 만약 스트레스원이 두려움으로 느껴진다면, 부정적 감정이 잇따라 일어나고 개인은 취약성을 경험하고 대처 능력은 감소하게 된다.

어려움에 대처하는 내담자의 능력 증가시키기는 CBT와 CBAT 치료의 중요한 목표이다. 마이켄바움의 스트레스 예방접종(1975), 캐즈딘의 내현적 모델링(1974)과 골드프리드의 수정된 체계적 둔감법(1971)을 포함하여 사람들의 대처 능력을 기르도록 돕는 수많은 방법이 있다. 먼저 내담자에게 현재 활용하고 있는 대처 기술, 자원과 지지 체계를 확인하도록 권한다. 유방암 여성의 대처하기에 대한 연구에서 오스터 등(Oster et al., 2007)은 해머(Hammer)와 마팅(Marting)에 의해 제안된 대처 자원의 정의를 빌려왔다. 그들은 "스트레스원에 노출된다면 증상을 더 적게 경험하거나 노출로부터 더 빨리 회복되도록 스트레스원을 더 효과적으로 다룰 수 있게 하는 개인의 고유한 대처 자원들"이라고 설명하였다(Oster et al., 2007, p. 280 재인용). 또 다른 전략은 기존의 대처 방법의 강점과 약점을 평가하기와 스트레스원 관리 향상에 유용한 대안적 기술이나 지지를 확인하기이다. 문제 해결 능력은 대처 기술을 향상시키는 데 유용하고 치료의 초점이 될 것이다(앞의 '문제 해결' 절 참조). 미술치료사들은 미술작업에 참가하기가 대처방법이 될 수 있고 권능감이 될 수 있다고 한다. 미술작업은 힘든 감정의 배출구가 되고 초점을 맞추는 방법으로 이완을 야기할 수 있는데, 이 모든 것이 사람들이 고통스러울 때 도움이 된다. 컬(Curl, 2008)은 미술치료와 유도된 심상이 개인의 사고를 조직하는 데 도움이 되고, 힘든 상황의 처리에 사용될 수 있고, 문제 해결을 도우며, 스트레스를 감소시킬 수 있다고 설명하였다.

사례

낮은 자존감을 경험하고 있는 ADHD를 가진 9세 존은 CBAT에서 작업을 통해 탄력성을 얻었다. 자신의 거친 면을 다루는 방법을 배운 후, 그는 권능감을 느끼기 위해 불안과 '싸울' 수 있었다. 그의 싸움은 친구들로부터 멀어지게 만드는 그의 ADHD와 관련된 충동적인 본능과 행동을 다루는 방법을 배우는 것이었다. 대처하기 위해, 그는 문제 행동을 물리칠 준비가 된 위대한 전사로 자신을 상상하였다([그림 6-30] 참조).

오스터 등(2006)은 유방암 여성의 대처 자원을 개선하기 위한 연구를 실시하였다. 저자들은 대처 전략을 증가시키는 것이 여성들이 수술, 화학요법, 방사선치료 후 자기 자신과 자신의 몸을 어떻게 보는지에 중요하다는 것을 알게 되었다. 그들은 또 "수술 후 신체 이미지와 신체 기능을 통합할 수 있는 것이 대처과정의 중요한 측면"이라는 것을 발견하였다(p. 58). 5회기 미술치료 프로

[그림 6-30] 충동적 행동과 전쟁하는 전사로서 존

출처: Rosal, M. L. (1996) *Approaches to Art Therapy with Children* (p. 57). Burlingame, CA: Abbeygate Press. 허가받아 재인쇄.

그램은 신체 자각과 대처하기와 관련된 두 가지 목표를 설정하였다. 첫째, 신체 이미지의 회복에 대한 지지 제공하기, 둘째, 스트레스 감소와 암 경험에 대처하는 능력을 증가시키기이다. 이를 목표로 하는 미술 개입방법은 신체 윤곽선이다. 치료사는 집단미술치료의 각 집단원의 신체 윤곽선을 그려 준다. 각 내담자들에게 신체의 다른 부분들에 대한 생각과 감정들을 표현하기 위해 모양과 색을 사용하도록 한다. 집단미술치료에서 여성들은 대처 능력을 측정함으로써 그것이 개선되었다는 것을 보여 주었다. 저자들은 또 "긍정적 신체 이미지가 유방암에 대처하는 자기효능감에도 영향을 미친다는 것을 보여 주었다."라고 보고하였다(Oster et al., 2006, p. 62).

의료 종사자 60명의 스트레스 완화와 대처 전략 증가를 위해 미술치료를 활용한 비스놀라, 스프루차, 베이크와 파이크(Visnola, Sprudza, Bake, & Pike, 2010)는 참가자들에게 두 달 동안 9회기 미술치료를 제공하였다. 개입방법은 세 단계로 각각은 3회기로 이루어졌다. 첫 단계 동안, 참가자들은 스트레스 상황을 다루기 위한 대처 전략 인지하기와 발견하기에 초점을 맞추었다. 첫 CBAT 개입은 '감정의 나무'였는데 집단원들은 고통스러운 감정들을 포함하여 다양한 감정 상태를 확인하는 기회를 가졌다. 이는 집단원들이 신체의 어느 부위에서 힘든 감정 상태가 느껴지는지 확인하고 스트레스가 어떻게 느껴지는지를 그리고 색칠하도록 하는 것으로 이어진다. 다음으로, 그들은 대처 기술들을 배우기 위해 이완 훈련을 하게 된다. 이어지는 또 다른 CBAT 방법은 직장에서 스트레스 상황을 확인하고, 문제 해결 기술과 대처 관련 기술들을 사용한 다양한 해결책을 그리기이다. 다음 회기를 위한 과제로서 집단원들에게 일상에서 긍정적 상황을 확인하고 그것을 그리도록 하였다.

치료 프로그램의 두 번째 단계의 초점은 인지 재구성이다. 불안을 해소시키기 위한 난화를 포함하여 종이 위에 감정 표현하기가 안내된다. 집단원들에게 다른 집단원의 도움을 받아 직장에서의 자원을 확인하고 그것들을 그리도록 하였다. 시간 부족을 해결하는 것과 직무 압력을 가중시키는 시간 제한을 다루는 것이 이 단계의 주요 주제였다. 세 번째 단계의 주제는 자기자각과 긍정적인 감정을 발견하는 것이다. 각 참가자들이 미술치료로부터 얻은 자원과 성취감을 확인하는 것으로 치료가 종결된다.

연구의 결과는 상태 불안 수준이 치료집단에서 크게 감소하였으나 스트레스 평균 점수는 치료집단과 통제집단 사이에 현저한 차이는 없는 것으로 나타났다. 치료집단은 자기존중감과 자기자신감 점수 면에서 상당히 큰 변화가 있었다. 질적 변화는 치료집단의 집단원들이 스트레스를 더 잘 다룰 수 있고 문제 해결책을 잘 찾을 수 있었던 것으로 나타났다. 그들이 배운 것에 대해 설명하는 사후 검사에서 대다수가 "스트레스 상황에서 해결방법을 발견하였고 상황에 대한 태도가 변화하였다."고 진술하였다(p. 89). 저자들은 이 연구에서 평가된 태도 면에서 자기보고 내용의 변화로 고무되었는데, 이는 습득하고 유지하기 위해 노력이 필요한 사고의 변화를 나타내기 때문이다.

적응과 탄력성

CBT의 통일된 목표는 행동 적응이다(Mennin, Ellard, Fresco, & Gross, 2013). 치료사는 생존하고 성장할 수 있는 수단으로 내담자의 적응 능력을 개발시킨다. 폭넓은 환경에서 적응할 수 있는 사람들에게 종종 탄력적이라고 한다. 탄력성은 잠재적으로 삶을 변화시키는 경험에 노출되는 동안이나 노출된 후에, 성공적인 생애과정 발달을 위한 능력이나 처리과정 또는 성과 등으로 다양하게 언급되는, 중요한 도전 환경에서의 '긍정적인 적응'으로 정의된다(Masten, Cutuli, Herbers, & Reed, 2009). 다른 저자들은 또 적응과 탄력성을 관련지었다. 예를 들어, 워프, 프레드릭슨과 테일러(Waugh, Fredrickson, & Taylor, 2008)는 감정적 탄력성을 역경에 적응하기 위한 감정적 자원의 활용으로 개념화하였다. 적응 능력과 탄력성의 개발은 이 장에서 논의된 몇 가지 CBT 방법의 정점이 된다. 포함된 다양한 개입방법은 문제 해결 기술, 자기통제를 위한 자기조절 기술, 긍정적 자기지각과 자기효능감, 주의, 초점, 각성과 충동의 통제이다(Masten et al., 2009). 적응과 탄력성은 CBT에서 기본이 되는 특징이고 이 심리치료 영역에서 최종적인 목표이다.

사례

자기존중감과 탄력성을 향상시키기 위해, 로건치 등(2013)은 합리적 정서행동치료(Rational-Emotive Behavior Therapy: REBT)와 미술치료의 통합을 연구하였다. 연구소 상담센터에서 대학생 집단을 대상으로 REBT 기법을 적용한 10주 개입 프로그램은 미술을 포함하였다. 치료집단의 개인들은 자기존중감과 탄력성 점수가 증가되었다고 나타났으나 유의미한 수준에 도달하지는 않았다. 집단원들은 미술을 하는 것이 이완과 안정에 도움이 되었다고 보고하였다. 저자들은 미술치료와 탄력성에 대한 소수의 연구가 있다고 하였다.

적응과 탄력성의 문제를 직접적으로 다루는 논문을 찾아보기 힘들다. 그러나 이 장에서 다룬 다양한 사례를 검토해 본 후, 몇몇 미술치료사가 이 목표를 위한 작업을 하고 있다는 것을 발견하였다. 적응력과 탄력성을 위한 미술치료의 활용을 이 장에 나오는 많은 사례에서 볼 수 있다. 예를 들어, 엘키스-애부호프(Elkis-Abuhoff, 2008)는 에마와 작업하기 시작했을 때, 그녀가 사회적으로 미숙하고, 18세임에도 불구하고 미래에 대한 계획을 생각해 볼 수 없다는 것을 발견하였다. 미술치료에 참가하면서, 에마는 불안과 사회적 고립에서 자신의 교육을 위한 미래 계획을 세우는 쪽으로 바뀌었다. 그녀는 또 또래와의 관계와 상호작용 그리고 그녀의 독립에 대해 아버지가 꺼리는 것에 대한 감정을 다루도록 돕는 대처 전략을 향상시키게 되었다. 마침내 에마는 중등과정 후 교육을 준비하게 되었다. 이 치료적 발전들은 탄력성의 발견과 삶의 새로운 단계에의 적응을 나타낸다. 유사하게, 레이널즈(1999)는 상실 문제를 겪고 있는 성인 여성을 대상으로 한 CBAT의 활용, 특히 노출 기법은 탄력성의 한 측면인, 감정적 공격에 덜 취약한 느낌이 들게 한다는 것을 발견하였다.

문제 행동을 보이는 12세 학생인 스콧도 탄력성을 향상시켰는데, 이는 미술치료의 마지막 두 그림에서 볼 수 있다. 미술치료에 참가하면서 자기 자신에 대해 알게 된 어떤 점에 대해 그리도록 했을 때, 그는 활짝 웃는 자신을 그렸다([그림 5-9] 참조). 타인에 대해 알게 된 점에 대해 그려 보도록 했을 때 그는 친구와 함께 있는 그를 그렸다([그림 6-31] 참조). 그는 이전에 친구가 전혀 없었고 이제 한 명의 친구가 있는 것이 아주 좋다고 하였다. 행복한 사람으로 자기를 받아들이는 것은 집단미술치료의 초기 단계에서 집단원들에게 표현한 자기와 분명하게 달랐다. 친구가 있다고 솔직하게 말할 수 있는 것은 놀라운 일이었다. 치료 이전에 그는 다른 사람들에게 퉁명스럽고 호전적이었으며, 대개 또래와의 상호작용은 싸움과 눈물로 끝이 났었다. 이 두 그림은 좀 더 적응적이고 탄력적이게 된 한 10대 소년을 가리킨다. [그림 6-31]에서 스콧은 집단미술치료에서 사귀게 된 친구를 받아들였다.

[그림 6-31] 집단치료에서 타인에 대해 알게 된 것에 대한 스콧의 그림. 그는 친구를 만들 수 있다는 것을 알게 되었다.

출처: Rosal, M. L. (2016). Cognitive-Behavioral Art Therapy. In J. A. Rubin (Ed.) *Approaches to Art Therapy: Theory & Technique* (3rd ed., p.341). New York: Routledge. 허가받아 재인쇄.

결론

이 장은 CBAT 치료사들이 사용한 가장 일반적인 기법과 개입방법에 대한 개관을 나타낸다. 이 훈련들은 문제되는 인지의 근원을 확인하고, 그것들이 행동에 어떻게 영향을 미치는지 이해하고, 잘못된 사고를 변형시키기 위해 미술을 활용하는 것을 포함한다. 감정을 해결하는 것은 CBAT에서 첫 번째 목표이고, 힘든 감정들을 해결하는 방법은 감정 상태 평가하기와 인식하기, 감정의 영향을 해결하기, 감정의 힘 약화시키기와 회기 중이나 실제에서 각성된 감정 상태 활용하기를 포함한다. 부정적인 자기도식 변형시키기 또한 CBAT의 필수적인 목표이다. 이는 먼저 강점과 약점은 물론 자기도식 확인하기를 통해 나타날 수 있다. 응집적인 자기의식의 획득은 강점과 약점을 가면이나 동물 상징으로 통합시키는 것을 통해 나타난다. 이 미술작업들은 자기인식과 최종적으로 자기효능감이 되는 긍정적이고 부정적인 개인의 특징을 나타낸다.

정신적 이미지는 CBAT에서 중요한 훈련이다. 치료사는 내담자가 가져오는 심상에서 단서를 꾸준히 찾는다. 도화지 위나 조형물로 이 정신적 이미지를 창조하는 것은 내담자가 이 정신적 구성개념의 근원과 일부 정신적 이미지의 나쁜 성질을 파악하고 이해하도록 돕는다. 유도된 심상은 한 개인의 내적 자원을 드러내고, 이 자원들을 강화할 수 있다. 상상적 노출은 체계적으로 내담자에게 두려운 대상을 노출시킴으로써 두려움과 불안을 감소시킬 수 있다. 내담자가 이완된 상태일 때 증가하는 노출은 공포와 불안을 야기하는 상황을 완화시키는 데 효과적이다. 심상 다시 쓰기는 개인이 외상 사건의 각 부분에 대한 그리기를 하는 중요한 CBAT 과정이다. 그림은 외상 이야기를 말하고, 내담자에 의해 언어화될 수 있고, 치료사에 의해 내담자에게 다시 말해진다. 외상 사건 후 일어난 일을 그리는 것은 침습적인 정신적 이미지를 과거 속에 그리고 내담자의 삶의 더 큰 이야기 속에 놓아두게 한다.

CBAT의 무엇보다 중요한 세 가지 목표는 문제 해결, 대처하기 그리고 적응과 탄력성이다. 이것들은 CBAT의 전반적인 면이거나, CBAT 치료의 구체적인 결과로서 설명될 수 있다. 제1장과 앞에서 언급했듯이, 미술작업 그 자체는 문제 해결 활동이다. 게다가 문제 해결을 촉진하는 것은 다양한 CBAT 개입방법의 목적이 될 수 있다. 이것은 감옥 수감자들에게 주어졌던 종이 조형 활동에서 사실로 드러났다. 내담자의 대처 능력을 증가시키는 것 또한 CBAT의 근본적인 기능이다. 스트레스를 다루도록 내담자를 돕는 것은 대처 능력을 증가시키는 것이 된다. 스트레스를 확인하는 공통적인 CBAT 방법은 신체 윤곽선을 활용하는 것인데, 다양한 색깔을 사용하여 내담자가 스트레스가 느껴지는 부위에 색칠하게 한다. 콜라주 작업을 활용하여 이전의 대처 전략을 확인하도록 내담자를 촉진할 수 있는데, 이는 적응적인 대처 양식을 드러낼 수 있거나 지지가 필요한 이들을 확인할 수 있다. 새로운 상황이나 스트레스 상황에 적응하는 방법을 배우는 것은 CBT와 CBAT의 근본적인 목적이다. 적응방법의 발견은 미래 스트레스원과 장애물에 대한 탄력성을 형성하고, 내담자가 재발되거나 큰 좌절이 나타나는 것을 방지할 수 있다.

이 장에서 보여 준 것은 내담자의 어려움과 관련된 특정 문제를 목표로 하는 CBAT에서의 다양한 훈련과 절차였다. 첫 단계는 가능한 한 빨리 내담자의 욕구를 평가하는 것이다. 드러난 문제를 확인하는 것은 그 내담자를 위한 최적의 치료 전략의 개발로 이어질 것이다. 내담자의 욕구를 직접적으로 해결하는 것은 CBAT의 핵심이다. 구체적인 CBAT 훈련은 치료에서 나타나는 욕구에 달려 있다. CBAT 치료사는 인지, 감정, 자기도식과 정신적 이미지의 힘에 대한 이해를 통해 내담자의 치료적 전진을 위해 사용할 수 있는 가장 효율적인 방법을 확인하게 된다.

07

CBT에서 마음챙김의 발전

07 CBT에서 마음챙김의 발전

"CBT 치료사는 여러 가지 훈련 기법을 사용하여 불안한 개인에게 그들의 인지의 특성에 관한 더 적응적인 신념 체계를 가르치는 데 훌륭한 도구가 될 수 있는 불교 인지심리학에 기반을 둔 많은 독특한 개입방법을 개발시키고 있다."

(Toneatto, 2002, p. 78)

1940년대와 1950년대에 CBT 제1세대인 행동치료의 첫 번째 이론과 실제가 등장하였다. 1960년대와 1970년대의 인지 혁명은 행동치료가 시행되는 방식에 영향을 미쳤고, 치료사들은 '사람들의 사고방식과 그 이유'를 행동치료의 제2세대 또는 CBT로 알려진 개입방법에 포함시켰다. 오늘날 CBT의 발전은 계속되고 있으며, 새로운 CBT 세대가 나타났다. 1990년대 이후, CBT는 변화하고 있거나 일부 이론가가 제3의 물결이라 부르는 쪽으로 진행되고 있다. 토니토(Toneatto, 2002)에 의하면 적응성이 있고 경험적 증거가 특정 방법을 검증하는 데 사용될 수 있다면 개입방법들은 거의 배제되지 않는다는 것이 CBT의 장점이다. 이 장점은 이 이론적 실제의 발전을 촉진시킨다. 비록 이 새로운 방법이 여러 면에서 다르지만, 이 변형들 사이에서 한 가지 공통점이 있다. 즉, 이론가와 심리치료사들이 불교심리학으로부터 관조적이고 명상적인 전통을 빌려 와서 CBT에 통합시켰다. 불교 명상 훈련에서 기인한 방법들로 마음챙김, 수용, 온정이 있다(Herbert & Forman, 2011a).

CBT 발전의 특징은 그것의 기초가 되는 인식론 덕분인데, 즉 치료방법이 증거 기반이어야 한다는 것이다. 이는 어떤 개입방법이 효과적이지 않을 때 하나가 효과적이라는 것이 밝혀질 때까지 다른 것이 사용된다는 뜻이다. 비록 어느 누구도 CBT가 기반을 둔 철학을 통일시키지 않았지만, 그것은 비판적 합리주의와 매우 밀접한 관계가 있다(Hofmann et al., 2013). 이는 수많은 자연과학이 개념화하는 데 사용된 철학이다. 이 철학적 기반의 한 가지 측면은 가정들이 탐구되고 만약 밝혀진 증거가 가정을 지지하지 않는다면 그것은 거짓이라는 경험주의에의 충실함을 의미하는 것이다. 이 전제는 여러 가지 CBT 실제의 효과성을 연구하는 것에 적용되고, 또 비판적 합리주의는 CBT 치료사가 내담자에게 어떻게 서비스를 제공하는지를 설명한다. 내담자에게도 과학적 마음상태의 활용이 요구되고 그들의 사고에 사용된 가정들을 밝히고 탐구하는 것이 격려된다. 만약 내담자가 그 사고와 신념이 잘못되었다는 것을 알게 된다면, 그들은 과거에 기인한 문제되는 반응을 초래하는 인식들을 재검토할 수 있다. 이 인식에 기초하여, 내담자는 잘못된 인지를 바꿀 기회를 갖게 된다.

오늘날 CBT 제3세대 또는 제3의 물결은 재발성 우울을 겪는 내담자를 포함하여 일부 진단군에는 효과적이지 않았던 임상에서부터 발전되었다. 이 영역의 내담자들에 대한 근본적인 CBT 전략은 때때로 효과적이지만 그 이후 내담자들은 악화되었다. CBT 연구자들이 재발성 우울을 겪는 개인을 다루는 방법을 찾기 위해 마음챙김과 명상 훈련을 활용하는 것을 연구하게 되었다. 이 장의 목적은 CBT의 새로운 발전 단계의 근원과 이론을 탐색하는 것이다.

CBT 제3의 물결에 대한 초기 연구

두 집단의 내담자들, 즉 경계선 성격장애를 가진 사람들과 재발성 우울을 가진 사람들은 치료가 어렵거나 전통적인 CBT 방법을 사용하여 치료를 한 후 재발되곤 한다. 이들 두 진단군을 치료하는 것이 어려워서 치료사들은 더 효과적인 치료과정을 찾기 위한 목적으로 다른 방법을 실험하기 시작하였다. 예를 들어, 두 치료 모델, 즉 리네한(Linehan)에 의해 개발된 DBT와 시걸, 윌리엄스와 티즈데일(2002)에 의해 발전된 MBCT는 그들의 치료방법에 불교심리학에 기반을 둔 방법들을 포함한다. 불교의 관조적이고 명상적인 훈련의 통합적인 측면들이 다양하게 진단된 사람들을 치료하는 데 있어 CBT의 기본적인 견해와 함께 통합될 때 유용하다는 것이 발견되었다. 비록 이 두 가지 매우 다른 심리학적 전통방식이 정반대쪽에 있는 것처럼 보이지만, 불교심리학과 CBT의 근본적인 전제는 밀접하게 관련되어 있다(Tirch, Silberstein, & Kolts, 2016).

앞서 언급했듯이, 일부 이론가는 CBT 발전의 특성을 설명하기 위해 이러한 최근 변화를 제3의 물결 또는 제3세대라고 부르고 있다(Herbert & Forman, 2011b). 일부 심리학자는 최근 CBT 치료를 새로운 것으로 묘사할 필요가 없다고 본다. CBT의 발전적인 측면 때문에 많은 이론가는 이 치료 방식에서 새로운 제3의 물결이라는 용어가 잘못된 것으로 보고, 더 전통적인 CBT에서 새로운 물결로 분리시킬 증거가 거의 없다고 보고 있다. 따라서 제3의 물결이라는 아이디어는 문헌에서 격렬하게 논쟁이 되고 있다. 예를 들어, 호프먼과 애스먼드슨(2008)은 치료의 새로운 물결은 근본적으로 CBT에 뿌리를 두고 있고, 혁신적인 것으로 내세우기보다는 CBT 치료의 발전 면에서 또 다른 변화 정도로 보아야 한다고 주장하였다.

사실상, 새로운 물결의 CBT와는 대립되는 CBT의 변형이라는 용어를 선호하는 저자들이 있다. 최근의 이론가들은 CBT와 새로운 변형들 사이의 유사점과 차이점을 연구하고 있다. CBT와 제3의 물결 혁신들을 구별할 수 있는 확인된 한 가지 중요한 차이점이 있다. 호프먼과 애스먼드슨(2008)은 "CBT 기법들이 주로 감정적 자극에 대한 재평가에 초점을 맞춤으로써(국한시키지는 않지만) 선행사건 중심 감정 조절 전략을 장려한다. 반면에 ACT(그리고 다른 마음챙김 기반 CBT들)는 주로 감정 억압을 그만두게 하는 반응 중심 전략을 사용한다."라는 것을 확인함으로써 차이를 밝혔다(pp. 2-3). 그 이외에 마음챙김 기반이나 제3의 물결 치료는 CBT와 많은 공통점이 있다. 사실상 이 장에서 탐구되는 것처럼, 불교 전통방식에서 온 관조적인 마음챙김 훈련은 CBT와 인지적으로 아주 많이 관련된다. 그러므로 변형은 이 새로운 방식들에 대한 더 정확한 용어이며, CBT 실제의 발전적인 특징을 강조하기 때문에 많은 CBT 치료사에 의해 선호되고 있다.

불교와 CBT의 관계는 깊어지고 있고, 불교 원리들이 어떻게 CBT의 혁신적인 측면들이 되었는지 이해하기 위해 이 두 심리학적 전통의 공통점을 탐색하는 것은 중요하다. CBT의 새로운 변형들을 탐색하기 전에, 이 방식들이 왜 현재 CBT와 최근 변형들의 부분이 되는지, 그 기초를 다지기 위해 불교심리학의 원리와 실제에 대한 개요를 설명한다. 불교에 대한 기본적 이해는 CBT 맥락에 명상적 훈련이 자리 잡도록 하는 데 필수적인데, 이 장에서 이것을 먼저 다룬다. 불교심리학적 방식은 인지를 활성화하고 강화한다. 이 장의 나머지 반은 불교 방식의 인지적 측면을 확인하고 탐구하는 데 초점을 맞출 것이다.

시작: 불교심리학

불교의 지혜와 심리학은 "고통으로부터 사람을 자유롭게 하도록 돕기 위해 최소 2,600년 동안 불교 내에서 사용되고 있는 마음에 관한 응용철학이며, 심리학적 기법들의 전통방식이다."(Tirch et al., 2016, pp. 3-4) 이 심리학적 실제의 전통방식은 부처의 가르침과 원리의 이해를 통해 발전되었다. 몇몇 CBT 치료사가 지적했듯이, CBT 실제 속에서 발견되는 불교 방식은 불교라는 종교가 아니라, CBT 이론가와 심리치료사의 상상과 호기심을 사로잡은 불교의 실용적인 방식이다. 따라서 불교는 CBT에 대한 더 큰 이해와 힘을 위한 자원이 된다. 이들 두 심리학적 전통방식은 공통적인 개념들이 많은데, 두 전통이 어떻게 함께 발전하게 되었는지를 이해하는 데 있어 중요한 한 가지 개념이 있다. 즉, 둘 다 경험적 증거에 깊이 의존하고 있으며 두 실제의 측면들은 효율성을 조사하고 분석한다는 것이다. 불교심리학에서 사용되는 방식은 서양 전통방식에서 그렇게 널리 퍼진 경험적인 연구방법은 아니다. 오히려 불교 연구자들은 어떤 전략이 효과적이지 않다는 것을 발견한다면 버리고 다른 것을 사용한다. 정신과학과 관련된 불교의 논의에서, 달라이 라마(Dalai Lama)는 "당신이

한 가지 사실을 발견하면, 그다음 그것을 수용한다. 그 사실이 부처의 말씀에 반대되더라도 중요하지 않다. 이 때문에 나는 불교의 기본적인 태도가 과학자의 태도와 매우 비슷하다고 생각한다. 마음을 열고 어떤 것을 살펴보고, 발견하고, 그것을 확인하고, 그것을 받아들이라."라고 하였다.

또 종교로서 불교는 현대 심리학자들이 연구한 것이 아니며 오히려 CBT 이론가와 심리치료사의 관심을 끈 삶의 방식으로서 부처의 가르침이다(Kuan, 2012). 뱅커트, 도킷과 더들리-그랜트(Bankart, Dockett, & Dudley-Grant, 2003)에게, 그것은 오늘날 CBT 치료사의 호기심을 불러일으킨 마음을 조절하는 불교의 정신적 훈련이다. 개인의 생각이나 신념을 통제하는 능력은 CBT와 불교에서 필수적인 것이다. 고통스러운 삶의 문제에 대한 답이 내면에서 발견된다는 알아차림을 얻는 것 또한 두 방식에 포함되어 있다. 심리학적 틀로서, 각각은 고통의 완화를 향해 나아간다. 고통을 완화시키는 것뿐만 아니라 터치 등(Tirch et al., 2016)은 CBT 전통 방식과 불교심리학적 요소들 사이에 수많은 유사점을 발견하였다. 1990년대에 와서 CBT 제3의 물결 변형들이 정착되기 시작하였지만, 터치 등(2016)에 따르면 불교는 초기부터 CBT의 핵심이 되고 있었다. 예를 들어, 뱅커트(2003)는 1978년 다음의 공통되는 주요 영역들을 확인함으로써 행동주의 심리학과 불교 견해를 연결한 가장 초기 심리학자들 중 한 명인 미쿨러스(Mikulas)를 인용하였다.

- 자기통제감을 최우선적으로 강조
- 이론적 구성개념의 최소 사용
- 일상생활의 실제 문제에 대한 초점
- 관찰 가능한 행동에 대한 객관적 연구에 대한 관심
- 의식적 경험의 내용에 대한 초점
- 특정 증상에 이완과 바이오피드백 적용
- 개인사와 무관한, 지금 여기에 대한 초점

- 보통 사람들에 대한 관심
- 행동과 성격의 구별
- 신체의 미묘한 단서에 대한 알아차림 증가
- 특히 유도된 방식을 통한, 행동 변화에 대한 초점
- 모든 형태의 치료에 부속되는 명상
- 치료사가 더 공감적이고 덜 독단적이게 되도록 돕는 데에 중점
- 내담자의 관점을 명료화하는 작업
- 체계적인 자기관찰을 통해 성취되는 마음의 평화와 행복 강조

1950년대 후반 REBT를 개념화한 앨버트 엘리스는 훨씬 더 일찍, "REBT가 사람들의 독단적이고 광신적이며 경직된 신념들의 기준을 강조함과 동시에, 생활 방식으로서 선불교의 여러 측면을 항상 지지하고 있다."고 하였다(Kwee & Ellis, 1998, p. 5). 합리적으로 살기 어렵다는 엘리스의 신념과 유사하게 불교 지혜는 "삶을 올바르게 살고, 열정을 다하며, 자신의 생각, 동기, 행동에 대한 책임으로부터 회피하려는 어리석음을 알아차리려고 애쓰는 것은 정말 쉽지 않다."라고 한다(Bankart et al., 2003, p. 22). 사고와 삶의 비합리적 방식을 극복하는 것은 CBT와 불교심리학과 관련된다.

일부 저자는 이 훈련들이 오늘날 CBT에서 왜, 얼마나 효과적인지 이해하는 데 필요한 맥락을 제공하기 위해 중요한 불교 구성개념에 대한 자세한 기본 지식을 제시한다(De Silva, 2005; Dockett, Dudley-Grant, & Bankart, 2003; Hayes, Follette, & Linehan, 2004; Herbert & Forman, 2001a; Mace, 2008). 불교와 그 사상이 오늘날 심리학에 어떻게 알려졌는지에 대한 포괄적인 설명을 제공하는 것은 이 장의 관점을 넘어선 것이다. 그러나 나는 불교가 고통과 고통의 감소를 어떻게 개념화하였는지에 대한 일반적인 관점을 이해하는 것이 CBAT를 위해 중요하다는 것을 알고 있다. 불교와 서양 심리학의 관계 연구를 위한 맥락을 제공하기 위해, 여기서 불교심리학과 현행 CBT 변형들과 그것 간의 관계에 대

한 간략한 개관을 제시하고자 한다.

기원전 6세기, 인도는 명상과 지금은 불교라고 불리는 태도들을 훈련하는 사람들로 붐비고 있었다. 역사적으로 유명한 부처는 이 훈련들이 고통을 감소시키기 위해 얼마나 효과적으로 사람들을 돕고 있는지를 연구하고 이해하기 위해 탐구를 시작하였다. 그는 그의 일생 동안, 그 후에도 인도에 광범위하게 영향을 미친 두 가지 주요 훈련을 수행하였다. 첫째, 실용주의자로서 그는 행동 변화의 효과와 이해를 위해 불교와 주로 관련된 훈련들을 연구하였다. 둘째, 그는 이 훈련들의 분명한 목적을 밝히고 개선시켰다(Tirch et al., 2016). 이 생각들은 많은 다른 정신적 전통방식과 관련된 특정한 종교적 신념이나 교리를 초월한 여러 훈련의 발달을 위한 포문을 열었다. 결과적으로, 부처의 가르침과 훈련은 지금 종교적인 훈련일 뿐만 아니라 철학적이고 심리학적인 전통방식을 나타낸다.

고통과 정신건강

체-푸 콴(Tse-Fu Kuan, 2012)은 부처의 가르침이 자기실현의 길이고 그것의 목표는 궁극적으로 완벽한 정신건강의 성취라는 것을 발견하였다. 부처에 의하면, 인간이 된다는 것은 고통을 겪는 것이고 그의 가르침은 두 가지 주요 개념, 즉 고통과 고통을 감소시키는 방법에 초점을 두었다. 이 두 가지 주요 가르침에 근거하여 오늘날 심리학자들은 그의 사상이 심리학적 치료와 밀접하게 관련된다는 것을 발견하였다. 메이스(Mace, 2008)는 이에 동의하였으며, "전반적으로 불교 이론은 신학이나 우주론이기보다는 정교하고 체계적인 심리학의 특징을 지니고 있다."라고 하였다(p. 7). 그리고 풀턴(Fulton, 2014)은 "세계적인 종교로서 불교의 성장에도 불구하고, 아마 틀림없이 그것은 심리학적이고 행동적인 원인들을 포함한 것으로 인식되는 (죄가 아닌) 고통으로부터의 자유에 관심을 가진 심리치료와 더 비슷한 어떤 것에서 비롯되었다."라고 하였다(p. 210). 따라서 현재 서양의 심리학적 훈련들과 불교 가르침의 근거를 연결하는 것은 타당할 뿐만 아니라 시의적절하다. 불교 전통방식에서 고통 감소는 사성제와 함께 시작되는데, 즉 고통의 진리, 고통의 근원, 고통의 경감과 팔정도이다(Fulton, 2014). 터치 등(2016)은 다음과 같이 밝히고 있다.

> 치료사와 부처는 그들 주변에서 목격한 고통에 관심을 갖고, 마음이 어떻게 작용하고, 이성, 지혜 그리고 깊은 개인적 탐구를 통해 고통으로부터 인간을 자유롭게 할 수 있는지에 대한 더 나은 이해를 위해 그들의 삶을 바치고 있다.
> (p. 20)

그러므로 CBT와 불교심리학은 고통의 감소를 목표로 하며 둘 다 이 목표를 성취하기 위한 전략을 제공한다. 명상은 두 방식의 기본이 된다. 따라서 명상과 마음챙김 훈련(명상의 핵심 기술)이 CBT 제3의 물결 변형들의 중심에 있다는 것은 이해된다.

콴(2012)은 심리적 건강을 찾기 위한 길로써 명상과 마음챙김을 활용하고 있다는 것은 알지만, 예를 들어 우리는 누구인가, 왜 우리는 고통을 겪는가, 어떤 훈련이 고통을 감소시키는가와 같은 불교 개념에 대한 지식을 CBT 치료사들이 완전히 탐구하지 않고 있다는 점을 우려하였다. 그의 2012년 논문은 두 방식의 관계에 대한 넓고 깊은 이해를 위한 맥락을 제시하고 있는데, 이는 다음에서 논의된다. CBT와 다른 형태의 서양 심리학의 일부로서 불교 훈련들이 인기가 있고 널리 알려져 있기 때문에, 치료사들이 명상적인, 마음챙김 개입방법을 형성하고 있는 근거를 아는 것은 필수적이다. 콴처럼, 쿠데시아와 니마(Kudesia & Nyima, 2015)는 서양 심리학자들이 하나의 전통방식(불교심리학)으로부터 개념들을 빌려 와서 또 다른 전통방식(서양 심리학)에 이 원리의 측면들을 적용하는 것에 대해 주의해야 한다고 하였다. 이 주의하라는 견해의 근거는 철학의 단순한 이전은 대개 맥락이 부족하다는 것에 있다. 그들은 치료사들이 불교 방식, 특히 마음챙김이 정신건강을 향상시키는 이유를 알 필요가 있다고 주장하였다. 불교 방식에서 인지의 신경과학적 측면들에 대한 탐구를 통해 그들은 동양의 방식을 서양 심리학에 적용하는 데 있어서 세 가지 문제점을 발견하였다. 첫째, 그들은 불교 마음챙김이 서양 심리학에서 아주 좁은 의미로 정의되고, 대개 자조적 개입의 한 유형으로 사용되고 있다는 것을 발견하였다. 이 사고방식과는 반대로, 그들은 단순히 고통이 부정적인 감정과 같은 것이 아니며, 근본적인 인지과정을 바꾸기 위한 목적으로서 마음챙김의 완전한 가치를 치료사들이 이해해야 한다고 하였다. 둘째, 기술로써 마음챙김을 개념화하기보다, 그들은 치료사에게 불교 가르침의 맥락 안에서 마음챙김을 이해하라고 조언하였다. 불교 공부를 통해 명상 훈련 동안 발생 가능한 문제를 피할 수 있다.[1] 쿠데시아와 니마의 세 번째 우려는 서양 심리치료에서 마음챙김의 정의가 너무 한정되고 대개 현재 순간에 주의집중을 하는 정도로 분류하고 있다는 점이다. 그러므로 마음챙김에 대한 온전한 정의가 필요하다.

마음챙김의 정의

대개 마음챙김은 현재 순간에 주의집중을 하는 것으로 정의되고 있다. 예를 들어, 카밧진(1994)은 마음챙김이란 "특별한 방식으로, 즉 의도적으로, 현재 순간에, 비판단적으로 주의집중을 하는 것"이라고 정의하였다(p. 4). 이 정의는 두 가지 주요점, 즉 주의집중과 비판단을 강조하는데, 메이스(2008)의 이해에 따르면, 그것은 노력을 내포한다. 이 특징들은 인지 기술이고 CBT 개입방법에 바로 가져올 수 있는 가치 있는 인지들이다. 라파포트와 칼마노위츠(Rappaport & Kalmanowitz, 2014)는 마음챙김을 "수용과 비판단적 태도로 현재 순간을 알아차리는 훈련"이라고 정의하였다(p. 24). 이 정의는 알아차림을 강조하는데, 이는 CBT 훈련에서 중요한 것이다. 무엇보다도, CBT 치료사들은 마음챙김이 메타인지와 메타지각, 즉 개인이 어떻게 생각하는지 알고 개인의

1) 쿠데시아와 니마(2015)는 내담자에게 마음챙김과 명상 훈련을 처방하고자 하는 치료사들의 더 깊은 불교 이해를 위해 『우리가 갖고 태어난 온전한 정신: 심리학에 대한 불교의 접근(The Sanity We Are Born With: A Buddhist Approach to Psychology)』(Trungpa & Goleman, 2005)을 독자들에게 추천한다.

생각과 감정을 관찰하는 능력을 발달시키기 위한 심리적 훈련이라고 말한다. 이러한 유형의 정의가 CBT 제3의 물결 문헌들에 널리 퍼져 있는데, 쿠데시아와 니마(2015)에 의하면 마음챙김에 대한 훌륭한 정의는 더 명확해야 하고 마음챙김에 새겨진 불교와 CBT 원리들에 대한 깊은 이해를 주어야 한다. 그들은 다음과 같이 마음챙김을 정의하였는데, 이는 이 훈련의 서양과 불교 요소 모두를 포함한다. "마음챙김은 강화된 메타지각의 상태로, 산만한 인지가 사라지고 온전히 주의집중을 하고 현재 순간의 목표와 관련된 측면들에 수용적인 것이다."(p. 923)

쿠데시아와 니마의 정의는 CBT 작용과 목표에 부합되고, 마음챙김이 어떻게 인지심리학과 인지과학과 관련되는지를 명확하게 한다. 메타지각, 주의초점과 목표 형성을 위한 열린 사고방식 기르기가 CBT 실제의 모든 태도이다.[2)] 그들은 이 정의가 심리학적 실제에 대한 다섯 가지 분명한 이점을 지닌다고 주장하였다.

> ① 구성개념의 불교적 근거를 더 온전히 나타낸다. ② 인지 신경심리학에 적합한 용어로 마음챙김을 기술한다. ③ 관련된 구성개념들과 마음챙김을 충분히 구별한다. ④ 특정 훈련과 관련된 외인적인 요소들이 부과되는 것을 막는다. ⑤ 그것의 결과보다는 구성개념을 기술한다.
>
> (p. 923)

CBT 치료사를 위한 불교의 기본 견해

『티베트 불교심리학의 소개(An Introduction to Tibetan Buddhist Psychology)』에서 매토스(Matos, 1979)는 현재의 치료사들을 안내하는 네 가지 기초적인 견해와 CBT 3세대의 기초적인 근거를 탐색하였다. 첫째, 우주의 모든 것은 자연

2) 쿠데시아와 니마의 마음챙김 정의가 이 책에서 활용될 것인데, CBT와 CBAT에서 마음챙김의 치료적 가치를 반영하기 때문이다.

에서 덧없는 것이다. 그리고 "모든 것은 태어나고, 자라고, 성숙하고, 쇠퇴하고, 죽는다. 그리고 그것은 어떤 것으로 변형된다(다시 태어난다)."(p. 20) 대부분의 사람은 이것을 진리로 알아차리는 반면, 일부는 이해할 수 없고 자신들이 그것을 삶의 비관적인 사실로 본다는 것을 발견하였다. 이 근본적인 원리가 수용되지 못할 때 우울과 다른 형태의 고통으로 이어질 수 있다. 예를 들어, 시걸, 윌리엄스와 티즈데일(2002)은 비영구성의 개념은 재발성 우울의 원인 중 하나라는 것을 발견하였다.

두 번째 견해는 비록 인간이 세계를 분리된 많은 것으로 이루어져 있다고 지각하지만, 현실에서 모든 것은 하나의 분명한 전체라는 것이다. 매토스(1979)가 언급했듯이, "모든 것은 이 우주의 단일성이라는 춤 속에서, 삶-죽음-재생의 강에서 흐르고 있다."(p. 20) 비록 인간은 분리된 많은 개체수를 보거나 지각하지만, 이는 현실로 쉽게 오해되고 그렇게 오개념이 되어 버린다. 매토스에 따르면 이 견해는 세 번째 중요한 개념인데, 사람들은 이원론적 세계관을 창조한다. 이원론적 관점은 자아의 발달과 함께 시작된다. 자아의 생성(자기도식)과 함께 개인들은 자기와 환경의 분리를 지각하기 시작한다. 매토스는 "개념적 구성이 무엇이 아닌 마음의 구성일 뿐이라는 것을 우리가 아는 한 이 현실은 매우 유용할 수 있다."(p. 21)라고 함으로써 이 개념을 명료화하였다.

매토스가 언급한 마지막 견해는 불교심리학과 그것의 특별한 치유방법의 기본이 되는 사성제와 관련되는데, 그 첫 번째가 인간의 근본적인 고통과 관련된다. 매토스에 의하면, 우리는 삶의 비영구성을 받아들일 수 없어서 고통을 겪으며, 이 부정은 자아 또는 환경과 분리된 자기와 관련된다. 쿠데시아와 니마(2015)에 의하면, "분리의 개념은 상호 의존적 공생이라 명명되고, 신체적 존재도 주관적 경험도 타인과 분리된 실체(svabhāva, 자성)를 갖지 않는다. 둘은 공존하고 서로 의존한다."(p. 912)

> 두 번째 사성제는 고통의 원인이 정확히 우리의 떼어 놓고 생각하는 방식에 있다고 가리킨다. 그러므로 우리는 집착하거나 매달리거나, 붙잡는다. 세 번째 사성제는 고통과 좌절은 끝날 수 있음을 말한다. 네 번째 사성제는 이 고통을 끝내기 위한 구체적인 심리학적인 방법을 나타낸다.
>
> (Matos, 1979, p. 22)

고통을 감소시키는 방법은 팔정도라고 부른다. 매토스에 의하면, 마음과 신체를 통합시키는 데 활용되는 불교 전통방식 속에 수많은 심리학적 개입방법이 있다. 그리고 그는 "명상은 이 심리학 체계에서 근본적인 기법이다. …… 여기서 기본적인 뜻은 우선 마음을 순전한 고요의 상태로 데려가는 것이다. 이 상태에서 마음은 자신의 본성을 인정하고 이해할 수 있게 된다."라고 주장했다(p. 22).

고통을 감소시키기 위한 필수는 갈망과 욕망을 끝내는 훈련으로 팔정도에 근거를 두고 있다. 드 실바(De Silva, 2005)는 불교심리학에서 갈망의 정의를 번역하기 어렵다는 것을 알게 되었다. 대신에 그는 갈망을 세 가지 형태, 즉 "감각적 만족에 대한 갈망, 자기보존에 대한 갈망, 그리고 소멸에 대한 갈망"으로 정의하였다(De Silva, 2005, p. 60). 만족에 대한 욕구, 자존감, 이기주의와 공격성을 포함한 서양 심리학이 이들 갈망과 서로 관련된다. 뱅커트, 도킷과 더들리-그랜트(2003)는 갈망을 줄이기 위한 팔정도에 내재된 불교 원리는 "이른바 여덟 가지 '바름', 즉 바른 이해, 목적, 언어, 행동, 생활, 노력, 마음챙김 그리고 집중"이라고 설명하였다(p. 21). 바른 것을 훈련하는 것은 단지 갈망을 제거하는 것이 아니라 더 깊이 들어가는 것이며, 뱅커트, 도킷과 더들리-그랜트가 제안했듯이 그것은 사고하고, 도덕적 추론을 발달시키고 우리의 삶을 바꾸는 새로운 길을 발견하는 것이다. 터치 등(2016)에 따르면 치유를 위한 많은 불교적 접근은 팔정도의 바름 중 하나인 마음챙김을 발달시키기 위해 명상으로 시작한다. 불교의 가르침은 우리의 주의를 집중시키고 마음을 수련하기 위해 명상을 훈련할 필요가 있다고 강조한다. 그것은 사람들이 "탐욕(貪), 증오(瞋), 망상(癡)이라는 '마음에 파고드는 세 가지 번뇌'"를 피할 수 있고(Bankart Dockett & Dudley-Grant, 2003, p. 19), 대신에 팔정도의 바름을 행할 수 있는 것은 오직 이 훈련을 통해서이다.

여기서 언급할 수 있는 불교 방식에 다른 많은 원리가 있지만, 나는 오직 하나 자비를 포함하고자 한다. 자비는 불교심리학의 필수인 선이다. 매크랜스키(Makransky, 2012)에 의하면 자비는 불교 방식의 모든 것을 포함하고 불교심리학의 중심 목표이다. 풀턴(2014)은 불교적 사고에서 자비란 우리 자신과 타인의 고통에 대한 민감성을 기르는 것을 말한다고 하였다. 단지 공감하는 능력이 아니라 돕기 위해 어떤 것을 하려는 동기와 능력을 포함한다. 비록 안녕과 관련되지만, 풀턴에 의하면 그것은 자존감이 아니라 개인의 성격에 결점이 있음에도 불구하고 자기를 수용하는 것이다. 풀턴은 "우리가 제한이나 차별 없이 모든 존재로 자비를 확대하도록 도전하는 것"으로 그것을 기본적인 불교 개념이라고 언급함으로써 이것을 확장시켰다(p. 212). 불교에서는 자비를 타고난 인간의 자질로 본다. 비록 그것이 길러질 수 있긴 하지만 실제로 드러나는 자질이다. 심리학적으로 자비는 타인에게 도움을 주고 개인의 행복을 촉진시킬 수 있다(Fulton, 2014).

터치 등(2016)에 따르면 자비가 중요한 심리적 과정이며, "자비는 심리학적 연구와 실제에서 과정 변인이며 결과 변인으로 다루어질 수 있다."(p. 130) 자비를 발달시키기 위한 중심적인 훈련은 자애(metta) 명상이며, 수많은 CBT 치료사가 다양한 진단을 받은 내담자의 치료를 위해 이 훈련을 연구하고 적용하고 있다. 결과적으로 CBT는 약자로 LKM(Loving-Kindness Meditation)을 포함하는데, 이는 자애 명상을 나타낸다.[3]

불교 관점에서의 인지

CBT와 관련된 불교심리학에서 개념들을 탐구하는 수단으로, 콴(2012)은 메

3) 자애 명상의 예시는 터치 등(2016, pp. 126-128)에서 볼 수 있다.

타인지, 집중, 주의 그리고 이미지와 같은 인지심리학과 치료의 훈련과 조화를 이루는 명상과 마음챙김에서 인지의 작용을 연구하였다. 콴에 의하면, 마음챙김은 주의와 집중의 발달에 중요한 역할을 한다. 적절하게도, 그는 이 관점에 근거를 두고 주요 인지 작용을 탐구하였다. 사실상, 그는 마음챙김이 산냐(saññā, 인지와 동일한 불교의 개념)와 밀접하게 관련된다는 것을 발견하였다. 마음챙김은 불교 방식에서 동화나 이해의 과정이고 다른 방식(CBT)에서는 의미 있는 생각이나 개념으로 설명되며 제3의 전통방식에서는 기억에 대한 심리학의 일부일 수 있다. 이 모든 설명은 심리학에서 정의된 것처럼 인지의 측면을 강조한다. 불교 방식에서 동화는 피아제의 발달이론에서 동화과정을 통한 인지 발달과 지식 형성의 개념화와 일치한다. 콴에 의해 요약되었듯이 "마음챙김(sati)은 그것의 기능 면에서 산냐와 비슷한 역할을 하며 또 기억, 인지, 식별과 개념에 관여한다."(p. 38)[4)]

메타인지

콴(2012)에 의하면, 마음챙김은 서양 심리학적 전통의 메타인지와 비교될 수 있다. 메타인지는 인지, 즉 그들이 무엇을 생각하는지와는 대조적으로 그들이 어떻게 생각하는지 인식하고 이해하는 개인의 능력이다. 그러므로 메타인지는 사고에 대한 사고이다(Toneatto, 2002). 허버트와 포먼(2011b)은 메타인지에서는 개인의 생각과 분리된 자각이 있고 개인은 사고와 감정을 현실에 대한 견해라기보다는 정신적 사건으로 이해한다고 언급하였다. 메타인지는 사고과정에서 어떤 변화에 대한 개인의 사고와 자각을 관찰하는 요소를 포함한다. 메타인지 없이, 인간은 사고, 감정, 기억과 같은 인지들을 알아차리지 못한다(Toneatto, 2002). 마음챙김 명상과정은 메타인지의 측면과 일치하며, 그것으로 인하여 마음챙김 수련자는 사고를 관찰하고 통제하는 것을 배우고 "의식의 흐름을 관찰"할 수 있다(Bishop: Kuan, 2012, p. 40 재인용).

---

4) 인지 발달의 기초로서 동화에 대한 더 많은 정보는 제2장을 참조하라.

메타인지는 개인의 일상생활을 괴롭히고 방해할 수 있는 잘못된 신념들을 바꾸는 쪽으로 이끌기 때문에 치료에서 유용한 도구이다. 웰스와 매슈스(Wells & Matthews, 1994)에 의해 발달된 메타인지이론에 따르면, 대부분의 부정적인 사고와 감정은 대부분의 개인에게 지나간 사건들로 지각된다. 다른 이들에게 인지는 불안과 공포의 근원이 된다. 마음챙김 훈련은 개인이 사고와 감정을 어떻게 감정에 좌우되지 않고 마음의 사건으로만 인식할 수 있는지에 대한 통찰을 얻도록 도울 수 있다. 토니토(2002)는 메타인지의 개념이 CBT의 맥락 안에서 불교적 훈련의 목적을 강조한다고 하였다. 콴(2012)은 다음과 같이 기록하였다.

> 메타인지는 수련자가 사건의 특징에 대해 '메타인지적 통찰'을 얻도록 하는 불교 원칙과 일치하는데, 그것으로 인하여 그는 모든 것은 비영구적이고 그것들은 만족스럽지 못하고, 그것들은 자기(Self)가 아니라는 것을 온전히, 정확하게 인식할 수 있다.
>
> (p. 43)

티즈데일(1999)은 모든 사고가 정확하지 않다는 것을 인식하는 메타인지적 이해와, "현실에 대한 똑바른 정보로서가 아닌 지각의 영역에서의 사건으로서 사고를 경험하는 것" 또는 메타인지적 통찰을 구별하였다(p. 146). 티즈데일은 메타인지적 통찰(예: 사건이 영구적이지 않다는 통찰)은 재발성 우울을 포함하여 여러 심리적 장애의 치료에 중요한 치료적 도구가 될 수 있다고 제안하였다. 또한 그는 메타인지적 통찰의 발달은 명상과 마음챙김을 통해 얻게 된다고 하였다.

심리학에서 메타인지와 관련된 마음챙김의 또 다른 측면은 사고와 감정적 사건에 대해 비판단적일 수 있도록 마음챙김 기술을 사용하는 것이다. 비판단적인 태도의 목적은 수용이다. 수용은 몇 가지 현행 CBT 변형, 특히 ACT의 핵심이다(Herbert & Forman, 2011a). 사실상 내담자들이 자신의 사고에 대해 판단적이기 시작하면, 그들은 마음챙김을 한 존재의 상태로부터 멀어지게 되었다고 한다. 그러나 불교 전통방식에서 마음챙김은 항상 비판단적이도록 안내하지는 않는다. 콴(2012)은 불교 전통방식에서 마음챙김은 개인이 좋고 나쁜 사고를 포함하여 마음의 모든 측면에 대해 인지하도록 하며 "불교 마음챙김에서 주의를 기울이는 데는 평가적이거나 판단적인 요소가 있을 수 있다."고 하였다(p. 41). 그는 실제에서 사용된 마음챙김의 수준은 두 전통방식의 차이점에 기인한다고 보았다. 콴은 불교의 마음챙김 알아차림의 네 가지 수준[단순한, 보호적인, 내성적인(introspective) 그리고 의도적인 개념 형성]을 언급하였고, "마음챙김의 비판단적인 양식이나 단순한 알아차림이 심리학과 심리치료에서 임상 훈련의 목적을 달성하기에 충분하다."고 하였다(p. 41).

비판단적인 마음가짐을 가르치는 마음챙김 기반 개입은 의료 환자들이 만성 통증을 다루는 것(Kabat-Zinn, 1982)과 만성 우울 환자들이 반추를 줄이는 것(Segal, Williams, & Teasdale, 2002)을 돕는 데 성공적이었다. 비판단적 마음가짐을 발달시키는 것은 탈중심화와 분리하기라는 CBT 개념에서 중요한 것인데, 이는 불교 전통방식에서 설명되었듯이 부정적인 자동적 사고와 반추로부터 거리를 두는 과정으로, 사고를 자기의 부분이기보다는 사건으로 인식하는 것이다(Herbert & Forman, 2011b). 콴(2012)은 메타인지와 불교심리학 사이의 또 다른 비슷한 구성개념에 대해 논하였다. 그는 마음챙김의 네 가지 기초 개념(신체, 감정, 사고 및 현상에 대한 숙고)이 ① 환경 내 자기를 자각하고 ② 정보를 모으고 상기하는 자기가 되는 훈련에 의한 메타인지와 통한다고 하였다.

긴밀하게 관련된 개념은 메타지각이다. 쿠데시아와 니마(2015)는 이 용어를 "정신적 활동을 분리하여 관찰하기"로 정의하였다(p. 918). 그들은 메타지각은 과거의 세계관을 포함하여 수련자의 (긍정적이고 부정적인) 전체 성격을 밝히는 데 유용하다고 하였다. 그들은 메타지각은 자기도식의 다루기 힘든 점과 사람의 성격과 삶에 미치는 그것의 영향을 감소시킨다고 하였다. 게다가 메타지각은 개인의 사고과정의 구조를 밝히고 깊이 뿌리박힌 고통의 원인이 되는 도식의 힘을 감소시킨다. 마음챙김 훈련과 다른 마음훈련 기법들은 도식의 자동적 활성화를 제한하고 결국에는 개인이 "도식의 특성을 변형시키도록" 할 수 있다(p. 919).

주의와 집중

콴(2012)은 주의, 집중과 마음챙김 사이의 강력한 관계를 발견하였다. 이 관계는 특히 중요한 개념인데, 서양 심리학자들이 다른 것들로부터 벗어나 특정 사고, 개념, 다른 정신적 사건들에 대해 내담자의 주의를 향하도록 하기 위해 마음챙김 훈련을 활용하고 있기 때문이다. 그는 심지어 마음챙김과 주의라는 두 개념이 불교에서 호환되어 사용되고 있다고 하였다. 콴은 티즈데일이 마음챙김을 사고와 학습의 새로운 방식을 습득하기 위해 의도적으로 주의를 통제하려는 수단으로 사용하였다고 하였다. 인지의 집중과정을 발달시키기 위해 주의가 필요하다. 불교심리학에서 집중은 하나에 집중하는 일점지향성 또는 심일경(ekagga)을 얻는 데 필요하다. 일점지향성 또는 집중은 통찰을 얻는 데 중요하다. 집중은 "수련자가 사물의 특성에 대한 통찰을 얻기 위해 불교 원리에 일치하는 방식으로 순간순간 끊임없이 변화하는 경험"에 초점을 맞추는 것이다(p. 47).

정신적 이미지

마음챙김 수련자는 주의와 집중에 향할 수 있을 때, 청각, 시각, 후각, 미각과 촉각을 통해 일어나는 그들 주변의 세계에 대한 감각으로부터 벗어날 수 있다. 감각이 정지될 때 저장된 기억과 다른 인지과정이 전면으로 등장한다(Kuan, 2012). 정신적 이미지나 불교에서 심상의 개념인 니마티(nimatti)는 마음챙김 명상을 하는 동안 감각이 차단될 때 나타나는 인지 능력들 중 하나이다. 니마티는 시각적 이미지의 형태로 주로 나타난다. 콴은 산냐(인지와 바꾸어 쓸 수 있는)라는 용어를 심상과 지각이라는 의미로 사용하였으며 인지, 심상과 지각 사이의 공통점을 강조하였는데, 모두가 마음챙김에 의해 강화되는 인지 과정이다. 따라서 그는 마음챙김 훈련이 인지에 초점을 맞추는 것과 그가 가정하였듯이 인지 발달을 개선하고 촉진하는 것 모두를 지지하는 긍정적 힘이 될 수 있다고 하였다. 무엇보다도 콴은 마음챙김이 심상을 생성시킬 뿐만 아니라 수련자들이 자신의 마음챙김 훈련을 심화시키도록 돕는 집중에 사용되는 심상을 지키고 보호한다고 주장하였다.

콴(2012)은 또 명상 상태에서 심상과 지각의 관계에 대한 연구를 지지하였고, 다음 질문을 제기한 코슬린을 인용하였다. "불교도들은 20분간 정신적 이미지를 유지시킬 수 있다. 뇌과학은 이것에 어떻게 관여할까? 과학은 그 능력을 밝혀야 한다. 명상은 지각에 사용되는 뇌 영역에 심상을 유지시키는가?"(p. 52) 마음챙김의 인지 요소에 대한 그의 연구를 요약하면, 콴은 다음과 같이 확신하였다.

> 마음챙김은 '선택적 주의'의 초점으로서 대상을 선택하는데 불교 용어로 에칵가(ekagga) '일심경'이고, 집중이 유지되는 상태를 확인하기 위해 주의가 선택된 대상에 초점을 맞추는지 관찰한다. 깊은 집중의 상태에서 니마티 '심상'은 감각과는 독립적으로 작용하는 정신적 능력에 의해 생성되는데, 지각은 의존적이다. 심리학자들은 지각과 심상은 같은 뇌 또는 정신적 기제에서 작용한다는 것을 발견하였다. 이 결과는 산냐는 한편으로 지각처럼 활동할 수 있고 다른 한편으로는 지각과 감각이 정지되는 깊은 명상에서 니마티 '심상'을 생성할 수 있다는 나의 관점을 지지한다.
>
> (p. 55)

제2장에서 설명했듯이, 심상은 본질적인 인지이며, CBT와 CBAT에서 치료적 도구로써 활용된다. 심상 또는 마음의 눈으로 심상을 보는 능력은 기억의 중요한 측면이며, 미래와 지금 여기를 상상하게 한다.[5]

---

5) 심상의 중요한 인지적 측면과 뇌의 공통 구조를 공유하는 심상과 지각의 관계에 대한 더 많은 정보는 제2장을 참조하라.

행동과학자인 쿠데시아와 불교 스님인 니마(2015)는 CBT 제3의 물결에서 주로 사용되는 주요 불교 훈련인 마음챙김의 인지적 특징을 연구하였다. 불교 전통방식에서 고통의 감소는 본질적인 인지과정을 변경시키는 것을 의미한다는 것을 확인하였을 때, 그들은 불교심리학의 목적을 두 가지로 해석함으로써 마음챙김에 대한 탐구를 시작하였다. 첫째는 인습적인 마음에서 작용하는 의식적 · 무의식적 요소를 파악하는 데 있어서 기술적인(discriptive) 것이다. 둘째는 그것이 무지를 치료하고 그에 따라서 깨달음이 나타난다는 데서 처방적인(presciptive) 것이다.

기술적인 목적

불교의 기술적인 목적은 불교가 의식의 동시 발생과 인지를 어떻게 보는지에 대한 설명이다. 비록 앞에서 논의된 콴(2012)의 연구가 인지 발달에 대한 기술적인 이해를 위한 일반적인 틀을 제공하지만, 쿠데시아와 니마(2015)는 인지에 대한 서양의 관점이나 그들이 말하는 "인습적인 인지"를 함께 만드는 여덟 가지 의식을 설명하였다(p. 916). 그들은 또 주체-객체[6]의 알아차림을 통해 이중의 의식이 어떻게 나타나는지와 이 이중성과 관련된 문제가 저자들의 생각에 무시되고 있다는 점을 간략히 설명하였다. 이 원인들을 다음과 같이 간단히 요약한다.

> 비지시적 알아차림은 인습적인 인지가 가능하게 한다. 인지는 주체와 객체 사이의 구분에 기반을 두는데, 이는 참조적인 이해가 되고 의식을 생성한다. 의식은 현실의 사소한 부분만을 해석할 수 있는데, 이는 언어와 지각을 통해 명명되고 해석될 수 있다. 이 얄팍한 현실은 우리의 감각을 통해 구별된다. 결과적으로, 현실은 감각될 수 있는 것으로 한정되고 인지적 의식은 우리의 감각과의 접촉을 통해 나타난다. 대상과 지각의 접촉은 감정을 낳는다(좋은, 나쁜, 중립적인). 감정은 쿠데시아와 니마가 이름 붙인 "자동적 반응 또는 갈망"을 초래하는데, 개

6) 역자 주: 자기와 대상

> 인은 "즐거운 지각은 지속시키려고, 불쾌한 지각은 제거하려고, 중립적 지각은 무시하려고" 애쓴다(p. 916). 갈망은 애착을 낳고 개인이 자기의식, 세계관과 행동을 유지하도록 강화한다. 차례로, 이는 이 자기에게 기쁨을 지속적으로 주려는 욕망과 자기의식을 지속시킨다. 자기, 세계관과 행동에 대한 애착은 '생성을 가능하게 한다.' 즉, 새로운 카르마의 무력과 무지를 생성한다(카르마는 세상에 대한 지각적 이해를 제한시키는 과거의 경험들로부터 학습된 것이고, 결과적으로 지각을 넓힐 수 있는 현실의 측면들을 방해하는 경직된 사고를 초래한다). 카르마는 해결될 필요가 있다. 그렇지 않으면 전생의 신체로부터 물리적 신체의 탄생을 초래한다. 카르마의 무력과 무지의 정신적 연속성은 새로운 신체가 태어나도록 할 수 있다. 마침내 무지 상태의 개인의 탄생은 늙고 죽는 과정을 초래한다.

이 요약은 불교심리학의 기술적인 목적과 이중 구조가 어떻게 발달하였는지에 대한 기본적인 서술이다. 비록 요약이 다소 복잡한 요소들을 포함하고 있지만, 자극이 행동 경향을 낳고 마침내 행동 반응을 초래하게 되는, 자기도식을 통해 여과되는 평가과정을 유발한다는 행동주의 심리학과 밀접하게 관련된다. 자극의 평가에 감정이 깃들어 있을 때, 자기도식을 위험하거나 문제되는 것으로 그것을 해석한다. 잘못된 평가나 지각은 적응적이지 않거나 더 문제가 되는 행동 반응으로 이어질 수 있다. 불교의 기술적인 목적의 이해는 두 번째 목적, 즉 처방적인 불교심리학으로 이어진다.

처방적인 목적

쿠데시아와 니마(2015)는 불교심리학 전통방식에서 확립시켰듯이 처방이 앞서 설명한 것처럼 기술적인 목적의 어렵고 그들이 '밀교적(密敎的)'이라고 칭한 측면에 비해서 실용적이고 단순하다는 것을 알게 되었다. 처방은 개인에 의해 발달된 잘못된 생각을 명확히 하고, 과거 자기도식과 오래된 세계관에 근거한 개인의 전형적인 자극-반응 작용을 바꾸는 것에 기반을 둔다. 다시 말해 저자들은 심리적 문제에 대한 처방으로 "주체-객체 이중성에 대한 잘못된 생각을 근절하여 현실을 있는 그대로 지각하는 것이 가능하다."고 하였다(Kudesia & Nyima, 2015, p. 916). 그들은 주체-객체 이중성과 관련된 문제가 마음 훈련(학습, 숙고, 마음챙김)을 통해 제거될 수 있으며, 깨달음에 이르게 할 수 있다고 하였다. 깨달음 훈련은 인지를 변경시키고, 주체-객체 이중성을 완화하고, 일상의 존재에 스며 있는 지속적인 자기대화(이것을 산만한 인지라고 명명한다.)를 중단시키고, 카르마의 무력의 생성을 감소시킨다. 언어는 인지 도식에 뿌리를 두고 있고, 우리의 도식은 과거에 뿌리를 두고 있다. 따라서 새로운 가능성을 열어 주는 것은 산만한 인지의 억제이다. 불교 훈련이 강도가 높고 도전적이기 때문에 저자들은 마음 훈련이 단순히 자조적 기법으로 보여서는 안 되며 돌봄과 슈퍼비전하에서 훈련되어야 한다고 경고하였다.

적응적인 평가

앞서 언급하였듯이, 마음 훈련은 산만한 인지를 제한하고, 마음이 과거로 들어가는 것을 막고, 미래에 대한 걱정을 막는다. 산만한 인지가 제한될 때, 과거에 뿌리를 두고 있는 자기도식은 의식에 스며들지 않을 수 있고, 이는 개인이 현재에 머무르고, 오래된 가정에 의문을 품고 새로운 가능성을 상상할 수 있게 한다. 선불교에서 이 인지 상태를 초심자의 마음이라고 하였다(Kudesia & Nyima, 2015). 마음 훈련은 세 가지 방식으로 문제가 되는 인지를 중재한다. 첫째, 과거 자기도식의 자동적 사용을 줄이고, 정신적 의식을 제한하고, 이전 지각의 영향을 줄인다. 둘째, 감정 상태의 힘과 영향을 조절한다. 셋째, 감정 상태에 대한 반응과 적응적인 평가의 활용을 촉진한다. 첫 두 가지 적응적인 평가는 ① 고요함, 공정성과 편견 없이 문제가 되는 자극이나 힘든 감정을 수용하는 것이고, ② 행운이 타인에게 생겼을 때 기쁨과 공감으로 행동하는 것이다. 자극이 타인일 때 활용되는 다른 두 가지 적응적인 평가는 ③ "타인의 고통을 줄이기 위한" 자비를 사용하는 것이고, ④ "삶의 만족을 증가시키고 고통스러운 감정을 감소시키는, 타인의 행복을 증가시키기 위한" 자애 훈련의 실천이다(Kudesia & Nyima, 2015, p. 918).

마음 훈련 기법

쿠데시아와 니마는 긍정적인 인지를 촉진시키기 위해 사용할 수 있는 처방적인 불교심리학의 세 가지 기법인 학습, 숙고, 명상을 요약하였다. 그들은 수련자는 불교의 세 가지 법륜(法輪, turnings of the wheel)을 배워야 한다고 추천하였는데, 이는 마음 훈련의 처방적인 목적을 탐구하는 것이다. 둘째, 숙고는 가르침에 대해 반영하는 과정으로, 그것들이 새로운 수련자와 어떻게 관련되는지 탐구하는 과정이다. 저자들은 숙고 훈련이 "타인의 행복을 증가시키려는 바람을 키우는데, 가까운 사람에서 시작하여 모든 감각이 있는 존재를 포함하는 것으로 확장하는 것"과 관련된 것으로서 자애를 이해하게 된다는 것을 알게 되었다(Kudesia & Nyima, 2015, p. 919). 명상은 세 번째 인지이고 문제가 되는 도식과 부적응적인 사고를 줄이기 위해, 탈중심화를 위해, 진정한 성격이 드러나도록 하고 무지를 내려놓기 위해 마음을 고요히 하는 것이다.

마음챙김의 인지적 상관성

저자들은 가장 일반적인 명상은 호흡에 마음챙김을 하여 주의하는 것이라고 하였다. 마음챙김 명상에 근거하여, 그들은 서양 심리학과 불교심리학을 모두 포함하고, 신경과학에 대한 지식을 포함하고, CBT 목표를 포함하는 마음챙김 모델을 개념화하였다. 예를 들어, 결심은 명상의 목표를 수행하는 데 필요하다. 명상을 하려고 결심하는 것은 두 가지 다른 인지과정, 즉 인내와 주의를 요한다. 인내는 명상을 하기 위해 산만한 것들로부터 벗어나는 힘이고, 주의는 명상을 수행할 수 있기 위해 호흡하는 것에 주의를 두는 것이다. 인내와 주의는 호흡과 같이 목표와 관련된 자극에 마음을 집중하는 것이다. 마음챙김에서 활성화되는 또 다른 인지는 상기(recollection)다. 결심이 명상과 마음챙김을 하기로 정하는 것인 반면에 상기는 작업 기억(working memory) 중 명상 훈련을 유지시키기 위해 필요한 정보를 보유하기 때문에 필요하다. 다섯 번째 인지인 경계는 마음챙김 명상에 필요한 것이다. 쿠데시아와 니마(2015)는 경계가 상기와 관련된 인지과정이라는 것을 발견하였으며, 그것은 "메타지각이라고 말하며 정신 활동을 관찰하고 벗어나는지 주목하는 것이다."(p. 920)

뇌 스캔을 통해 저자들은 경계는 전측 대상피질에 위치한 집행 기능이라는 것을 발견하였다. 인지과정(결심, 인내, 주의, 상기, 경계)은 분리 능력 또는 탈중심화에 영향을 미치는데, 이는 전전두피질의 집행 기능과 일치한다. 쿠데시아와 니마(2015)는 "이와 같이 마음챙김 호흡 명상은 자기조절의 핵심 기술로 필수적인 훈련이다. 목표를 정하고 산만함에 직면하여 자신을 유지하고 목표 일치 행동의 오류를 감시하고, 개선방법을 사용하여 오류를 조절하는 능력이다."라고 하였다(p. 921). 언급하였듯이 자기조절은 CBT의 핵심 목표이다. 풀턴(2014)은 마음 훈련이 뇌 기능과 뇌 구조의 변화와 관련된다는 것에 동의하였다. 예를 들어 풀턴은 스트레스 감소를 위한 8주간의 명상으로 피질의 두께가 증가한다는 것을 발견한 신경과학자 라자루스와 동료들의 연구를 인용하였다.

마음챙김 명상의 3단계는 불교심리학에 존재한다. 즉, 마음챙김, 지속적 고요와 통찰이다(Kudesia & Nyima, 2015). 각 단계는 수련자가 깨달음에 더 가까워지게 한다. 마음챙김 훈련에서 수련자는 메타지각을 얻게 되고 훈련에 주의를 유지할 수 있게 된다. 지속적 고요는 고통스러운 사고나 감정을 알아차리는 능력이고 이전의 부적응적 반응으로 되돌아가기보다 곤란한 도식에 대해 반응하는 방법을 선택하는 능력이라고 말한다. 통찰은 수련자가 매 순간 명쾌하게 알아차리는 상태이다. 불교 명상 훈련에서 최고의, 최우선의 목표가 깨달음이다. 이 상태에서 개인은 "생각은 그저 생각일 뿐이다. …… 주체와 객체에 대한 감각이 현저히 사라지고…… 개인은 이중 현상이 나타남이 없이 비판단적인 깨달음으로 순전하게 산다."라는 이해의 상태에 이르게 된다(Kudesia & Nyima, 2015, p. 921). 비록 깨달음이 CBT나 현행 변형들의 명시된 목표는 아니지만, 분명히 사고의 명확함을 얻도록 내담자를 돕는 것은 가치 있는 성과이다.

결론

CBT 제3의 물결, 최근 변형들인 DBT, MBSR, MBCT와 ACT는 불교심리학의 훈련을 포함한다. 명상적인 마음챙김 훈련의 활용이 인지를 향상시키고 전통적인 CBT가 기대만큼 효과적이지 않을 때나 CBT 개입 이후에 재발이 일어났을 때 내담자를 돕는다는 증거가 있다. 종교로서 불교와 불교심리학적 방법을 구별하는 것은 중요하다. CBT에 정보를 제공하는 것은 심리학적 방법이다. 일부 CBT 치료사는 그들의 방식을 잘 알기 위해 불교심리학을 공부하지만 다른 이들은 그렇지 않은 것 같다. 대부분 이론가는 불교 원리에 대한 약간의 이해가 유익할 뿐만 아니라 불교에서 빌려 온 치료 훈련에 대한 맥락을 제공한다는 것에 동의한다.

CBT 치료사에게 유용한 불교의 네 가지 기본적인 견해가 있다. 이들 중 첫째는 삶의 덧없음이다. 어떠한 것도 영속적이지 않으며, 모든 것은 지나간다. 비록 사람들은 세상이 많은 것으로 이루어져 있다고 인식하지만, 둘째 견해는 단지 하나의 분명한 전체가 있다는 것을 나타낸다. 셋째, 인간은 자아와 자기도식의 발달과 함께 시작되는 현실에 대한 이중적 관점을 만드는데, 이것은 갈망, 불안, 고통을 낳는다. 마지막 견해는 사성제(苦集滅道)로, 불교심리학의 기초이며 치유를 위한 특정한 방법이다. 첫째, 고성제(苦聖諦)는 인간이 된다는 것은 고통을 겪는다는 것으로, 존재의 근본적인 딜레마를 뜻한다. 우리는 삶의 비영구성을 수용할 수 없기 때문에 고통을 겪는데, 이 부정은 자기와 환경의 분리 또는 자아와 관련된다. 둘째, 집성제(集聖諦)는 고통의 원인을 말하는데, 우리가 우리 자신을 분리해서 보는 방식으로 우리가 애쓰고, 붙들고, 매달리거나 잡으려고 하는 원인이 된다. 셋째, 멸성제(滅聖諦)는 고통과 좌절이 끝날 수 있다는 것을 말한다. 넷째, 도성제(道聖諦)는 이 고통을 끝내기 위한 특정한 심리적인 방법을 나타낸다. 쿠데시아와 니마(2015)는 CBT 치료사들을 돕기 위해 이 견해들을 활용하였는데, 이 견해들로부터 불교심리학의 두 가지 목적이 나온다. 첫 번째는 기술적인 것인데, 개인이 어떻게 그렇게 많은 고통을 겪게 되는지에 대한 설명이고, 개인이 자기를 환경의 수많은 실체와 분리된 것으로 인식하기 시작할 때 고통이 시작된다. 두 번째는 고통을 덜기 위한 처방적인 과정이다. 고통 감소는 마음 훈련 기법들에 근거를 두고 있는데, 가장 중요하고 가장 자주 사용되는 것은 마음챙김 명상이다.

마음챙김 명상은 고통을 끝내기 위해 사용되는 불교 훈련 중 가장 널리 알려진 것이고 CBT 새로운 변형들에서 주요 훈련이다. 마음챙김에 대한 명확한 정의는 CBT 맥락에서 이 훈련을 이해하는 데 있어서 중요하다. 쿠데시아와 니마(2015)에 의해 쓰였듯이, 이 책에서 사용된 정의는 CBT의 기본적 원리를 나타내고 세 가지 중요한 인지 구성개념인 메타지각이나 메타인지, 초점식 주의, 그리고 목표와 관련된 현재 순간 관찰하기를 포함한다. 마음챙김 명상은 개인의 정신건강을 향상시키는 데 필요한 몇 가지 인지과정을 사용한다. 첫째, 마음챙김은 주의와 집중을 개선시키는데, 이 명상 훈련은 호흡에 주의를 집중하고 사고를 관찰하는 것이 요구되기 때문이다. 마음챙김 명상에 초점을 유지하기 위해 의지와 집중이 요구된다. 쿠데시아와 니마는 훈련을 통해 길러지는 일련의 인지 기술에 결심하기 행위를 추가하였다. 개인은 마음챙김 훈련을 유지하기 위해 시간과 에너지를 쏟겠다는 결심을 해야 한다. 마음챙김 명상 훈련은 메타인지와 메타지각을 활성화한다. 이 기술은 개인이 어떤 생각을 하는지와 개인이 자신의 생각을 어떻게 구조화하는지를 이해하기 위해 자신의 사고를 관찰하는 것, 사고 양식에서 변화를 관찰하는 것과 관련된다. 마음챙김 훈련의 또 다른 측면은 비판단적이 되는 것으로, CBT와 관련하여 그들의 생각을 사건으로서 받아들이도록 하지만 반드시 감정적으로 부담을 가질 필요는 없다는 것이다. 마음챙김 훈련에 의해 개선되는 마지막 인지는 심상, 즉 감각적 입력 없이 상상할 수 있는 능력이다. 이는 CBT, CBAT에서 사용되는 주요 인지이며 새로운 가능성을 열고 인지적 융통성을 강화한다.

불교 훈련의 인지적 상관성은 CBT 실제의 변형들에서 분명하게 나타나는데, 즉 결심, 인내, 주의, 상기, 경계이다. CBT의 네 가지 변형인 DBT, MBSR, MBCT와 ACT는 다음 장에서 탐색될 것이다. 미술치료사들도 불교 훈련을 그들의 실제에 포함하고 있다. 그러므로 CBAT가 미술치료를 어떻게 통합하고 있는가에 대한 개관은 중요하고 시의적절하다.

08

CBT와 CBAT 3세대

08 CBT와 CBAT 3세대

"마음챙김과 미술치료의 뿌리는 영적 및 종교적 행위를 강화하고 치유와 변화를 촉진하기 위해 의식 절차에서 예술을 사용한 먼 옛날로 거슬러 올라갈 수 있다."

(L. Rappaport & D. Kalmanowitz, 2014, p. 32)

앞 장에서는 최근에 문헌이나 치료의 실제에 널리 퍼져 있는 CBT와 CBAT를 위한 마음챙김의 철학적 이론적 근거를 제시하였다. 이 장에서는 CBAT 치료사들이 미술치료 개입방법들을 통합하고 미술치료 실제를 재고하기 위하여 각 변형들 내에서 개념들을 어떻게 사용하고 있는지와 더불어 네 가지 CBT 변형에 대한 기본적인 설명을 한다. 변증법적 행동치료(DBT)가 마음챙김 명상을 치료 프로토콜에 통합시킨 첫 변형들 중 하나였기 때문에, DBT부터 설명할 것이다. 이어서 두 가지 다른 변형인 마음챙김 기반 스트레스(MBSR)과 마음챙김 기반 인지치료(MBCT)에 대해 논의할 것이다. 이 장의 마지막 CBT 변형에 대한 검토에 수용전념치료(ACT)를 포함할 것이다.

DBT

DBT는 자해를 하는 성향과 치료 저항을 포함한 복합적인 임상적 문제를 가진 개인들을 치료하기 위한 수단으로 1970년대 리네한에 의해 개발되었다. 그녀는 이 접근법을 여러 차례 자살 시도 경력이 있는 사람들을 치료하기 위한 기본적인 행동치료 모델로 생각하였다. DBT의 구성요소는 증거 기반 치료에 뿌리를 두고 있으며, 행동치료(학습 원리 활용)와 CBT(부적응적인 인지 이해)를 포함한다(Brodsky & Standley, 2013). 리네한(1993a)은 DBT의 근본적인 목표가 자살하려는 사람들이 살아갈 가치 있는 삶을 만들 수 있도록 돕는 것이라고 강조하였다. 프로그램의 성공과 효과적인 개입방법들에 대한 신뢰로 인해 DBT는 경계선 성격장애(BPD)와 기분, 섭식 및 물질사용 장애를 가진 선택된 환자군을 포함하여 다른 다루기 힘든 심리적 상태에 있는 개인을 위해 선택할 수 있는 치료가 되었다.

로빈스, 슈미트와 리네한(Robins, Schmidt, & Linehan, 2004)에 의하면, 자살경향과 BPD를 지닌 내담자는 비판에 민감하기 때문에 행동 변화에만 초점을 맞추는 것은 감정의 강도를 감소시키기보다는 각성을 증가시키게 된다. 또 이러한 장애를 가진 수많은 내담자에게 정서조절장애는 문제가 되는 특징이고, 문제 행동이 치료의 초점이 될 때 그들은 빠르게 자극된다. 따라서 리네한은 DBT를 기술 훈련 프로그램과 수용, 온정으로 내담자의 욕구를 수용하는 개입방법 모두를 포함하는 것으로 생각하였다. 브로드스키(Brodsky)와 스탠들리(Standley)는 내담자의 민감한 특성 때문에 이 치료적 접근에서 부적응적인 사고를 발견하는 것보다 기술 습득이 선행된다는 점을 강조하였다. 리네한은 마음챙김 기술이 자신의 처지를 받아들이도록 배우는 수단으로 내담자에게 제공하는 DBT의 핵심 구성요소라는 사실을 강조하였다. "그것은 배우게 되는 첫 기술들이고, 환자는 매주 작성하는 일지에 그것을 기록한다."(Linehan, 1993a, p. 144) DBT에서 가르치고 훈련되는 다른 주요 기술은 고통 감내, 감정 조절 및 대인관계 기술이다.

DBT의 초점이므로 변증법이라는 용어의 사용을 탐색하는 것은 중요하다. 브로드스키와 스탠들리(2013)에 의하면, 철학적 구성개념인 변증법이라는 용어는 세 가지 치료 개념, 즉 유대감, 변화의 불가피성과 진실은 반대되는 생각을 파악함으로써 도출될 수 있다는 개념을 강조하기 위하여 치료 양식에 추가되었다. 리네한(1993a)은 변증법에서 모든 명제는 반대되는 반명제를 가정하며, "변증법은 상호관련성과 전체성을 강조한다."(p. 31)라고 하였다. 변증법은 또 페미니스트에 뿌리를 두고 있는데, 이는 주로 여성인 BPD 환자의 치료에 적절하다. 로빈스 등(2004)은 DBT를 특징짓는 변증법의 네 가지 개념을 설명하였다.

- 전체는 독립적으로는 중요성을 띠지 않는 서로 다른 부분들의 관계이다.
- 전체는 부분의 합 그 이상이다.
- 부분과 전체는 서로 관련되어 있다(그리고 서로에 대해 정의된다).
- 변화는 모든 체계의 한 측면이며, 주어진 체계의 모든 수준에 존재한다. (p. 33)

DBT에서 변증법은 내담자와 치료사, 내담자와 치료 프로그램 간의 관계를 특징짓는다. 각각은 서로 영향을 미치거나 변화시킨다. 치료적 관계는 내담자가 더 큰 맥락에서 그들의 문제 행동과 그것이 그들의 환경에서 자신과 타인에게 어떻게 영향을 미치는지를 정확하게 지각하도록 돕기 위한 토론장으로써 사용된다. 따라서 치료 관계는 어떠한 상호작용에도 유일한 진리는 없다는 것을 내담자가 인식하도록 도와주는 방식으로 구조화된다. 이 개념을 이해하는 것은 모순을 다루는 데 도움이 되며, 치유적이고 변화로 이어진다. 치유 관계의 원리들은 치료사의 행동뿐만 아니라 내담자도 안내한다. 치료사는 변화를 촉진하는 사람이며, 수용력이 있어야 한다.

리네한은 DBT를 일련의 학습 모듈을 사용한 장기치료로 개념화하였다(Butler, 2001). 개인치료, 집단 기술 훈련, 개인 전화 코칭과 집단상담 또는 팀 회의 참석 모두가 첫 번째 모듈에 포함된다. 첫 번째 모듈의 주요 목표는 다음과 같다. ① 문제 확인하고 해결하기, ② 치료과정에 피해를 주는 행동 해결하기, ③ 삶의 질을 방해하는 문제 해결하기, ④ 자기돌봄, 자기진정 및 마음챙김과 관련된 기술 습득하기, ⑤ 도움이 필요할 때 요청하는 법 배우기, ⑥ 매주 팀 회의를 통해 환자가 치료과정에 계속 전념하도록 하기(Linehan, 1993a).

이 첫 번째 모듈은 다면적이고, 두 가지 이유로 여러 치료사의 활용을 요구한다. 첫째, 환자가 한 명의 개인치료사에게 의존하게 될 가능성을 줄이기 위한 것이며, 두 번째는 종종 치료과정을 방해하는 전이 문제를 줄이기 위한 것이다. 마음챙김 기술은 내담자가 프로그램을 시작하는 데서 오는 스트레스에 대처하고 자기수용을 배우도록 할 목적으로 하는 첫 번째 모듈의 일부이다. 클라크(2017)가 개념화한 두 번째 모듈은 안녕과 감정 표현의 기초를 마련한다. 세 번째 모듈은 내담자가 첫 두 모듈에서 학습한 것을 통합할 수 있도록 한다. 네 번째 모듈은 내담자가 유대감을 느끼고 개별 자아의 개념을 내려놓도록 돕는 데 초점을 맞추고 있다. 이것은 명상적 훈련을 통해 행해진다. 두 번째에서 네 번째 모듈은 억제 또는 행동화하지 않고 힘든 감정을 경험하고, 삶의 질을 향상시키며, 마지막으로 즐겁게 살아가는 것을 강조한다(Butler, 2001). DBT의 실시는 전문적인 훈련이 요구되며 일반적으로 팀 접근방식으로 훈련된다. 원래 순차적 모듈이나 단계적 치료로 생각했던 리네한은 재빨리 마음을 바꿔서 환자의 특별한 치료 요구에 가장 적합한 모듈의 적용을 제안하였다(Linehan, 1993b).

리네한(1993a)이 제안한 DBT의 또 다른 주요 측면은 세 가지 마음, 즉 감정적 마음, 이성적 마음, 지혜로운 마음에 대한 개념이다. 클라크(2017)는 이 세 가지 마음가짐을 연구하였다. 경계선 성격장애가 있는 내담자에게서 흔히 볼 수 있는 감정적 마음은 감정이 개인의 행동과 사고 과정을 흐리게 하는 것이다. 이성적인 마음은 감정적인 마음의 반대이며, 논리에 의해 지배된다. 지혜로운 마음은 감정과 이성을 결합시키는 중용이며, 개인이 전체 그림을 보고 어려운 상황에 대처할 수 있는 내면의 힘을 발견함으로써 해결책을 찾을 수 있도록 한다.

CBAT와 DBT

마음챙김 기반 치료 전략으로써 미술의 활용이 폭넓게 시행되고 있다 하더라도, 소수의 미술치료사만이 문헌에서 DBAT에 대해 쓰고 있다. 현행 DBAT 저자는 "DBT에 입각한 미술치료를 '1단계 개념과 기술을 탐색하고 시행하고 일반화하기 위한 창조적인 시각적 활동의 전략적 사용'으로 정의한다고 하였다."(Clark, 2017, p.114) DBAT의 예는 미술치료사가 이 치료과정 내에서 어떻게 시행하는지를 보여 주는 근거가 된다. DBAT는 치료과정의 다양한 구성요소를 통하여 탐색될 것이다.

DBAT

클라크(2017)[1]는 DBT 원리와 기법에 기반을 둔 미술치료 프로그램을 개발하였다. 여러 경험 끝에 일부는 성공적이고 일부는 그렇지 못했지만, 그녀는 실행 가능한 DBT 기반 미술치료 모델 다섯 가지를 찾아내었다. 첫 번째는 DBT의 첫 번째 모듈에 통합된 것으로 사회적 기술 교육과 미술치료가 통합된 프로그램이다. 한 가지 미술치료 개입방법은 반미소(half-smile) 콜라주이다. DBT 연구에서 반미소 DBT 기술 강습은 개인이 현실을 받아들이는 데 얼굴 표정이 어떻게 도움이 되는지에 관한 것이다. 콜라주(살짝 미소 짓는 사람들의 잡지 이미지로 시작)는 내담자가 반미소의 근본적인 목적을 이해하고 얼굴 표정이 기분에 어떤 영향을 미치는지 배우도록 돕는다.

두 번째 모델은 일주일에 2회기 하는 순차적 모델이다. 하루는 DBT 기술을 교육하고, 다른 하루는 배운 기술을 통합하기 위해 미술치료 활동을 한다. 이것의 예는 거꾸로 그리기인데, 이는 내담자가 마음챙김과 비판단적인 기술을 사용하여 관찰 및 묘사하는 기술들을 통합하도록 돕기 위해 하게 된다. 내담자에게 색칠하기 용지를 거꾸로 주고 내담자에게 거꾸로 그려진 색칠하기 용지를 보고 똑같이 그리도록 한다. 클라크는 그림이 오른쪽으로 돌려지자 내담자가 자신의 작업의 정확성에 놀라는 것을 발견하였다.

세 번째 모델은 DBT 주제가 있지만 명시된 일련의 기술이 아닌 비구조화된 미술치료 개입방법을 고려하는 미술 기반/병렬식 과정이다. 예를 들어, 시각저널 집단은 DBT 지시문을 활용하였다. 다른 예로는 환자들이 시간을 구조화

1) 그녀의 DBT 모델 전체를 탐색하기 위해 클라크(2017)를 참조하라.

하도록 돕기 위해 계획된 미술 기반 목표 집단(art-based goals group)과 가치 있는 삶을 발달시키는 데 초점을 둔 자기존중감 워크숍이 있다. 종합 주거 치료시설에서 이루어진 다학제적 모델은 미술치료와 DBT 기술 훈련을 통합시킨 것이다. 다섯 번째 모델은 클라크가 독립된 프로그램이라고 명명한 것으로, 미술치료가 주된 초점이지만 개입방법은 DBT 원리에 근거를 두고 있다.

수용과 변화

허크빌과 리어먼스(Huckville & Learmonth, 2009)에 의하면, DBT는 만성 정신질환 환자를 대상으로 한 미술치료에 쉽게 통합된다. 그들은 환자가 미술치료를 통해 행동 관리를 위한 작업의 민감한 문제에 대해 수용된다고 느끼도록 할 수 있다고 가정하였다. 저자들은 행동 변화를 밀어붙이는 것은 환자를 무력하게 하고, 리네한의 경험에 근거하면 그것은 불필요한 각성의 원인이 된다고 하였다. 이것은 DBT에서 중요한 문제이다. 리네한(1993a)은 변화의 의제를 가지고 앞으로 나아가기 전에 환자의 특이성을 수용하는 것이 필요하다는 것을 발견하였다.

허크빌과 리어먼스(2009)가 소개한 사례에서, 지저분함을 두려워하는 환자는 그녀가 사용할 미술 재료 아래에 비닐을 깔고 장갑을 껴야 했다. 내담자는 치료사가 이러한 안전장치를 제공함으로써 자신을 지지한다는 것을 인식했을 때 미술 재료의 사용 제안에 응하였다. 저자들은 "수용이 관계와 회기 구조 내에 포함되었다. 변화 가능성은 미술 재료를 통해 탐색되었다. 치료사의 수용적인 태도와 미술에 의한 변화 사이의 변증법이 반영과정에서 나타났다."라고 하였다(p. 56). 수용을 통해 환자는 개방 병동에서 제공된 집단미술치료로 되돌아가고 지저분함에 대한 두려움에서 벗어날 수 있었다.

수용과 변화의 변증법은 미술치료사가 공격적인 아동과 어떻게 관계를 맺을 수 있는지를 연구한 니시모프-나훔(Nissimov-Nahum, 2008)의 논문에서 논의되었다. 그녀는 교육 장면에서 문제 행동을 하는 아동과 작업하는 미술치료사들에 대해 조사한 후, 미술치료사가 이러한 유형의 아동과 작업하는 방법에 대한 개념적 모델을 제공하였다. 이 모델의 첫 번째 원리는 "판단이나 비판 없이 긍정적인 관계를 구축하는 것"에 우선 초점을 맞추는 것이었다(p. 345). 둘째, "공격적인 행동은 허용되지 않는다는 메시지를 전달하면서 감정, 생각, 행동 사이의" 관계를 아동이 이해하도록 돕는 것이 필수적이다(p. 346). 니시모프-나움은 또한 명확한 경계의 설정과 폭력적인 행동을 한다면 발생하게 될 결과를 간단히 설명하는 것을 포함하여, 아동이 미술치료 회기에서 공격적으로 행동할 때 미술치료사가 개입하는 방법에 대해 제안하였다. 이러한 중요한 지침은 변증법적 접근의 중요한 부분이다.

알아차림과 마음챙김

헤크울프, 버글랜드와 모라티디스(Heckwolf, Bergland, & Mouratidis, 2014)는 전략적 미술치료 원리들과 DBT에서 그에 대응하는 것을 결합시켰다. 예를 들어, 미술치료에서의 알아차림 증진과 마음챙김의 결합은 미술치료사가 DBT 목표를 그들의 작업에 통합시킬 수 있는 방법을 이해하는 데 도움을 준다. 마찬가지로, 승화를 DBT 원리인 감정 조절과 결합시켰다. 충동에 따라 행동하지 않음으로써 내담자는 힘든 감정 상태를 더 잘 통제할 수 있고 감정에 대한 폭발과 충동적인 반응에 의해 지배되지 않는 삶을 살 수 있다.

애나의 사례를 통하여, 헤크울프 등(2014)은 압도적인 불안과 우울을 경험하는 애나와의 DBAT를 설명하였다. 애나의 부모가 이혼을 마무리 지은 후 완성한 그림은 승화와 감정 조절 결합의 한 예를 보여 주는 것이다. 그림은 애나의 어린 시절의 안전한 장소를 그린 것인데, 공원과 같은 환경에 나무가 있었지만 하늘은 불타는 듯하고 위험하였다. 헤크울프 등은 같은 면에 안전하고 무서운 이미지를 둘 다 표현하는 것에서, 애나는 반대되는 감정이 같은 공간을 차지할 수 있다는 것을 알게 되었다고 설명하였다. 이러한 유형의 미술작업들을 통해 그녀는 비록 힘든 마음상태를 다룰 때조차도 문제 해결에 대한 자신감을 키웠다.

창조적인 마음챙김

폰 달러와 슈반벡(von Daler & Schwanbeck, 2014)에 의해 개발된 창조적인 마음챙김 모델은 DBT를 미술과 다른 표현적인 양식들과 통합한 것이었다. 저자들은 그들의 모델을 자해 경향과 정서조절장애를 겪고 있는 취약한 내담자를 대상으로 한 창조적이고 감각적이며 미술 표현의 놀이적인 측면을 기술 기반 회기에 통합한 실험으로 설명하였다. DBT 치료사로서 그들은 그 실험을 증거 기반 사고와 함께 창조적인 접근방식에 근거를 두었다. 이를 위해 그들은 치료적 변화를 평가하기 위해 신경학적 변화 원리들을 포함하였다.

폰 달러와 슈반벡(2014)에 의하면, 창조적인 반응이 부적응적인 행동과 결합되면 새로운 행동 반응이 나타나고, 뇌에 상응하는 신경학적 경로가 재연결된다. 저자들이 이론을 탐구하기 위해 사용하였던 예는 외로움을 느낄 때 스스로를 달래기 위해 음식을 먹는 사람이었다. 음식을 먹기보다, 그 사람이 외로움의 불편한 감정 상태에 대해 예술적인 반응을 활용하도록 배웠다면, 새로운 행동을 배우게 될 것이고 뇌가 변화하기 시작할 것이다. 그들은 신경 가소성이 경험과 관련되며, 미술에 참가하는 것과 같은 여러 감각을 포함하는 새로운 경험은 뇌의 감정적·인지적 영역 모두의 변화에 영향을 미칠 수 있다고 가정한다. 따라서 새로운 행동 양식에 대한 학습은 모든 감각이 활용될 때 더 쉬워진다. 이러한 학습 유형은 DBT에서 중요한데, 그것이 기술 습득 치료 양식이기 때문이다.

그들의 이론에 근거하여, 폰 달러와 슈반벡은 3단계 창조적 마음챙김/DBAT 프로그램을 설명하였다. ① 혼란, ② 새로운 경험 만들기, ③ 새로운 기술을 실제나 내담자의 일상생활에 적용하기이다. 이 3단계는 세 가지 주요 DBT 핵심 개념, 즉 ① 혼란/탈중심화, ② 새로운 경험/다양한 놀이 창조하기, ③ 적용/연습 및 수행과 관련이 있다. 그들은 그 작업의 예로서 몇 가지 미술치료 활동을 제시하였다. 비판단적이고 현상학 기술을 결합한 활동은 집단구성원으로부터 작품 하나를 선택하고 그 작품에서 관찰할 수 있는 모든 것(예: 색상, 형태, 선 등)을 묘사하는 것을 포함한다. 두 번째 전략은 내담자가 찰흙 덩어리를 쥐고 그 매체의 다양한 감각적 측면에 주의를 기울이도록 격려함으로써 촉각적 특성을 탐색하도록 하는 것이다. 리네한의 가치 있는 삶을 창조한다는 개념을 사용하여 폰 달러와 슈반벡(2014)은 "창조적인 마음챙김은 창조의 궁극적인 행동이 가치 있는 삶을 창조하는 것이라고 말하고 있다. 우리의 목표는 내담자가 그들의 삶의 기술 목록을 증가시키도록 지지하는 것이다."라고 하였다(p. 240).

DBAT의 실제

두 명의 미술치료사 샤일라 로렌조 드 라 페냐와 제시카 마지노 드래스(Jessica Masino Drass)는 DBAT 사고방식을 활용하여 환자와 어떻게 작업했는지 설명하였다. 플로리다에 있는 대형 주립 정신병원의 미술치료사인 로렌조 드 라 페냐는 DBT 팀의 일원이다(개인적 대화, 2014. 11. 19.). 그녀는 세 가지 방식, 즉 ① DBT 기반 기술 습득 집단, ② DBAT 집단, ③ 개인미술치료 회기를 실행한다. 그녀는 환자가 마음챙김, 감정 조절, 스트레스 감내와 비판단적 기술을 훈련하는 수단으로 DBT와 함께 미술 기반 체험을 적용한다. 드래스(2015)는 여성을 대상으로 한 DBT 치료를 하는 병원 외상 프로그램에서 일했고, 그곳에서 미술치료 프로그램도 운영하였다. 그녀는 자신의 치료실에서 DBT 원리에 근거한 미술치료 집단 회기를 실시하였다.

회기의 구조

두 미술치료사는 그들의 작업의 구조와 안전의 중요성을 강조하였다. 예를 들어, 로렌조 드 라 페냐는 특별한 미술 매체의 사용방법에 대한 명확한 비전을 가지고 각 회기를 계획한다. 거기에서 그녀는 환자에게 재료 다루는 법을 어떻게 전달할지에 대하여 생각하고, 그다음 미술과 상호작용하는 방법에 대해 아주 조금씩 환자들에게 알려 준다. 색상을 혼합하면 놀랍지만 원하지 않는 색조가 생길 수 있기 때문에, 그녀는 환자가 사용할 몇 가지 색으로만 시작하는 법을 알게 되었다. 이는 자신도 모르게 압도적인 감정적 반응을 유도할 위험을 감소시킨다. 각 회기 준비는 처음부터 끝까지 계획하는 것을 포함한다. 그녀는 준비, 매체와의 상호작용과 마무리까지 내담자가 참가하는 것에 대해 생각한다.

드래스(2015)는 또한 구조와 안전이 DBAT에 필수적이라고 강조했으며, "미술실의 물리적 배치와 조직"을 신중하게 고려하였다(p. 169). 구조에 주의하는 목적은 환자에게 구조를 내면화할 수 있는 기회를 제공하는 것이었다. 보관 영역에 있는 미술 매체들도 세심하게 잘 정리되어 있어서, 환자들은 매체에 쉽게 접근할 수 있고 필요한 매체를 어디서 찾을 수 있는지 알기 쉬웠다. 미술실의 세심한 구조와 접근하기 쉬운 매체들을 통해, 환자는 자율적이고 자신이 직접 통제하는 연습을 할 수 있다.

미술 체험

마음챙김 연습을 하도록 로렌조 드 라 페냐가 도입한 미술 기법은 색과 향이 주입된 액체로 거품 불기, 다양한 질감과 두께를 가진 재료를 경험하기와 기본적인 매체 탐색을 포함한다. 감정 조절을 위해 로렌조 드 라 페냐는 환자가 큰 도화지를 가로질러 물감이나 다른 종류의 색을 칠하는 동안 그들의 호흡에 주의를 기울이고, 도화지 위에 원을 만들려고 물감을 돌려가며 칠하기 위해 전신을 사용하는 데 주의를 기울이고, 다음 단계로 이동하기 전에 환자가 숙달감을 경험할 때까지 한 번에 한 단계씩 각 미술과정에 참여하는 데 주의를 기울이도록 하였다.

감정 조절과 스트레스 감내를 위해 로렌조 드 라 페냐는 미술과정의 속도를 늦추고, 미술작업의 작은 단계들에 주의를 기울였으며, 환자가 그림이나 특정 이미지보다는 패턴을 만들기 위해 선을 사용하도록 하였다. 비판단적 수용을 실천하기 위해, 그녀는 비닐들 사이에 물감을 떨어뜨리는 것 때문에 여러 겹으로 비닐을 깔았다. 환자들은 지저분해지지 않고 실수했다고 판단되는 걱정 없이 물감을 사용하였다. 만약 환자가 그 색칠에서 흥미로운 디자인을 발견했다면, 그들은 재미있다고 생각하는 패턴을 한 가지 색으로 종이에 프린트하였다.

드래스(2015)는 DBT의 치료 목표를 다루는 주제를 선택하고, 이러한 주제를 반영한 여덟 가지 미술 체험을 개발하였다. 예를 들어, 억제, 통제와 정체성을 위해 그녀는 환자에게 지혜로운 마음 책을 만들도록 하였다. 그것은 "나는 세상에 누구라고 소개하는가?" "나는 무슨 이야기를 해야 하는가?"와 같은 질문을 해결하는 데 사용한 입체 콜라주로 묘사되었다(p. 170). 그녀의 DBAT 개입방법의 또 다른 예는 고통 감내 바구니였다. 기술 형성과 자기진정을 위해 계획된 이 바구니는 "자기진정, 이완, 접지하기(grounding)와 권능감"을 가르치기 위해 점토 코일링 기법을 사용하여 만들었다(p. 171).

DBAT 실제를 위한 제안

DBAT 치료사로서 로렌조 드 라 페냐는 실제의 두 가지 필수적인 측면을 권장하였다. 즉, ① 마음챙김 훈련을 위한 모델로 자기 자신을 활용하는 것, ② 매체 차원의 변인에 대한 깊은 이해를 습득하는 것이다(Kagin & Lusebrink, 1978). 그녀는 색채이론, 매체 속성과 기타 미술 활동 도구에 대한 철저한 이해가 DBAT에 필수적이라고 하였다. DBAT 실제에서 약간의 실수를 한 후, 그녀는 회기 전에 자신에게 주의를 기울이는 법을 알게 되었다. 그녀는 또한 미술치료실 주위에 비판단적 태도에 대한 사려 깊은 인용문을 붙였다. 이것은 그녀가 주목하고 참석하기 위한, 그리고 내담자를 위해 마음챙김 활동의 모델이 되기 위한 단서나 암시로써 도움이 된다. 때때로 그녀는 환자를 대상으로 마음챙김을 한 개입을 준비하기 위해 회기 전에 호흡 훈련이나 그녀 자신의 미술 체험을 한다.

드래스의 경우, BPD 환자와 함께 작업할 때 세 가지 치료적 의제가 강조되어야 한다. 즉, ① 환자가 만드는 미술 프로젝트 창조하기, ② 미술작업과 치료사가 지시하는 과업을 구조화하기 그리고 ③ 선택 작업의 보장과 내담자에게 권한 주기이다. 그녀는 미술 작품을 논의할 때 은유적 수준에 머물고, 너무 많은 개인 정보를 공개하지 않도록 보호하고, 감정을 불러일으키거나 촉발 자극을 활성화시키는 대화 가능성을 줄이도록 집단미술치료사들에게 주의를 주었다.

클라크(2017)는 DBAT 치료사의 특성을 탐색하였다. 그 목록은 광범위하고 그녀가 인용한 많은 자질은 로렌조 드 라 페냐와 드래스의 연구를 반영한 것이다. 그녀의 몇 가지 다른 권장 사항은 융통성, 평등주의와 타당성을 포함한다. 그녀는 또한 미술치료사는 변증법적이기를 권장한다. 클라크는 "미술치료는 본래 변증법적이다. 따라서 DBT 기반 미술치료는 '모순된 진실이 반드시 서로를 상쇄시키거나 지배하는 것이 아니라 나란히 서서 참가와 실험을 불러일으킨다.'는 입장에서 내담자가 시도할 수 있는 기회로 발달된다."(p. 159)라고 주장한다.

요약

이 미술치료사들은 리네한이 개발한 복합적인 DBT 프로그램에 미술치료를 창의적으로 도입하였다. 여섯 가지 중요한 DBAT 개념을 강조하는 것은 중요하다. 첫째, 미술치료사는 다른 상황에서 견딜 수 없는 것으로 보일 수 있는 문제가 있는 요구를 포함하여, 부적응적인 행동을 수용하는 자세로 각 내담자에게 접근하는 것이 중요하다. 둘째, 미술치료사는 신경 경로의 변화에 영향을 미칠 수 있는 감각 경로를 열기 위한 기반으로 미술을 사용한다. 셋째, 미술은 내담자가 자신의 관점에서 모순을 알아차리도록 돕고, 대립되는 신념을 깊이 생각할 수 있다. 넷째, 회기를 구성하기 위해서는 구조가 필요하지만, 개인의 선택과 의사결정을 허용하는 것이 중요하다. 다섯째, 미술작업 과정은 변증법적 사고방식으로 접근한다. 마지막으로, 미술치료사는 각 치료 회기를 마음챙김한 태도로 접근해야 한다.

MBSR

1982년에 카밧진은 마음챙김 기반 강습을 통한 통증 감소에 관한 연구를 하였다. 그는 마음챙김 명상은 주의를 유지하기 위하여 개인의 집중력을 사용한다는 것을 발견하였다. 그는 강습 기반의 10주 스트레스 감소와 이완 프로그램인 MBSR을 만들었고, 마음챙김 명상으로 환자를 훈련시켰다. 그는 그 훈련을 "순간순간 주의에 대한 의도적인 자기조절"로 정의하였다(p. 34). 그 연구의 환자들은 만성적인 통증을 다루는 프로그램에서 향상이 되지 않았거나 만족하지 않았던 사람들이었다. 그 프로그램의 초점은 환자들에게 만성적인 통증을 관리하기 위해 내적 자원을 활용하는 방법을 가르치는 것이었다. 이 프로그램의 주요 목표는 자기조절력을 기르는 것이었다.

통증이 만성일 때, 사람들에게 영향을 미치는 스트레스는 매우 클 수 있다. 카밧진(1982)은 약물이 통증을 완화시킬 수 없을 때 개인의 인지 기술이 통증 관리를 돕기 위해 활용될 수 있다고 가정하였다. 떼어 놓기 인지 기술을 사용하여, 그는 통증에 대한 감정적인 반응은 통증의 감각적 요소로부터 분리될 수 있고, 개인은 고통스러운 자극에 대한 반응을 통제할 수 있다는 것을 발견하였다.

MBSR 프로그램

카밧진에 의해 개발된 원래의 MBSR 치료 프로그램에서, 환자들은 주당 2시간, 10주 프로그램에 참가하였다. 프로그램에서 세 가지 유형의 공식적인 마음챙김 훈련을 가르쳤다. 첫째, 훑어보는 명상 또는 보디스캔으로, 누워있는 사람은 호흡과 이완에 주의를 두고 머리에서 발끝까지 자신의 신체를 마음으로 훑어보거나 쓸어내리도록 안내된다. 다음은 정좌 명상이 소개되는데, 환자들이 호흡 명상을 배웠다. 마지막으로 하타요가 또는 부드러운 자세가 손상되거나 쇠약한 신체 각 부위들의 사용을 증가시키기 위한 명상 훈련으로 도입되었다. 명상 훈련은 과제로 주어졌고, 환자들에게 스트레스와 대처하기에 대한 읽을거리가 제공되었다.

그 결과, 고통이 감소할 뿐 아니라 환자들은 고통과 관련된 기분장애가 덜해지고, 에너지가 증가하고 대처 수준이 더 높아졌다. 정신과적인 증상도 검사되었는데, 우울, 불안, 강박증, 신체화의 강도가 감소한 것으로 밝혀졌다. 질적 결과에서 자기존중감, 의사소통과 대처 능력의 향상이 보고되었다.

MBSR 프로그램의 평가

MBSR은 성공적으로 인식되었다. 카밧진은 증거 기반 실제로서 긍정적인 결과들과 함께 많은 연구를 수행할 수 있었던 그의 강습 기반 프로그램에서 특정한 명상 훈련을 설명할 수 있었다(Dryden & Still, 2006). 비숍(Bishop, 2002)은 MBSR 조사연구에 대해 비판적인 고찰을 하였다. 배어(Baer, 2003)는 일부 MBSR 연구 결과에 대해 실증적 고찰을 수행하였다. 그로스만, 니만, 슈미트와 발라흐(Grossman, Niemann, Schmidt, & Wallach, 2004)는 스트레스 감소와 건강상 이점의 증가를 위한 MBSR의 메타분석을 수행하였다. 그리고 자이널, 부스와 휴퍼트(Zainal, Booth, & Huppert, 2013)는 유방암 환자의 정신건강을 위한 MBSR의 메타분석을 수행하였다.

배어(2003)는 이완, 자기관리, 노출, 인지적 변화와 수용을 포함한 치료적 향상을 낳은 MBSR에서 변화 기제를 발견하였다. 그러나 배어는 마음챙김 훈련에 내재된 개념(예: 증가된 알아차림, 통찰 등)은 평가하기 어렵다고 언급하였다. 그녀는 마음챙김을 더 효과적인 결과를 낳을 수 있는 방법으로 조직화하는 것을 권하였다. 그럼에도 불구하고 이러한 고찰은 MBSR이 스트레스 관련 장애들과 기타 진단들, 예를 들어 우울(Marchand, 2012)과 만성 외상성 뇌 증후군(Azulay, Smart, Mott, & Cicerone, 2013)을 위한 효과적인 개입방법이라는 것을 가리켰다. 또한 MBSR은 건강한 개인의 생활 스트레스원을 다루고 자기 효능감을 증진시키는 데 효과적이다(Khoury, Sharma, Rush, & Fournier, 2015; Sibinga et al., 2011).

개입의 핵심이 되는 마음챙김 훈련이 불교심리학에 근거한다 하더라도, 카밧진은 이 훈련을 종교적인 전통으로서의 불교와 분리하여 사용했음을 밝혔다. 드라이든과 스틸(Dryden & Still, 2006)에 의하면, 카밧진은 마음챙김이 단지 스트레스를 완화하는 단기 개입방법이 아니라 삶의 방식이라는 것을 발견하였다. 원래 10주 프로그램은 8주 과정으로 단축되었으며, 회기는 2시간 30분으로 연장되었다. 이는 가능한 한 많은 참가자가 그 교육과정을 마칠 수 있도록 돕기 위해서 행해졌다.

미술치료와 MBSR의 통합

카밧진에 의해 만들어진 MBSR 치료에 미술을 통합하는 것이 일부 미술치료사의 상상력을 사로잡았다. 스트레스를 완화하고 자기조절력을 향상시키기 위해 계획된 단기 강습 기반 교육과정이 많은 진단군에게 적용되었다. 마음챙김 훈련의 형태로써 미술을 사용하는 것과 마음챙김 명상의 치료적 이점 사이의 유사점은 이 두 방식을 자연스럽게 연결한다.

통증 관리를 위한 MBSR과 미술치료

프리취(Fritsche, 2014)는 "미술치료는 통증 경험의 관찰을 더 깊게 하고 그것의 상징적 측면을 밝히도록 도울 수 있다."라고 가정하였다(p. 83). 만성 통증을 겪고 있는 환자를 대상으로 한 연구에서 그는 미술을 하는 것이 통증에 대한 지각을 완화시킨다는 것을 발견하였다. 하나의 모델로써 카밧진의 프로그램을 사용하여 프리취는 마음-몸 알아차림 미술치료 프로그램(Mind-Body Awareness Art Therapy Program)의 개요를 설명하였다. 프로그램은 7단계로 되어있으며, 그것은 탐색, 표현, 확장, 에너지 방출, 방향 전환, 재인지와 완화로 구성되었다.

그 프로그램은 소집단으로 진행되었는데, 10~12주 동안 매주 만났다. 각 회기는 짧은 토의로 시작되었다. 이어서 마음챙김 주의와 미술을 활용한 준비 활동이 제시되었고, 마지막으로 미술 지시문이 소개되었다. 미술작업을 완료한 후 집단이 다시 모여 자신의 경험과 통찰을 토론하기 위한 시간을 따로 배정해 두었다. 미술 지시문의 주제는 보디스캔, 통증 알아차림과 주변 공간, 감정, 분노 표현, 풍경, 흑백 그림 그리고 낙관주의와 권능감을 포함하였다.

암 환자를 위한 MBSR과 MBAT

두 연구가 암 환자를 위해 MBSR과 미술치료를 사용하여 수행되었다. 2006년, 몬티(Monti) 등은 여성 암 환자를 대상으로 마음챙김 기반 미술치료(MBAT)의 무작위 임상실험을 수행하였다. 미술치료사이며 암 임상실험의 주요 저자 중 한 사람인 피터슨(Peterson)은 종양 환자를 대상으로 미술치료와 카밧진의 MBSR 프로그램을 통합한 MBAT를 설명하였다(Peterson, 2014).

피터슨이 개발한 MBAT 프로그램은 8주간의 회기로 구성되어 있으며, 각 회기는 2시간 30분 동안 지속된다. 그녀는 7회기를 제외하고 카밧진의 교육과정에 따라 구성했으며, 7회기에 내담자들은 마음챙김 훈련과 미술작업을 위한 자유 시간을 촉진하기 위해 의도된 피정(避靜)[2] 지향(retreat-oriented) 환경에서 만났다. 그녀는 마음챙김 훈련을 카밧진의 교육과정에서보다 프로그램에서 더 빨리 내담자에게 소개했다고 하였다. 그러나 그녀는 카밧진이 그랬듯 MBAT 프로그램에 과제와 자기보고를 포함시켰다.

안도, 키라, 하야시즈와 이토(Ando, Kira, Hayashida, & Ito, 2016)에 의한 두 번째 연구는 일본에서 수행되었고, 참가자는 유방암이 전이되거나 4단계로 암이 진행된 10명의 여성 환자였다. 또한 카밧진 프로그램에 근거한 MBSR과 미술치료 프로그램은 단 2번의 개인 회기였고 제목을 마음챙김 미술치료 단기 버전

2) 역자 주: 종교적 수련이나 묵상을 위한 칩거. dic.daum.net

이라고 하였다. 회기는 2주 간격으로 실시되었다. 참가자들이 회기 밖에서 마음챙김을 연습하는 데 사용하도록 하기 위해 환자에게 녹음된 명상 CD를 제공하였다.

미술치료 개입

피터슨의 프로그램의 핵심은 미술작업을 소개하는 것이었다. 그녀는 마음챙김 미술 매체 탐색(Mindful Exploration of Art Materials: MEAM)으로 시작하는데, 제한 시간 내 다양한 미술 재료를 가지고 하는 실험들로 구성되었다. 특별한 지시문이 마음챙김 미술 매체 탐색 훈련을 위해 제공되었고, 탐구를 목적으로 만들어졌다. 또 다른 훈련은 마음챙김 명상 전후에 미술 활동을 하는 것이었다. 다른 미술치료 개입방법들은 통증에 초점을 맞추기 위하여 보디스캔을 활용하여 통증에 주의를 가져오는 것, 유쾌하거나 불쾌한 일 그림들, 마음챙김 훈련의 개인적인 경험에 대한 미술작업, 신체에 대한 느낌 단어 나타내기, 치유 장소 작업과 그녀가 **도보 여행**이라고 부르는 새로운 훈련을 포함하였다(Peterson, 2014, 2015). 도보 여행에서 환자들에게 병원 외부 주변을 마음챙김하여 걷고 그들이 본 것을 사진 찍도록 지시하였다. 이 사진들을 근거로 하여 콜라주 작업을 하였다.

마음챙김 훈련을 제공한 후, 안도 등(2016)은 참가자들에게 찰흙, 콜라주 재료, 그림 매체와 수채화 물감을 포함한 미술 매체를 제공하였다. 그들이 사용한 지시문은 "당신의 느낌이나 감정을 자유롭게 표현해 주세요."이었다(p. 37).

MBAT 연구 결과

피터슨의 MBAT 프로그램을 기반으로 한 연구에는 치료집단 56명의 여성과 그 질병과 비슷한 단계에 속한 대기자 명단(치료집단에서 연구를 완료한 여성 45명과 대기자 집단의 여성 48명)에 있는 통제집단 55명의 여성이 포함되었다. 두 가지 주요 가설, 즉 ① 치료집단 여성이 통제집단 여성보다 고통을 덜 보고

한다는 것과 ② 치료집단의 여성의 삶의 질이 개선되는 것을 검증하였다. 그 결과는 치료집단의 여성이 대기자 집단과 비교하여 통계적으로 유의미하게 고통이 감소하는 것을 경험했음을 가리켰다. 삶의 질과 관련하여 삶의 질 척도의 36개 하위 척도 중 4개, 즉 정신건강, 일반적인 건강, 활력 및 사회적 기능 면에서 치료집단에 속한 환자들이 유의미하게 향상된 것으로 나타났다. 삶의 질 척도의 종합 점수는 유의미한 수준에 도달하지 못하였다. 그러나 이 결과는 미술치료를 카밧진의 MBSR 프로그램에 결합한 고무적인 결과를 보여 준다.

안도 등은 두 회기가 끝난 후 기분상태 척도에서 활력의 증가와 피로의 감소를 보고했지만, 다른 척도에서는 긍정적인 변화를 나타내지 않았다고 보고하였다. 저자들은 또 영적 안녕 검사를 실시했지만, 회기가 끝난 후 거의 변화가 없었다. 이 척도의 규준보다 참가자들의 사전 검사 점수가 더 낮았기 때문인데, 그들은 향후 연구에서 후기 유방암 여성의 영성에 대해 치료사들이 연구할 것을 제안하였다.

지역사회 봉사활동에서 MBSR과 미술치료

2000년, 미술과 다른 표현적인 치료를 포함한 MBSR 프로그램이 다양한 스트레스 관련 의학적 · 정신적 · 정서적 장애를 가진 개인을 위해 대형 병원에서 지역사회 봉사 프로그램으로 개발되었다(Isis, 2014). 아이시스(Isis)는 카밧진과 함께 MBSR을 연구한 이후 프로그램을 개발하였고, "표현적인 예술치료 개입방법의 통합은 참가자에게 자기자각, 감정 조절, 온정, 공감, 자기와 사회적 존중감을 심화시키기 위해 고안된 창조적인 경험을 더 제공한다."라고 설명하였다(p. 157). 아이시스는 예술의 감각적 특성은 사람들이 현재의 순간에 머무르게 하는데 도움을 준다고 가정하였다. 아이시스의 MBSR 미술치료 개입방법 두 가지는 보디스캔과 마음챙김 낙서이다. 보디스캔은 내담자가 신체의 모든 부분을 훑어보고 감정과 스트레스원을 붙들고 있는 부분에 대해 적어

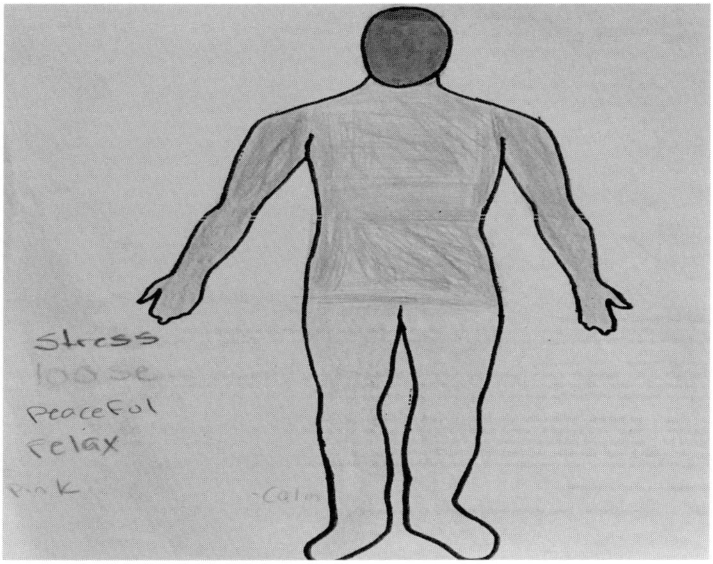

[그림 8-1] 보디스캔 삽화

출처: P. 아이시스의 개인 소장품을 허가받아 재인쇄.

두는 간단한 마음챙김 훈련이다. 그 후에 내담자에게 신체 윤곽선을 제공하고 다양한 스트레스 영역을 색으로 표현하도록 요구한다. 그다음 내담자는 신체에서 그 색들이 무엇을 나타내는지 분명하게 말한다([그림 8-1] 참조).

마음챙김 낙서는 개인의 마음챙김 기술을 연마하는 데 사용된다. 마음챙김 자세를 유지하면서 내담자에게 사고나 판단을 거르지 않고 낙서를 하도록 지시한다([그림 8-2] 참조).

헤링(Herring, 2014)은 또한 외래환자 치료센터에서 지속성 중증 정신질환을 가진 개인에게 생긴 문제를 위해 MBSR을 적용하였다. 헤링은 16주 프로그램을 카밧진의 원리와 피터슨에 의해 고안된 예술치료 프로그램(앞에서 설명)에 근거를 두었다.

카밧진의 교육과정을 지침으로 사용하여 아이시스는 MBSR과 표현예술 프로그램을 조합하여 8주 프로그램을 개발하였다. 각 주별 주제는 다음과 같다.

[그림 8-2] 마음챙김 낙서 삽화

출처: P. 아이시스의 개인 소장품을 허가받아 재인쇄.

① 당신에게 잘못된 것보다 옳은 것이 더 많다는 것

② 당신이 상황을 보거나 보지 않는 방법(현재 순간 알아차림)

③ 평정심 기르기: 유쾌한, 불유쾌한 그리고 중립적인

④ 스트레스 반응성과 스트레스 인내력

⑤ 일상의 스트레스, 삶을 변화시키는 사건들과 우리의 건강 간의 관계

⑥ 스트레스가 많은 의사소통 인식하기

⑦ 중요한 관계와 사회적 지지 알아차림

⑧ 그 훈련을 자기 훈련이라고 여기기

미술 개입방법들은 호흡 그림(긍정적인 것과 부정적인 것), 보디스캔 알아차림 그림, 네 가지 여행 이야기에 대한 반응 미술 그리고 사회적 원자 그림(social atom drawings)[3)]을 포함하였다. 아이시스는 매일의 명상이 프로그램의 힘을 충분히 인식하는 데 결정적이라고 결론지었다. 이 프로그램에 참가한 후에 일부 내담자는 타인과 관계를 맺는 능력에서의 변화와 증가된 동기부여와 자기권능감을 보고하였다. 이 모두는 일상의 기능을 향상시키는 데 결정적이다. 헤링 프로그램은 아이시스 프로그램과 유사한 목표를 포함하였고, 또 아이시스에 의해 설명된 미술 개입방법과 중복되었다. 아이시스와 헤링은 일부 참가자가 프로그램이 끝난 후에도 안녕을 지속하기 위하여 마음챙김과 미술 체험을 활용하고 있다는 것을 확인하였다.

요약

한 가지는 통증 관리를 위해, 다른 두 가지는 의학적 질병과 관련된 스트레스를 완화하기 위해, 그리고 또 다른 두 가지는 정신질환과 관련된 감정적 스트레스를 완화하기 위해 개발되었다. 이렇게 다른 목적으로 개발하였다 하더라도, 카밧진의 MBSR 교육과정을 활용한 예술치료 프로그램들은 매우 유사하다. 아이시스와 피터슨은 8주 집단 프로그램 접근방법을 사용하였으며, 둘 다 마음챙김 알아차림과 관련된 호흡과 보디스캔을 포함하였다. 미술 기반 개입방법의 포함이 원래의 MBSR 프로그램의 치료과정을 더 심화시키는 데 도움이 되었다고 하였다. 프리취와 헤링은 8주 모델을 발전시켰는데, 통증 완화와 지속성 중증 정신질환 환자를 위해 프로그램을 16주로 확장시켰다. 각 프로그램들의 근본적인 목표는 자기조절과 대처하기였다. 각 저자는 미술의 힘이 마음챙김 훈련의 효과를 강화시켰다고 결론 내렸다. MBSR의 부분으로서 미술치료 프로그램의 효과성을 연구한 두 개의 연구 결과는 몇 가지 성격요인

---

3) 역자 주: 감정적으로 관련된 모든 개인을 핵으로 나타내는 그림. Dayton, T. (2005). *The social atom*. Health Communications, Florida.

척도와 자기보고에서 치료적 변화를 나타내었다. 두 개의 연구 보고서는 변화에 영향을 미치는 마음챙김과 결합된 미술치료의 힘을 발견하기 위한 기초가 되었다. 미술치료를 MBSR 프로그램에 통합시키는 연구를 지속하는 것이 중요하다.

MBCT

시걸, 윌리엄스와 티즈데일(2002)은 우울 환자의 재발률을 감소시키기 위하여 CBT의 한 부분으로 마음챙김 기술의 습득을 포함시켰다. MBCT에서 부적응적인 인지와 고통스러운 감정 상태의 인식을 증가시키기 위해 환자에게 주의와 명상 기술을 가르쳤다. MBCT의 기본 전제는 마음챙김이 "우울증적 사고의 특징인 자동적이며 저절로 반복되는 부정적인 사고를 멀리하는 데 도움이 된다."고 생각된다는 것이다(Segal et al., 2002, p. 139). 케니와 윌리엄스(Kenny & Williams, 2007)는 MBCT의 우선적 목표는 우울 환자의 지속적인 반추에 대한 메타인지의 알아차림 증진과 메타인지 과정의 수정이라고 덧붙였다.

강습 기반 치료 방식으로서 카밧진에 의해 개발된 마음챙김 훈련과 벡, 러쉬, 쇼와 에머리에 의해 개념화된 우울을 위한 CBT가 결합되었다(Kenny & Williams, 2007). 환자들은 그들의 사고와 기분을 관찰하고 그 후 주의를 중립적인 것, 예를 들면 호흡이나 지금 여기에서의 다른 신체 감각으로 옮기도록 배웠다. MBCT의 다른 측면은 비록 고통스럽더라도 감정에 대해 비판단적인 수용적 태도를 습득하는 것이다. 환자는 고통스러운 순간에 대해 중립적인 자세를 취하면서 가장 고통스러운 생각과 감정 상태조차 수용하고 그다음 내려놓는 것을 배운다.

재발성 우울에 대한 재고

치료사들이 CBT 치료과정에서 긍정적으로 반응한 후 우울이 재발되었다는 많은 사례를 주목하게 되었을 때 CBT에 마음챙김을 통합하기 시작하였다. 이 문제에 근거하여 재발성 우울증을 다루는 CBT 치료사들은 치료 유지를 위해 사용될 수 있는 치료법을 찾기 시작하였다. 연구·조사와 다른 CBT 사상가들과의 회의를 통하여 시걸, 윌리엄스와 티즈데일(2002)은 우울 환자의 재발방지를 위한 모델을 개발하기 위해 함께 작업하였다. 다른 재발 프로그램들은 우울을 위한 초기 치료에서 사용되었던 같은 CBT 개입방법을 사용하였는데, 시걸 등은 다른 어떤 접근법이 더 효율적일지 궁금하였다.

첫째, 시걸 등은 환자가 재발에 취약하게 만드는 사건의 계열을 확인하였다. CBT 후에 처음에 아주 잘 지냈던 한 환자는 슬픈 기분을 경험할 것이다. 슬픈 기분에 대한 두 가지 가능한 반응이 있다. ① 부정적인 사고는 멈추어지거나 차단될 수 있다. 혹은 ② 부정적인 사고는 부정적인 사고 양식으로 되돌아갈 수 있다(Segal et al., 2002). 대부분의 개인은 슬픈 기분이 결국 회복된다는 것을 알지만, 우울 병력을 가진 취약한 사람의 경우 슬픈 기분은 이전의 우울 삽화의 원인이 되는 역기능적 사고로 되돌아가도록 한다. 그래서 그들은 다음에 재발을 초래하는 문제가 되는 사고과정을 연구하였다. 그들은 반추적 반응 양식이 재발에 열쇠가 될 수 있다는 것을 확인하였다(Nolen-Hoeksema: Segal et al., 2002 재인용). 슬픈 감정을 감소시키기 위해 무엇인가 할 일을 찾는 사람과는 대조적으로, 반추적인 사람은 슬픈 감정 상태를 지속시킨다. 이 재발 모델을 사용하여 시걸 등은 예방 조치로 역기능적 사고 양식을 변화시키려는 CBT 기법의 사용에서 부정적이거나 반추적인 사고와의 관계를 변화시키도록 내담자를 돕는 쪽으로 그들의 생각을 바꾸기 시작하였다. 이러한 초점의 변화로 저자들은 사고의 탈중심화나 자기와 생각 사이에 거리두기를 가르치게 되었다.

초점의 변화로 시걸 등은 부정적인 사고로부터 탈중심화하는 방법을 내담자에게 가르치기 위해 모든 종류의 개입방법을 생각해 볼 수 있게 되었다. 리네한과 카밧진의 결합을 통해 취약한 환자에게 마음챙김을 가르치는 것이 탈중심화 과정에 긍정적으로 영향을 미칠 수 있는, 그들이 찾고 있던 개입방법이 될 수 있다는 것을 알게 되었다. 그들은 마음챙김과 인지적 개입을 포함하는 새로운 예방 프로그램을 **주의력 통제 훈련**(attentional control training)이라고 명명하였다(Segal et al., 2002, p. 51). 이 프로그램의 세 가지 목표는 ① 좋지 않은 기분이 느껴질 때 알아차리거나 인식하기, ② 에너지가 반추에 사용되고 있다는 것을 알기 위해 알아차림을 사용하기, ③ "이러한 기분이 습관적으로 나타나는 우울 관련 자동적 사고 양식"에서 벗어나거나 탈중심화하는 과정을 시작하기이다(p. 51).

시걸 등은 카밧진의 교육과정을 모델로 사용하였고 예비 연구를 위한 집단 개입방법을 개발하였다. 그 프로그램은 8주였으며 각 회기는 2시간 30분 동안 지속되었다. 예비 연구를 통하여 시걸 등(2002)은 마음챙김의 근본적인 의도를 놓치고 있었다는 것을 발견하였다.

> 우리가 발견한 것에 근거하여 볼 때, 강습 구성원들은 스트레스의 첫 징후에 사용될 수 있는 일련의 기술이나 기법에 전혀 노출되지 않았다고 우리는 결론을 내렸다. 그들은 실제로 힘든 경험과 관련하여 특히 도움이 되는 더 일반적인 사고방식을 배우고 있었다. 참가자의 공식 명상은 생각의 본질을 그저 생각으로 보고, 생각과의 관계를 관찰하도록 가르치고 있었다. 그 이상으로 명상은 또한 기분과 신체 감각을 포함하여 모든 경험에 대한 새로운 태도를 개발시켰다.
>
> (p. 61)

현행 MBCT

그들의 모델에 대한 연구를 한 후, 그것은 카밧진에 의해 개발된 마음챙김 훈련과 벡, 러쉬, 쇼와, 에머리에 의해 개념화된 우울을 위한 CBT가 결합된 강습 기반 치료 방식으로 완성되었다(Kenny & Williams, 2007). 프로그램을 통하여 그들의 사고와 기분을 관찰하고 그 후 주의를 중립적인 것, 예를 들면 호흡이나 지금 여기에서의 다른 신체 감각으로 옮기도록 환자들을 가르쳤다. MBCT의 다른 측면은 고통스러운 것이라도 감정에 대한 비판단적인 수용적 태도를 습득하는 것이다. 환자는 고통스러운 순간에 대해 중립적인 자세를 취하면서 가장 고통스러운 생각과 감정 상태조차도 수용하고 그다음 내려놓는 것을 배운다. 오늘날 MBCT는 각 회기당 2시간씩, 8주 동안 집단 강습 방식으로 훈련된다.

MBCT로 효과적으로 치료받아 왔던 다른 환자군은 PTSD를 겪는 참전 군인(King et al., 2013; Luedtke, Davis, & Monson, 2015), 신경증과 스트레스 취약성을 겪고 있는 사람(Armstrong & Rimes, 2016), ADHD(Haydicky, Shecter, Wiener, & Ducharme, 2015), 정신질환과 정서장애(Chiesa & Serretti, 2011; Meekums, 2013), 불안장애를 가진 아동들(Semple, Reid, & Miller, 2005)과 치료 저항성 우울을 겪는 사람들(Eisendrath et al., 2016)을 포함한다. 쿠이켄 등(Kuyken et al., 2010)은 이 치료에 포함된 변화 기제를 확인하기 위하여 MBCT의 구성요소를 연구하였다. 그들은 우울 사고의 반응성을 완화시키기 때문에 자기온정의 발달이 MBCT 효과 면에서 의미 있는 변화 기제라는 것을 발견하였다.

요약하면, MBCT는 탈중심화와 재발 방지 기술을 가르치는 효과적인 대안이다. 그것은 환자들이 반추적인 사고-감정 사이클을 통해 그들의 기분이 저하되고 있거나 우울한 기분이 지속되고 있다는 것을 인식하도록 돕기 위하여 개발되었다. 시걸 등은 우울증을 겪는 개인들의 치료에 대한 철학과 이론에서 큰 변화를 일으켰다. 이전에 CBT는 환자의 사고과정 변화에 대한 것이었지만, 시걸 등은 환자의 이러한 부정적인 사고와 감정의 관계를 변화시키거나 그들의 사고 양식을 탈중심화하는 것이 더욱 효과적이라는 것을 인식하였다.

미술치료와 MBCT

코홀릭(Coholic, 2011)은 아동 보호나 위탁가정 아동 또는 지역정신건강센터에서 의뢰된 아동을 위해 MBCT 프로그램을 조정하였다. 아동을 위한 MBCT를 철저하게 고찰한 이후, 그녀는 우울 환자를 위한 성인 프로그램을 아동들이 계속 참가하는 데 더 적합한 프로그램으로 조정하였다. 그녀는 회기를 90분 이하로 줄이고 미술치료를 포함하여 감각 기반 체험 요소를 추가하였다. 미술에 근거한 마음챙김 기반(Art-Based Mindfulness-Based: ABMB) 개입이 이 아동들을 위해 마련되었다.

ABMB의 예시

ABMB의 두 가지 예시는 감정 목록과 사고 항아리의 활용이었다. 감정 목록을 위해 아동들에게 그날 경험했던 다양한 감정 상태를 모양으로 그리고 이름을 붙이도록 하였다. 큰 원안에 이것들을 그려 넣었다. 더 큰 모양은 그날 더 자주 경험했던 감정을 나타내는 것을 의미하였다. 과제를 완성한 후 긍정적이고 부정적인 감정들을 어떻게 수용하는지에 대해 토의하였다. 집단 과제인 사고 항아리는 각 참가자에게 물이 반쯤 채워진 항아리에 다양한 비즈와 다른 작은 물체들을 넣게 한다. 각 아동은 사고와 감정을 나타내는 물체를 항아리에 넣었다. 모든 참가자가 물체를 넣은 후 항아리를 흔들었다. 그 집단에게 채워진 항아리를 모든 생각과 느낌이 소용돌이치는 그들의 마음이나 뇌로 생각해 보도록 권하였다. 이 연습은 지나치게 자극된 마음이 어떻게 보일지에 대한 은유가 되었다. 모든 물체가 가라앉았을 때 항아리는 마음챙김 훈련을 하는 동안 마음이 어떻게 안정되는지에 대한 은유가 되었고, 아동들은 평온해진 후 마음이 어떻게 보이는지를 이해할 수 있게 되었다.

연구 결과

질적 연구 프로토콜을 사용하여 코홀릭은 프로그램의 치료 효과에 대해 연구하였다. 그녀는 이 아동들과 그들의 보호자들을 인터뷰하였다. 아동들은 프로그램을 하는 동안 얼마나 재미있었는지를 표현하였고, 이것은 자기자각의 변화를 초래하고 자기에 대한 긍정적인 감정, 감정 조절과 감정에 대한 건강한 표현을 증가시켰는데, "이는 학교를 포함하여 다양한 문제에 대해 더 효과적으로 대처할 수 있도록 하였다."(Coholic, 2011, p. 310) 이 결과는 양육자와 아동 모두에 의해 보고되었다. 코홀릭은 ABMB 요소를 포함한 이 연구 결과가 미술치료를 사용하지 않은 아동을 위한 유사한 MBCT 프로그램에 관한 연구와 다르지 않았다는 것을 밝혔다. 이 질적 연구의 결과가 긍정적이었기 때문에, 코홀릭은 미술에 근거한 MBCT의 이해를 증진시키기 위해 사전-사후 통제집단 설계 연구의 수행을 추천하였다.

요약

내가 단지 미술치료 기반 MBCT 논문을 하나밖에 발견하지 못했지만, MBCT 모델이 미술치료사들에게 적합하지 않다는 것을 의미하는 것은 아니다. 사실 그 반대가 진실이다. 코홀릭의 연구에 근거하여 볼 때, 더 많은 미술치료사가 미술에 근거한 MBCT 모델을 아동과 성인 모두에게 적용하는 것이 가능하다. 시걸 등(2002)에 의해 개발된 MBCT는 재발성 우울과 불안장애를 가진 환자를 치료하기 위해 미술치료에 맞게 쉽게 수정될 수 있다.

ACT

ACT(한 단어 act로 발음된다)는 1990년대 초, 헤이즈(Hayes)와 동료들의 연구에 근거를 두고 있다. 헤이즈(2008)에 의하면 ACT는 "항상 인지행동치료의 한 부분이며"(p. 286), 엄격한 연구를 통하여 발전되었다. 그러나 ACT는 사고와 감정을 행동의 원인으로 보는 핵심 CBT 구성요소를 거부하였다. 오히려 ACT 이론가는 사고와 감정이 "명백한 행동과 개인적 사건들을 연결시키는 사회적/

언어적 공동체라는 맥락"에서 중요하고(p. 287), "명백하게 맥락적이며 인간의 언어와 인지에 대한 기초 실험 분석에 근거를 두고 있다."고 생각하였다(Hayes, 2004, p. 639).

철학적 토대

ACT는 DBT, MBSR, MBCT와는 다른 철학과 이론에 근거를 두고 있다. 그러나 이 장의 3세대 치료에 ACT를 포함하는 것이 가치 있다고 생각한다. 왜냐하면 마음챙김이 ACT의 실제에 혼합되어 있기 때문이다. 이 장의 다른 치료들은 기초 이론으로써 불교심리학을 사용한 반면 헤이즈와 동료들이 수용한 이론들은 관계틀이론(Relational Frame Theory: FCT)과 기능적 맥락주의였다. 그럼에도 불구하고 헤이즈(2002)는 불교와 ACT 사이의 유사점을 발견하였다(즉, 고통은 인간의 일부이며, 고통을 수용하고 갈망을 끝내는 것이 건강을 향해 나아가기 위해 필요하다는 것).

헤이즈(2004)는 심리학자와 치료사가 기능적 맥락주의의 철학이 ACT를 뒷받침한다는 것을 이해할 필요가 있다는 점에 대해 확고하였다. 기능적 맥락주의는 구성주의 사상과 유사한 가정을 가지고 있다. 구성주의로부터 치료 모델을 인간의 상호작용과 변화의 치료적 요소에 대한 이해를 증진시키기 위한 방식으로 맥락화하는 것을 자세히 살펴보았다. ACT의 모든 개념은 "역사적으로나 상황적으로 정의되는 맥락과 연결될 필요가 있다. 왜냐하면 단지 맥락적인 변인만이 직접적으로 조작될 수 있으며, 예측과 결과로 바로 이어질 수 있기 때문이다."(Hayes, 2008, p. 288) 기능적 맥락주의에서 객관적인 현실은 알 수 없으며, 심리학과 관련하여 인간 행동을 예측하고 조절하는 기능을 가리킨다(Flaxman, Blackledge, & Bond, 2011). 그것도 역시 ACT 치료 개념의 기능성과 관련되는데, "모든 것은 그것의 기초 철학인 근본적인 실용주의에서 비롯된 것이다."(Hayes, 2008, p. 288) 기능적 맥락주의는 레빈과 헤이즈(Levin & Hayes, 2009)가 맥락적 행동과학이라고 부른 것의 기반이 되는 것인데, 심리적인 사건에 대한 전체적 평가이며 관계틀 이론의 기초가 되는 것이다.

ACT는 또한 관계틀이론에 기반을 두고 있는데, 인간 언어의 근본은 관계적이며 의사소통에 필수적이지만 다른 사람을 속이거나 기만하기 위해 사용될 때 고통을 초래할 수도 있다고 한다(Hayes, 2004). 헤이즈와 동료들에 의해 수행된 연구는 관계틀이론이나 언어와 인지에 대한 행동주의 이론의 공식화로 이어졌다. 관계틀이론뿐만 아니라 언어와 인지에 대한 연구에 의해 밝혀진 개념은 ACT 치료 모델의 기초를 형성한다. ACT는 "수용, 탈융합, 현재에 존재하기와 맥락적 자기는 관계틀이론에서 쉽게 도출될 수 있다는 것"을 강조한다(Hayes, 2008, p. 288).[4]

치료 구성개념

ACT에는 6개의 핵심 치료 구성개념이 있는데, 가치와 전념뿐만 아니라 앞에서 언급한 네 가지를 포함한다. 헤이즈와 동료들은 심리적 유연성의 발달과 증진으로 이끄는 마음챙김과 행동 변화 과정이 되는 이 여섯 가지 구성개념을 지정하였다(Flaxman et al., 2011). 구성개념의 세 가지(수용, 탈융합, 맥락적 자기)는 마음챙김, 수용과정과 직접적으로 관련되고, 나머지 세 가지(현재에 존재하기, 가치, 전념 행동)는 전념, 변화과정과 관련된다. 레빈과 헤이즈(2009)는 이 여섯 가지 구성개념의 합성을 육각모형(hexaflex)[5]이라고 불렀다.

ACT 발달에서 가장 초기의 연구는 그 치료 구성개념을 밝히기 위해 수행되었다. ACT의 효과성 연구는 불안과 우울 감소(Dalrymple & Herbert, 2007; Forman er al., 2007)에서 섭식장애(Juarascio et al., 2013), 물질사용(Ilgen et al., 2016), 만성 통증(Johnston et al., 2010), 외상 영향들(Ojserkis et al., 2014) 그리고 조현병과 직업 관련 소진(Flaxman et al., 2011)에까지 이른다. 치료 방식으로서

---

4) 관계틀이론은 복잡한 이론이다. 이 개념을 깊이 탐색하기 위해 블랙리지(Blackledge, 2003)를 참조하라.

5) 더 많은 정보를 위해 레빈과 헤이즈(2009)를 참조하라.

ACT는 '수용하기(Accept), 선택하기(Choose), 행동하기(Take action)'를 의미하며, ACT에 포함된 개입 목표는 다음과 같다.

- 훈련을 통해 인지적 융합과 치료에서 모순적이고 과정 지향적인 언어를 감소시키기
- 회피와 그것이 내담자 가치와의 사이에서 야기하는 갈등의 대가에 직면함으로써 경험적 회피를 약화시키기
- 대안적인 대처 반응으로서 수용과 기꺼이 함을 가르치고 문제를 일으키는 사고, 감정, 신체 감각 등에 대한 의도적인 탈융합 노출을 연습하기
- 훈련과 실제를 통해 내담자가 수용과 인지적 탈융합을 덜 싫게 만드는 초월적인 자기의식과의 접촉을 유지하도록 돕기
- 삶의 가치를 명확히 하기
- 행동 전념 전략을 통해 선택한 가치에 따라 행동하기 (Hayes, 2002, p. 60)

ACT 치료사는 많은 역할을 하지만 가장 결정적인 것은 "심리적 유연성을 유발시키고, 모델이 되고, 지지하는 것"이다(Hayes & Lillis, 2012, p. 68). 헤이즈와 릴리스(Lillis)는 ACT 훈련을 활용하는 것이 치료과정을 활성화시키는 최선의 방법이라는 것을 알게 되었다. 덧붙여 치료사는 내담자에게 감정적으로 솔직해야만 하는데, 이는 모델 역할이 된다. 심리적 유연성의 발달은 내담자에 의해 이루어진 변화를 지지하고 진전을 강화함으로써 시작된다.

ACT는 널리 사용되었고 연구문헌에 의해 지지되었다. 헤이즈와 동료들은 효과 연구, 특히 더 많은 증거 기반 연구가 지속되기를 기대한다. 그들은 예방, 사회 정의와 심지어 사업과 산업 등과 같은 새로운 영역에서 ACT가 사용되길 원한다(Hayes & Lillis, 2012). 다른 마음챙김 기반 치료 방식과 마찬가지로, 그들은 ACT가 "인간 고통의 완화와 건강 증진과 발달"에서 한몫을 하길 바란다 (p. 135).

ACT와 미술치료

백코스(Backos)와 매지오(Mazzeo)는 PTSD를 겪는 퇴역 군인을 위한 연구의 기반으로 ACT를 선택하였다(Backos & Mazzeo, 2017). ACT 원리와 월러와 웨스트럽(Waller & Westrup)이 만든 PTSD를 위한 치료 권고 사항을 통합한 8주 미술치료 집단 프로그램이 퇴역 군인을 위해 만들어졌다. 이 프로그램은 구조화되어 있으며, "각 모듈은 마음챙김 미술 개입, 심리교육, ACT 미술치료 체험, 토론과 미술 과제를 포함하였다."(p. 169) 이 프로그램이 인지 기반이고 단기였기 때문에, 그들은 마커, 연필, 오일파스텔과 같은 통제적이고 친숙한 매체를 사용하였다. 미술은 ACT 치료 모델의 6모듈에 포함되었다.

ACT 모델을 활용한 몇 가지 미술작업을 여기에서 설명하고자 한다. 예를 들면, 현재에 존재하기 개념은 첫 번째 모듈에서 설명되었다. 퇴역 군인들은 현재에 존재하기에서 자기 자신에게 기초를 두고 초점을 맞추기 위해 각 회기 초기에 만다라 작업을 하였다. 또 그들에게 모든 미술작업 내내 현재에 머물도록 하였다. 고통스러운 기억을 깊이 탐구하고자 하는 기꺼이 하기의 개념은 상상적 노출을 통해 안내되었다.

통제 문제를 다루기 위해, 집단원들에게 지시문과 매체가 주어졌을 때 미술작업을 하는 것과 자유롭게 선택하여 미술작업을 하는 것을 비교하고 대조하도록 하였다. 인지적 탈융합의 개념은 헤이즈, 스트로샬과 윌슨(Hayes, Stroshal, & Wilson, 1999: Backos & Mazzeo, 2017 재인용)의 연구에서 개발된 것으로서, 역기능적 사고에 대한 은유인 버스에 탄 괴물에 기반을 두고 있다. 각 퇴역 군인은 "괴물의 나이, 괴물이 말하는 것, 다른 관련된 괴물들, 그리고 각각의 괴물이 나타나는 상황을 포함한 것을 글로 묘사한 것을 통해 이러한 왜곡된 사고의 세부 사항을 외현화하고 그들의 일반적으로 융합된 사고를 나타내는" 세 개의 괴물을 만들었다(p. 171). 가치를 10개의 범주로 분류하고 퇴역 군인에게 10장의 작은 종이를 주고 각 영역에서 그들이 되기를 원하는 사람에 대해 쓰도록 하였다. 그들은 각 종이로 그 가치들을 반영하는 다양한 모양을 만들었다.

마지막으로, 그 모양들은 "한 영역에서의 긍정적인 변화가 다른 모든 영역에 영향을 미친다는 것을 떠올리게 하는 은유로써 도움이 되는" 모빌로 만들어졌다(p. 173).

백코스(2016)는 미술치료와 ACT 프로그램의 효과성에 대한 연구를 소개하였다. 16명의 퇴역 군인은 8주 프로그램을 마쳤다. 참가자 중 11명이 베트남 참전 군인이었고, 다른 5명은 아프카니스탄과 이라크 전쟁에서 돌아온 군인들이었다. 다음 세 가지 가설로 연구를 진행하였다.

- 가설 1: 자기보고식 PTSD 증상들(PCL-C)이 유의미하게 감소할 것이다.
- 가설 2: 자기보고식 수용적인 태도(AAQ-2)가 유의미하게 증가할 것이다.
- 가설 3: 자기보고식 우울 증상들(BDI-II)이 유의미하게 감소할 것이다.

BDI-II로 측정된 우울만 사후 검사에서 유의미하게 감소하였다. 백코스(2016)는 PTSD에서 유의미하게 감소하지 않았지만 자기보고식에 따른 PTSD 증상은 외상의 영향 면에서 감소한 것으로 나타났다고 하였다. 참가한 퇴역 군인의 피드백은 긍정적이었다. 그들 중 일부는 동료들에게 집단을 추천하였으며 마음챙김 훈련을 위해 미술작업을 계속하였다. 백코스는 "미술치료와 결합된 ACT는 PTSD 치유를 위한 언어적 · 비언어적 접근을 제공하는 믿음직한 치료 조합이다."라고 결론을 내렸다.

요약

ACT와 결합된 미술치료는 가능성이 높다. 백코스의 연구에 근거하여 볼 때, ACT 원리는 DBAT 실제의 원리와 유사한 것으로 나타났다. 그녀는 8주 프로그램 후 우울이 유의미하게 감소하였다고 밝혔다. 우울과 PTSD 증상을 위해 미술치료사들이 실시한 것처럼, 그녀의 연구는 ACT의 효과성 면에서 가능성이 있음을 나타내었다.

결론

CBT의 최근 변형들은 명상 훈련으로 마음챙김의 측면들을 포함한다. 단 ACT는 다른 견해로부터 발달하였다. 그러나 그것도 역시 수용과 온정과 같은 불교 개념의 여러 측면을 포함한다. CBT와 불교 원리의 유사성이 새로운 것으로 보이지만, 사실상 두 가지 전통방식 사이의 공통성은 1950대 초에 이미 알려졌다. 엘리스는 REBT가 불교 개념과 공통점이 많다고 분명히 언급하였다.

두 명의 대표적인 치료사가 서양의 치료 실제에 마음챙김을 도입하였다. 1970년대에 리네한은 자살 경향이 있는 사람들이 문제 중심의 심리치료 접근에서 반응이 좋지 않다는 것을 발견하고, 그들의 상황에 대한 수용과 좌절에 대한 내성을 증가시키기 위해 마음챙김을 활용하였다. 많은 사람이 서양 의료 행위에 마음챙김 훈련을 통합한 카밧진을 인정하였다. 그는 1980년대 초 불교 훈련이 만성 통증에 대처하도록 환자들을 도울 수 있다는 그의 생각을 탐구하기 시작하였다. 이 두 개척자로부터 시걸 등은 자신의 생각과 감정을 보는 방법에 영향을 미치는 마음챙김을 재발성 우울을 돕기 위해 CBT에 추가할 수 있음을 알게 되었다. 마지막으로, 헤이즈와 동료들은 역기능적 사고와 행동의 핵심 개념으로서 언어의 힘을 연구하기 시작하였다. 내담자의 문제를 이해하기 위해 관계적 접근을 활용하여 ACT를 개발하였는데, 이는 내담자와 작업할 때 수용과 온정을 강조한다.

CBAT는 CBT의 최근 변형에 쉽게 통합되었다. 미술치료사는 DBT의 부분으로 미술을 사용한다. 두 가지 사고방식으로 상황 그리기와 같은 미술치료 개입을 활용하는 것은 내담자가 두 가지 반대되는 사고와 감정들을 수용하거나 인지 왜곡을 인식하도록 도울 수 있다. 미술치료사가 실천하는 방법 중 주요 요소인 수용은 DBT에서도 중요한 원리이다. 변화를 받아들이는 분위기를 만드는 것과 함께, 수용은 내담자가 새로운 행동을 시도하기 위해 기꺼이 행동할 수 있는 여지를 두게 한다.

미술작업에 참가하는 것도 명상적이라는 것을 아는 것이 중요하다. 분명히,

로렌조 드 라 페냐와 드래스는 DBT에 대한 미술적 접근을 구상하면서 이를 알게 되었다. 미술작업 중 그들의 환경, 감정과 사고를 내담자가 인식하도록 격려하는 것은 CBAT 새로운 변형들의 주요한 측면이다. 미술치료의 중요한 요소로서 마음챙김은 치료사를 대신하는 자기자각 훈련을 포함해야만 한다. 미술 매체 차원의 이해는 마음챙김 훈련에서 가장 중요한 것이다.

기술 학습, 다루기 힘든 정신 메시지의 이해나 사고와 감정에 주의 기울이기를 강조하든 그렇지 않든 이 치료 전략은 증거 기반이다. 치료 효과는 모든 인지 기반 치료의 중요한 구성요소이다. CBT는 단기 증상 완화를 목표로 하며 대개 외래 환자 병동에서 하는 선택 치료이다. 심지어 몇 개월 동안 시행되었다 하더라도 DBT는 특히 자해하는 환자들을 다룰 때 가능한 한 빨리 완화시키기 위한 전략 찾기에 관심을 쏟는다.

CBT의 새로운 변형들에 대해 연구하는 미술치료사들은 그들의 미술치료 프로그램의 효율성을 조사하는 연구의 중요성을 이해한다. 피터슨과 동료들, 안도 등, 코홀릭과 백코스 모두 미술치료 변형들에 대한 연구를 수행하였다. 결과가 복합적이지만, 가능성이 높은 치료 효과가 확인되었다. 예를 들면, 피터슨과 동료들은 미술치료 기반 MBSR 프로그램이 암 환자들의 스트레스를 감소시켰다는 것을 발견하였다. 또한 정신건강, 일반적인 건강, 활력, 사회적 기능의 증가와 함께 다른 긍정적인 결과가 있었다. 안도 등(2016)에 의한 연구는 말기암 참가자의 피로감 감소와 활기 증진을 보여 주었다.

코홀릭은 MBCT 기반 프로그램에 대한 질적 연구를 하였으며, 위기 아동들이 자기자각의 향상과 자기에 대한 긍정적인 느낌의 증가, 감정 조절과 건강한 감정 표현력에 대해 보고하였다고 하였다. 이러한 변화는 아동들이 도전에 대처하는 더 적절한 방법들을 찾았다는 것을 가리켰다. 더욱이 백코스는 ACT와 통합된 미술치료가 우울증을 의미 있게 감소시켰다는 것을 밝혔다. 참전 군인의 자기보고식 PTSD 증상들도 보고되었다. 공격적인 아동과 작업하는 미술치료사들을 위해 가장 좋은 방법을 찾으려는 니스모프-나움에 의한 연구 결과는 아동과 긍정적이고 비판단적인 관계를 형성하고, 아동이 감정, 생각과 행동의 관계를 이해하도록 돕는 데 초점을 두어야 한다는 이 두 가지 DBT 원리가 미술치료 실제에 포함되어야 한다고 결론을 내렸다.

이 연구들이 결정적이지는 않지만, 최근의 CBT 변형 제3의 물결이라는 조건 내에서 실행된 CBAT의 가능성을 나타낸다. 더 많은 미술치료 연구가 필요하다는 것은 말할 필요도 없다. 한편, 미술치료사들이 CBT의 현재 변형들에 매력을 느낀다는 사실은 CBAT 미래를 위해 좋은 징조가 된다. CBT와 불교심리학 치료사들은 이 방법들이 효과적이라고 단호하게 주장하고 있기 때문에, 미술치료사가 미술치료 기반 마음챙김 훈련의 치료적 구성요소를 계속 조사하는 것이 가장 중요하다.

09

치료사를 위한 CBAT 해법

09 치료사를 위한 CBAT 해법

"미술과정을 통해 내담자는 가능한 다른 자신을 상상할 수 있다."

(H. Matto, J. Corcoran, & A. Fassler, 2003, p. 266)

이 책에서 인지와 감정 발달의 초기 이론에서부터 미술작업의 인지적 측면까지 그리고 행동주의에서 제3의 물결까지 CBT와 CBAT의 발전적인 흐름에 대한 역사를 살펴보았다. 이는 정리하고 이해하기에는 많은 정보이다. 마지막 장의 목표는 다양한 진단군을 대상으로 CBAT를 쉽게 적용할 수 있도록 구성요소를 종합하고 구성요소의 본질을 이해하는 것이다. 그런데 논의될 것은 더 많이 있다. 이 장에서 CBAT의 실행 가능성을 탐구하고 미술치료에서의 CBT 원리 활용에 대한 반대 주장을 마무리 짓고자 한다. 또한 CBAT가 미술치료에 필수적이고 중요한 접근법이라는 것을 말할 것이다. 먼저, 요약과 CBAT의 구성개념을 제공하고자 몇 가지 중요한 점을 설명할 것이다.

주요 원리 요약

일곱 가지 주요 원리는 CBAT의 발달을 특징짓는다. 인지 발달, 감정에의 초점, 구성주의 철학, 정신 이미지, 미술작업의 인지적 측면, 행동주의에서 CBT와 CBAT 제2의 물결로의 변화, 그리고 CBT와 CBAT의 제3의 물결로의 전환이다. 각 원리는 다음에 요약될 것이다.

인지 발달

인지는 개인의 내적 경험에서 그리고 사회적 환경에서 상호작용을 통하여 발달한다. 학습의 진전은 도식의 형태로 나타난다. 도식은 인지의 구성단위이며, 발달이론은 인지가 구성과정임을 우리에게 알려 준다. 인지 발달은 개인에게도 적용되지만, 문화의 발달에도 적용된다. 인지 발달은 인간의 적응 과정이며(Piaget, 1952, 1954), 다른 동물 종과 마찬가지로 우리는 지속적으로 진화하고 환경의 변화와 다른 새로운 측면들에 적응하고 있다. 적응과 비슷한 또 다른 개념은 대처하기이다. 인지 발달은 대처 전략을 증가시킨다(Bruner, 1990). 개인의 적응과 대처 능력 향상은 CBT와 CBAT의 본질적인 목표이다.

인지 발달은 상징 발달을 통해 의미 형성으로 이어진다. 피아제는 상징이 사실상 발달적이며 환경과의 상호작용을 통해 발달한다는 것을 발견하였다. 상징적 놀이는 아동기에 일반적인 것이며, 대개 환경에서 일어나는 일에 대한 아동의 모방이나 주변 세계에서 경험하는 두려움과 불안을 드러내는데, 이 모든 것은 심리학적 의미를 지닌다. 상징 발달이라는 주제에 대한 피아제의 생각은 CBT 및 CBAT 구조와 어울린다. 피아제는 상징을 인지적이고 감정적인 구성 요소를 지닌 것이며, 환경과의 상호작용을 통해 구성되는 것으로 개념화하였다. 게다가 그는 상징을 일차적이거나 이차적일 수 있는 인지로 이해하였다. 미술치료사에게는 이차적 상징이 중요할 수 있다. 이러한 상징 유형들은 조절(accommodation)과정이 어렵고 그 결과가 내적 투쟁일 때 발달한다. 따라서 상징(대개 정신적 이미지의 형태로)은 이러한 투쟁을 반영하기 위해 창조된다. 그것들은 개인의 사고과정을 드러내며 현실의 일부분이 된다.

피아제는 정신적 이미지 형성에 대한 개념을 혁신시켰다. 인지의 구성단위인 도식은 대개 기억을 보유한 정신적 이미지이다. 피아제는 또한 상징 발달과 미술작업이 지적 발달을 증진시키는 인지 활동이라고 하였다. 이 원리는 CBAT의 이론적 타당성을 강조한다. 미술치료에서 내담자의 그림은 도식을 묘사한다. 내담자에 의해 생성된 각 도식은 그들의 사고과정에 대한 단서를 제공한다. 그려진 도식에서 달라진 점은 내담자가 보유한 내적 도식을 바꿀 수 있다.

감정에의 초점

감정과 인지를 분리하는 것은 불가능하다. 둘 다 CBT와 CBAT의 중요한 측면이다. 인지적인 관점에서 감정은 상황이 어떻게 평가되는가와 관련된다. 코핀과 샌더(2013)는 감정 평가 모델이 오늘날 심리학에서 가장 중요하고 가장 자주 사용되는 모델이며, 평가적인 인지 평가 모델은 CBT 이론가와 치료사가 감정 작업에서 근거를 두고 있는 모델이라는 것을 발견하였다. 라자루스(1968)에 근거하여 치료사들은 힘든 감정의 원인이 되는 것이 상황에 대한 평가라고 이해한다. CBT 및 CBAT 치료사는 탐색과 치료적 개입을 위해 이 평가 또는 개인이 상황에 대해 어떻게 생각하는지를 대상으로 한다. CBT 및 CBAT 제3의 물결에서, 비합리적이라 하더라도 감정 반응에 대해 온정과 자애를 발달시키도록 내담자를 돕는 것이 치료의 본질이다.

구성주의 철학

구성주의는 CBAT의 철학적 기초이며, 인간이 어떻게 지식을 형성하고 의미를 구성하는지에 대한 철학이다. 의미는 사고, 기억, 상징과 감정을 통해 구성된다. 구성주의의 개념은 인지심리학과 인지과학 이론을 기반으로 하며, 치료에서의 인지적 접근과 CBAT에 적합하다. 구성주의 모델은 정신적 이미지, 은유와 내러티브의 근원을 탐색하고, 이러한 작업이 가능하게 하는 인지적 조작을 밝힌다. 이 인지 기능은 미술치료 실제에서 중요하며, 미술치료사는 내담자가 미술을 창조할 때 이 기능들을 탐색하도록 돕는다.

구성주의 철학과 인지 발달은 미래 지향적인 개념이다. 비고츠키(1978)는 인간이 어떻게 상상을 활용하는지 깊이 생각해 보았고, 그것이 과거를 회상하는 데 사용되는데 지금 여기에서 기억과 그것과 관련된 심상을 이용할 수 있도록 한다고 결론지었다. 따라서 사람들은 지금 여기에서 그들의 경험에 대한 의미를 형성하기 위하여 과거를 재구성한다. 그는 사람들이 새로운 생각을 구성하거나 명확히 나타내기 위하여 기억을 떠올리고 상상한다고 생각하였다. 비고츠키에 의하면, 이것은 인간의 고유한 능력이다. 따라서 사람은 자신이 되고 싶은 사람으로 구성하기 때문에 미래 지향적이다. 정신분석이론은 과거를 바라본다고 하는 반면 CBT와 CBAT는 내담자를 위한 더 나은 미래를 향해 노력한다.

제1장에서 언급했듯이 미술작업은 개인의 내러티브를 구성하고, 해체하고, 재구성한다. 다루기 힘든 인지, 기억의 재구성은 CBAT에서도 마찬가지라고 할 수 있으며, 심상은 재상상되고 다시 그려질 수 있다. **인간 행위자**(human agency)의 발달은 구성주의 철학의 중요한 원리이다. 행위자는 사람들이 자신의 생각과 존재 방식을 구성하고 결정하는 것을 의미한다. 이것이 CBAT의 기본 철학이다. CBAT를 통해 미술치료사는 내담자가 자기효능감과 개인적 행위자를 발달시키도록 한다.

정신적 이미지

정신적 이미지는 아이스너(2002)가 제안한 주요 인지 기능 중 하나로 간주된다. 치료에서 심상의 활용은 행동주의/CBT와 CBAT를 연결하는 중요한 부분이다. 사이코드라마와 게슈탈트 치료에서 활용된 심상은 CBT에서 심상이 활용되는 방법에 대한 기초가 되었다. 행동치료의 초기 단계에서, 심상은 체계적 둔감법과 내현적 모델링에서 중요한 역할을 하였다. 이 행동치료사는 내담자에게 불안과 두려움을 야기하는 고통스러운 장면 또는 자신이나 미래를 위한 건설적이고 긍정적인 것을 위해 노력하는 긍정적인 장면을 상상하도록 하였다.

밴듀라(1977)에 의해 제안된 바와 같이 심상은 자기효능감 발달에 중요하다. 심상에 대한 그의 생각은 상징적 모델링과 관련이 있는데, 이는 심상이 외현적 행동 모델링을 통해서라기보다는 내적으로 발달된다는 것을 의미한다. 상징적 모델링은 내적 통제력과 자기조절력의 발달로 이어진다. 마이켄바움(1978)은 심상이 자기통제력, 문제의 재상상과 문제 행동 감소와 관련되는데, 이 모든 것이 대처 능력을 향상시킬 수 있다는 것을 발견하였다.

오늘날, CBT에서 심상은 문제가 되는 심상을 감소시키고 긍정적인 심상을 증가시키기 위해 두 가지 방식으로 사용된다. 첫째, 직접적인 CBT 개입은 심상 문제를 직접 해결하는 것이며, 노출치료와 심상 조작을 포함한다. 둘째, CBT 제3의 물결과 마음챙김의 일부인, 간접적인 심상 기법은 온정적인 관점에서 정신적 이미지를 다루기 위해 기법을 사용한다(Hackmann et al., 2011). 심상에 정통하기 위한 직 · 간접적 사용의 실례가 이 책에서 논의된다.

미술작업의 인지적 측면

미술작업은 그 자체로 인지과정이고 구성주의적 과정이다. 미술을 창조하는 행위는 미술작업자의 인지 능력 향상에 기여하는 많은 인지과정을 사용한다. 미술작업을 통해 개인은 의지와 결심, 의사결정, 문제 해결과 식별 기술을 사용하고 뇌 기능을 활용한다. 시각적 형태로 문제를 외현화시키는 것은 CBAT의 부분이며, 미술치료의 초기 단계 중 하나이다. 내담자의 문제나 걱정을 나타내는 미술 이미지를 바꾸는 것은 미술작업자에게 다양한 관점에서 그림을 다시 그리도록 지시하거나 문제를 재구성함으로써 이루어질 수 있다. 재구성의 예는 매토 등(2003)에 의해 제시되었는데, 그는 청소년들에게 일련의 문제 행동의 긍정적인 측면을 생각하도록 하였다. 이러한 재구성은 청소년들이 이전에는 경험하지 못했던 강점이 있다는 것을 인식하게 하였다. 재구성은 심상의 감정적 부담을 감소시키고, 심상을 변화될 수 있는 어떤 것으로 보거나 적어도 새로운 관점에서 생각해 볼 수 있는 것으로 나타낸다. 구성주의는 미술작업에 중요한데, 개인이 그림이나 조형물을 어떻게 구성하고 최종적으로 창조하는지에 대한 지침이 되는 근본적인 원리이기 때문이다.

행동주의에서 CBT와 CBAT 제2의 물결로의 변화

행동주의에서 행동치료 실제에 인지과학과 심리학을 도입하는 쪽으로의 변화는 미술치료의 일부로서 재지향, 강화와 같은 행동주의 원리만을 사용하는 것에서부터 인지심리학적 관점에서 미술치료 실제를 이해하는 방향으로 발전시키게 되는 CBT 모델과 미술치료의 통합을 가능하게 하였다. 행동주의나 CBT 제1의 물결은 행동을 변화시키는 특별한 치료 기법을 포함하였다. 초기 CBAT 치료사들은 조현병, 지적장애와 같은 심각한 문제를 가진 아동과 성인을 대상으로 치료에서 행동 기법을 사용하였다.

예를 들어, 로스(1978, 1987)는 지적장애와 정신장애를 겪는 아동을 대상으로 연구하였다. 그녀는 재지향, 강화와 같은 여러 행동치료 개입뿐만 아니라 그녀가 현실 조형이라고 명명한 독특한 미술치료 개입을 추가하였다. 아동이 새로운 개념을 배우고 구성개념에 대한 개인적인 의미를 개선시키도록 행동 조형과 강화를 사용하였다. 다른 미술치료사는 내담자가 일을 지속하기 어렵거나 자신 또는 타인에게 해를 끼칠 수 있는 폭발 행동을 할 때 필요에 따라 행동 관리 기법들을 사용하였다. 대부분의 미술치료사는 행동치료 모델을 치료에 완전히 포함하지는 않았다.

CBT에 대한 미술치료사들의 불편한 인식은 밴듀라(1969, 1977), 켈리 (1955/1991), 마이켄바움(1974), 로터(1954)와 같은 이론가들에 의해 인지심리학과 과학이 행동치료에 도입되었을 때 변화하기 시작하였다. 결론적으로, 이 이론가들은 외적 사건에 의해 형성된 행동으로 이해하는 것에서 내적 인지과정에 근거한 행동으로 행동치료의 초점을 급진적으로 변화시켰다. 이 변화는 CBT 제1의 물결에서 CBT 제2의 물결로의 진화를 나타내었다. 이 CBT 제2의 물결은 미술치료사들이 CBT를 새롭게 바라보도록 하였다. CBT가 지나치게 구조화되고, 프로토콜이 엄격하고, 워크북 중심이라는 인식이 남아 있지만, 이것이 전부가 아니다. 이 내적 사고 중심과 인지적-구성주의 기반 이론으로 미술치료사들은 CBT에서 개발 가능성이 있는 틈새를 발견하였다. 칸즈(1979)와 라인(1979a, 1979b)을 시작으로, 미술치료에서의 인지는 치료를 위한 가치 있는 자원으로 인식되었다. 미술치료와 CBT는 적극적인 개입이며 경험적 기법을 사용한다. 미술치료는 특히 CBT 치료에 적합한데, 미술작업은 사고하기, 감지하기, 감정 반응 인식하기와 이해하기를 하는 본질적인 인지과정이기 때문이다. 미술 작품을 만들 때 미술작업자는 정신적 이미지와 메시지를 발견하기, 기억 회상하기, 의사결정하기와 해결방법 생성하기에 참가해야 한다.

CBT와 CBAT 제3의 물결로의 전환

CBT의 두 가지 목표는 내담자가 부적응적 사고가 부적응적 행동을 유지시키는 역할을 함을 인식하도록 돕는 것과 내담자가 자신의 사고과정을 관찰하도록 훈련시키는 것이다. 이 두 가지 목표는 CBT 제3의 물결의 기본이다. CBT 제3의 물결 치료사는 개인이 자신의 사고를 인식하고, 그들의 인지를 관찰하도록 훈련시키기 위해 마음챙김과 명상 훈련을 가르친다. 게다가 불교심리학의 기본 원리가 CBT 원리와 비슷하다. 예를 들어, 1950년대 초 엘리스는 REBT와 불교 방식 사이의 공통점을 발견하였다. 특히 둘 다 개인에게 괴로운 생각에 대해 질문하고 개인이 합리적인 삶을 살 수 있도록 돕는 기법을 사용한다.

메타인지는 CBT와 마음챙김 명상 훈련에서 중요한 개념이다. 간단히 말해서 메타인지는 개인이 생각하는 내용뿐만 아니라 생각하는 방식에 대한 인식이다. 메타인지는 문제가 되는 잘못된 사고와 신념을 변화시키기 때문에 CBT에서 핵심 기술이다. 마음챙김에서 개인은 이러한 문제가 되는 사고와 감정이 지나가는 사건이고 반드시 현실에 근거한 것이 아니며 그들 자신이 만든 구성개념이라는 것을 배운다. 마음챙김 명상은 개인이 자신의 생각을 관찰하고 자신의 생각을 지켜보고 통제하는 데 도움이 되기 때문에 메타인지와 유사하다. 마음챙김 훈련은 또한 내담자가 자신의 생각을 덜 판단하고 자신만의 사고과정들을 더 수용하도록 돕는다. 마음챙김은 주의와 집중력을 향상시키는데, 이 또한 CBT의 목표이다. 마음챙김 훈련과 다른 인지적 상관관계에 있는 것은 결심, 인내, 평정, 경계이다.

CBAT 제3의 물결 치료사는 순간에 주의를 기울이는 것을 강조하기 위하여 미술작업을 활용하고, 매체를 가지고 작업할 때 어떻게 느끼고 생각하는지 주의 깊게 조사하고, 미술치료 활동에 DBT와 다른 기술들을 결합한다. 허크빌과 리어먼스(2009)가 사용한 DBT 개념은 수용과 변화의 균형으로, 지금 여기에서 일어나고 있는 일을 수용하고 상황이 변할 것이라는 것을 수용하는 것이다. 또 내담자는 CBAT 제3의 물결 치료사에게 수용된다고 느껴져야 하지만, 치료가 변화라는 의제를 받아들이기를 포함하고 있다는 것을 알아야 한다. 이 어려운 균형은 미술 작품을 완성하는 과정에서 우연한 사건이 발생할 수 있는 미술작업 경험의 부분이 될 수 있다. 로렌조 느 라 페냐에 의하면, CBAT 제3의 물결 치료사도 회기에 들어갈 때 마음챙김을 훈련한다. 그들의 마음가짐은 있는 그대로 내담자를 수용하는 것이고, 비판단적인 자세를 취하는 것이다.

요약

CBAT는 강력하고 견실한 철학적이고 이론적인 원리로 이루어져 있다. 앞서 제시된 개념들은 미술치료에 대한 이 접근방식에 대해 강력하게 옹호한다. 미술치료는 특히 CBT 치료에 적합한데, 미술작업이 사고하기, 알아차리기, 감정적 반응 확인하기와 이해하기를 사용하는 본질적인 인지과정이기 때문이다. 미술 작품을 만들 때 미술작업자는 정신적 이미지와 메시지의 발견, 기억들의 회상, 의사결정과 해결 방법 생성을 포함하여 여러 인지과정에 몰두하게 된다. 그림을 그리든 조형을 하든 미술을 창조하는 것은 즉각적인 피드백 시스템과 만족스러운 행동에 대한 지속적인 강화를 포함한다. 붓의 한 획은 미술작업자를 기쁘게 할 뿐만 아니라(강화) 추가 작업을 암시하거나 촉진할 수 있다(피드백). 미술을 창조하는 것은 내적 과정에 구체적인 기록을 남긴다는 것을 의미한다. 이 구체적인 기록은 논의되고, 변경되고, 만족을 위해 다시 그려질 수 있다. 그것은 과거 사건을 회상시키고, 긍정적인 감정적 경험을 생각나게 하는 것으로 사용될 수 있다.

이 일곱 가지 원리는 많은 내담자와 많은 진단군을 대상으로 한 CBAT에 대한 설득력 있는 주장을 나타낸다. 이론적 기반은 건실하며, 발달심리학, 심상의 본질, 인지과학, 구성주의 철학과 같은 광범위한 개념을 포함한다. 행동주의와 CBT의 실제는 지금까지 발전하고 있으며, 연구에 대한 강조 때문에 각 발전 단계는 경험적 증거에 기반을 두고 있다. CBAT 역시 초기 행동주의의 실제를 미술치료에 통합하는 것에서부터 심상과 미술작업의 가치를 강조하기 위해 인지와 인지심리학을 추가함으로써, 그리고 지금은 CBT 제3의 물결 마음챙김 전통방식을 CBAT 실제로 통합하는 것을 통하여 발전하고 있다. 다양한 진단군을 대상으로 한 CBAT 기법은 다음에 설명되어 있다.

CBAT 실제 전략

여러 진단군이 CBAT 접근방식의 치료로부터 도움을 받았다. 이 절에서는 여섯 가지 진단군(PTSD, 불안장애, 우울, 정신장애, 행동 및 정서 장애, 그리고 만성 통증과 의학적 상태)을 대상으로 이 접근방법을 미술치료에 활용하기 위한 CBAT 기법들을 종합할 것이다(〈표 9-1〉 참조).

PTSD

CBT와 미술치료는 종종 PTSD를 겪는 개인을 위한 선택 치료법이다. 외상 경험은 대개 정신적 이미지로 기억에 저장되기 때문에, 치료의 일부로 이 심상을 활용하는 것은 유리하다. CBT 치료사는 심상 다시 쓰기와 같은 기법을 활용하여 언어치료의 일부로 외상 이미지를 활용한다. 그렇지만 CBAT는 언어적 방법과 함께 미술치료 방법을 도입할 수 있기 때문에 이점이 있다.

갠트와 티닌(2007)의 외상 내러티브 방법은 고통스러운 외상 기억을 일련의 그려진 이미지로 옮기며, 이 그림은 외상 사건의 내러티브를 상세하게 다시 나타내는 데 사용될 수 있다. 갠트와 티닌의 접근방식에서, 치료사는 사건이 과거에 발생했으며 더 이상 현재 경험의 일부가 아니라는 단서를 주기 위해 과거 시제를 사용하여 내담자가 다시 이야기하도록 사건에 대한 그림을 사용한다. 이 과정은 내담자에게 외상으로부터 반영적인 거리두기를 제공한다. 다른 여러 미술치료사도 유사한 개입을 사용하였다. 예를 들어, 캠벨 등(2016)은 여섯 개의 개별 이미지로 외상 사건을 시간의 흐름 순서로 그리는 과정을 전쟁 관련 외상을 경험한 퇴역 군인에게 적용하였다([그림 6-27] 참조).

워커 등(2016)은 외상성 뇌손상과 PTSD를 겪는 퇴역 군인을 위해 가면 프로젝트를 도입하였다. 그가 만든 가면은 피투성이의 얼굴이었는데, 이는 전쟁하는 동안 경험한 사건에 대한 반복적이고 침습적인 기억이었다. 그 가면은 그를 괴롭히고 종종 그의 꿈에 나타났기 때문에, 그는 가면을 넣을 상자를 만드는 데 동의하였다([그림 6-16]과 [그림 6-17] 참조). 가면이 안에 들어 있고 안전하게 시야에서 벗어나 있기 때문에, 그는 그것을 언제 꺼낼지, 언제 버릴지 통제할 수 있었다. 이 통제력으로 인해 이 심상의 침습성은 시간이 지남에 따라 감소하였다.

표 9-1 다양한 진단군을 위한 CBAT 개입

진단군	저자와 날짜	목표 증상	CBAT 개입	결과
PTSD	Gantt & Tinnin(2007) Campbell et al.(2016)	반복되는 외상 기억	집중적인 외상치료,* 외상 사건의 각 측면 그리기	3인칭 시점에서 외상 이야기를 재현, 반영적인 거리두기 제공, 외상 사건의 영향 감소
	Walker et al.(2016)	문제가 되는 외상 이미지	반복되는 얼굴 심상의 가면, 불쾌한 얼굴 가면을 넣을 상자 만들기	두려운 심상의 외현화, 이미지를 위한 안전한 장소를 제공, 심상에 대한 통제력 증가
	Backos & Mazzeo(2017)	통제 욕구	친숙한 미술 재료: 마커, 콜라주 등	질서와 통제력 습득
		현재 순간에 접촉	각 회기 만다라와 각 미술 경험에 주의하도록 요청	현재에 차분하게 주의
		원치 않는 고통스러운 기억	상상적 노출, 기억에 대한 그림 그리기	수용과 통제를 위한 기억의 외현화
		왜곡된 생각 식별	'버스에 탄 괴물' 지시문	왜곡된 인지 외현화
		가치 확인	가치 모빌	중요하고 긍정적인 신념 확인 및 통합
	Pifalo(2007)	긍정적인 감정과 무서운 감정 확인	내적 · 외적 감정들에 대한 감정 상자	힘든 감정에 대해 자기 보호, 감정에 대한 통제력 증가
		혼란스러운 기억 감소	외상 사건 로드맵	힘들고 혼란스러운 아동기에 대한 질서 제공

불안장애	Morris(2013)	인지 왜곡들 우선순위 매기기	인지 왜곡에 대한 콜라주, 가장 덜 힘든 것에서 가장 힘든 왜곡 순위 매기기, 재구성을 위해 가장 덜 힘든 것 논의, 인지 재구성 그리기	인지 왜곡의 재구성과 현실적인 사고 과정 강화
	Sarid & Huss(2010)	침습적인 기억	스트레스가 많은 사건에 대한 상상적 검토 및 문제 기억의 '위험한 장소' 확인하기	내담자는 불안 유발 기억에서 비명의 볼륨을 낮춤
		자신에 대한 분노, 부정적인 자기대화	장애물 그리기와 자신의 긍정적인 면을 표현하기 위해 다양한 색 사용하기	부정적인 자기대화를 줄이고 긍정적인 특성을 증가
	Zettler(개인적인 대화, 2017. 8. 5.)	불안에 대한 자기통제력	불안 괴물과 불안감을 담는 용기 만들기	불안한 감정에 대한 통제력 증가
우울	Rosal (2001)	감정 상태에 대한 이해 증진시키기	감정 상태에 대한 개인적 구성개념 평가	감정과 감정적 촉발요인에 대한 자각증가와 감정이 지나간 사건이라는 이해 향상
		고통스러운 사건과 관련된 감정 대처하기	확인된 감정 상태와 일상적 스트레스 사건에 대한 미술 저널	일상적인 스트레스에 대한 대처하기 증가
		급락의 촉발로서 힘든 순간	안전한 장소 그리기와 고요함과 평온함을 그리기, 스트레스 완화를 위한 자극으로 사용	대처하기 증가와 자기 진정 능력 향상
	Zettler(개인적인 대화, 2017. 8. 5.)	낮은 자기존중감	강한 동물 확인하기, 진정한 자기를 나타내는 동물 가면 만들기	자기에 대한 강점과 다른 특성 확인

주요 정신장애	Huckville & Learmonth(2009)	미술치료에 참가하는 것에 대한 불안	환경을 안전하게 만들고자 하는 환자의 요구 수용하기	참가율을 높이고 안전성 증진
	Clark(2017)	DBT 기술 통합의 어려움**	콜라주와 다양한 매체	치료에 필요한 DBT 기술을 강화
	Heckwolf et al.(2014)	감정 조절	안전한 심상과 감정적으로 혼란스러운 심상 짝짓기	안전한 심상과 무서운 심상이 같은 공간을 차지할 수 있다는 자각 증가
	von Daler & Schwanbeck(2014)	대처 행동	내담자가 문제 행동에 빠지는 대신에 미술 표현을 하도록 요구하기	적응적인 행동 양식과 새로운 신경 경로 생성
	Drass(2015)	혼란스러운 내적 풍경	미술치료 환경을 질서 있고 단정하게 구성하기	덜 혼잡한 내적 풍경의 발달 촉진
		포함되지 않은 감정들	자기에 대한 질문에 답하기 위해 지혜로운 마음 책이나 3D 콜라주 만들기	자기정체감 증가
		스트레스에 대처하기 어려움	고통 감내 바구니	자기 진정과 접지하기(grounding) 능력 향상
	Lorenzo de la Peña(2016)	미술치료 회기에서 혼란	회기의 각 단계와 미술 매체 사용의 모든 단계를 신중하게 계획하기	감정 조절 증가와 힘든 감정 반응 감소
		방황하는 생각	거품이나 흘려 칠하기와 같은 감각적/마음챙김 미술 경험, 비구상적인 미술작업	미술작업에 대한 관심 증가와 마음챙김 기술 향상

행동 및 정서 장애	Rosal(1985, 1992, 1996, 2001, 2016a) Ravenette(2005)	잘못 형성된 도식과 비합리적인 사고와 감정적 반응	문제가 되는 도식을 확인하기 위해 그리고 처리과정을 통해 개인적인 구성개념 그림 평가	자기 이해 향상과 치료 목표 형성 도움
	Rosal(1985, 1992, 1996, 2001, 2016a)	환경에 따라 다른 문제 행동	다양한 상황/환경에서 자기와 일치되는 감정 상태 그리기	행동 반응 발견과 문제 해결 촉진
		부족한 긍정적인 정체성과 힘	의사결정 및 장애물 극복을 강조하는 심상 훈련	자기자존감과 자기효능감 증진
	Gussak(2009)	빈약한 문제 해결 기술	종이와 테이프만 사용하여 종이 조형물 만들기	문제 해결 능력 향상
	Matto et al.(2003)	파괴적인 행동	문제 행동에서 강점 강조하기 위해 재구성하기	행위자 증가와 긍정적인 특징 확인
스트레스 감소	Isis(2014)	스트레스의 영향 감소시키기	호흡라인, 보디스캔, 마음챙김 낙서	스트레스 대처 전략 증가와 스트레스 감소
	Visnola et al.(2010)	빈약한 감정 자각	신체 윤곽선을 사용하기, 각 감정마다 다른 색 사용하기와 감정이 위치한 신체에 색칠하기	감정과 신체 알아차림 향상
		일에서 스트레스 요인 이해 부족	직장에서의 만족감 자원과 스트레스 자원을 그리고 쓰기	직장에서의 대처하기 증가
		배운 대처 기술의 통합을 위한 필요성	만다라 그림과 긍정적인 자기상징	대처하기와 학습한 대처 기술 강화

의학적 상태	Monti et al. (2006) Peterson (2014, 2015)	대처 자원을 찾을 필요성	MEAM: 미술 매체에 대한 마음챙김 탐색	마음챙김 훈련 준비
		신체 자각 부족	통증과 불편함을 확인하기 위한 보디스캔	질병에 대한 신체의 반응 알아차림 증가
		환경 자각 부족	병원이나 의원에 대해 배우기 위해 도보 여행 훈련, 환경 경험을 강화하기 위해 사진과 콜라주 작업 사용	장소에 대한 감각 개선과 질병, 치료에 대한 마음챙김

* 집중외상치료(ITT)는 현재 본능적 외상 반응(ITR) 치료 모델로 불리며, 갠트와 동료들과의 추가 훈련이 필요하다.

** 클라크(2017)는 DBT 기술을 강화하기 위해 사용한 미술치료 개입의 종합적인 목록을 제공하였다.

ACT 모델을 사용하여 백코스와 매지오(2017)는 참전 군인을 위한 프로그램을 만들었다. 그들은 6개의 ACT 각 모듈에 미술치료를 통합하였다. 그들의 모델에서 쉽게 통제될 수 있기 때문에 단순하고 구조화된 미술 재료가 가장 유용하다고 생각되었다. 그 상반되는 것들의 사용도 소개되었다. 예를 들어, 그들은 참전 군인들에게 자유 선택 미술 경험과 더 구조화되고 일련의 작업 순서가 있는 미술 경험을 비교하고 대조하도록 요구하였다. 괴물과 가치 모빌은 미술 작업 개입의 일부였다.

피팔로(2007)는 외상을 경험한 아동들을 대상으로 연구했으며 외상 사건에 대한 감정을 확인하는 것이 치료적이라는 것을 발견하였다. 그녀는 상자를 사용하여 내담자에게 힘든 감정에 대한 이미지와 단어는 상자 내부에 붙이도록 하고, 타인에게 보여도 안전한 감정은 외부에 붙이도록 하였다. 또 피팔로는 외상 사건을 정리하기 위해 그리고 혼란스러운 폭력적인 삶에 질서를 부여하기 위해 아동의 삶에 대한 로드맵 프로젝트를 권하였다.

불안

불안과 스트레스는 PTSD의 구성요소이지만 불안 그 자체도 장애이다. 불안장애는 일반적으로 아동기에 시작되어 평생 지속될 수 있기 때문에, 불안을 경험하는 내담자를 대상으로 연구하는 것은 도전이 된다. 모리스(2014)는 2명을 대상으로 CBAT를 연구하였는데, 한 명은 공황장애와 광장공포증이 있었고 다른 한 명은 범불안장애가 있었다. 그녀는 두 진단군을 대상으로 한 CBAT가 도움이 된다는 것을 발견하였다. 모리스는 "광장공포증과 범불안장애가 있는 몇몇 사람에게 하나의 방법일 수 있는 미술치료는 두려움에 대한 심상을 실제로 만들고 해결방법을 상상하도록 힘을 부여할 수 있다."라고 하였다(p. 120). 그녀의 방법은 내담자의 견해가 얼마나 잘못되었는지에 관한 비합리적인 신념에 도전하기 위해 체계적인 둔감법, 인지 재구성과 미술치료를 포함하였다. 첫째, 모리스는 내담자가 불안에 대한 생각을 표현하는 데 콜라주 재료를 사용하도록 하였다. 콜라주는 경험한 불안과 관련된 문제가 되는 인지를 확인하는 데 사용되었다. 다음 단계는 내담자가 치료에서 해결하기 위해 인지를 나열하고 가장 덜 힘든 것부터 가장 힘든 것까지 순서를 매긴다. 감정적 충격이 가장 적은 하나의 인지로 시작하는데, 모리스는 내담자에게 먼저 그 인지의 정확성에 대해 질문하고 그다음 그 사고에 대한 질문으로부터 얻게 된 새로운 정보에 따라 조정된 인지에 대한 그림을 그리도록 돕는다. 재조정된 인지를 그리는 활동을 통하여, 새롭게 형성된 보다 현실적인 인지가 강화되었다([그림 6-5] 참조).

새리드와 후스(2010)는 급성 스트레스 장애를 완화하기 위하여 CBAT를 사용하였다. 그들은 이미지 경험을 통해 도움을 받은 두 내담자에 대해 보고하였다. 이 개입은 외상 사고로부터 생긴 침습적인 심상의 스트레스 영향을 감소시켰다. 그들은 한 내담자가 먼저 그 사건을 이야기하고 다시 상상하고 외상의 가장 힘든 측면을 확인하도록 격려하였다. 외상 사건의 가장 힘든 측면은 자신의 큰 비명소리를 기억하는 것, 무서웠던 기억들이었다. 큰 비명소리에 대한 인식은 내담자가 자신의 비명소리의 볼륨을 낮추는 것을 상상하게 하는 개입의 목표가 되었다. 이는 또한 위험한 순간을 확인하는 것과 외상의 감정적 충격을 감소시키기 위해 정신적 이미지와 소리 이미지를 활용하는 것의 예가 된다. 길에서 커다란 물체를 보지 못하여 자전거 사고를 겪은 여성에게 비슷한 과정이 사용되었다. 그들은 먼저 그녀에게 커다란 검은 물체와 그 사고를 그리라고 하였다. 그녀는 이 물체를 알아차리지 못한 자신의 어리석음에 초점을 맞추었다. 그녀의 부정적인 자기대화를 줄일 목적으로 그들은 그녀에게 자신의 다른 측면을 표현하기 위해 여러 가지 색을 그림에 사용하도록 하였다. 색을 추가함으로써, 그 여성은 그 물체가 끼친 영향을 감소시키는 많은 긍정적인 특징을 지니고 있다는 것을 알게 되었다. 또 그녀는 검은색 물체가 실제로 긍정적인 색깔들을 강조한다고 하였다.

제틀러는 자신의 삶에 영향을 미칠 수 있는 능력이 거의 없다고 느꼈던 범

불안장애가 있는 14세의 메기를 대상으로 연구하였다. 통제감을 증가시키기 위해, 그녀는 메기에게 좋아하는 동물의 긍정적인 특성들을 나열하도록 하였다. 그러고 나서 메기에게 점토로 곰을 만들고, 마지막으로 곰의 서식지를 만들도록 하였다. 메기의 곰 서식지에는 음식, 물, 집이 포함되었다([그림 6-22] 참조). 성인을 대상으로 제틀러는 불안 괴물 만들기라는 아이디어를 소개하였다([그림 6-23] 참조). 점토 괴물은 불안한 감정을 외현화시켰고, 여성에게 이 감정 상태를 극복할 힘을 주었다. 괴물을 위한 안전한 장소로 용기를 만든 후, 그 여성은 또 자신이 취약하다고 느낄 때 불안감을 없앨 수 있는 힘을 얻게 되었다.

우울

불안을 위해 CBT를 활용한 것 외에도, 우울 환자의 치료는 CBT 연구와 실제의 초기에 중요한 영역이었다. 특히 벡 등(1979)은 결국 심각한 우울 상태를 초래하는 왜곡된 인지와 자기대화에 대한 통제력을 얻도록 이 장애를 겪는 이들을 돕기 위한 방법을 개발하였다. 감정 상태와 비합리적인 사고에 대한 자각은 우울의 시작을 억제할 수 있다. 나는 우울 삽화가 자살 시도로 이어졌던 캐런의 사례를 논의하였다. 그녀는 자신의 감정 상태에 대해 인식과 이해가 되지 않는다는 것을 깨달았다. 감정 상태 그리기를 활용한 라인의 개인구성개념 심리학 평가를 사용하여 캐런은 몇 가지 힘든 감정에 대해 알게 되었다. 그녀는 문제가 되는 감정과 우울 상태의 시작 가능성을 연결 지을 수 있었다. 캐런의 사례에서, 불안은 대개 우울을 촉발시키는 주요 감정이었다. 불안과 우울 사이에 강한 연관성이 있다는 것은 특별한 일이 아니다.

제틀러가 가벼운 우울과 조울증을 겪는 청소년을 대상으로 연구할 때 이 젊은 여성의 자기자각을 향상시킬 수 있도록 돕는 것이 중요하였다. 그녀에게 힘이 센 동물을 확인하고 진정한 자기(즉, 일반적으로 타인에게 보이는 자신의 측면과 반대되는)를 나타내는 가면을 만들도록 하였다([그림 6-21] 참조). 그 청소년은 까마귀 가면을 선택했고, 그녀가 장난스러울 뿐만 아니라 사려 깊고 현명하다는 것을 알고 놀랐다.

MBCT는 재발성 우울을 겪는 사람들을 돕기 위한 필요성에서 비롯되었다. CBT 치료가 한동안 효과가 있었지만 때때로 우울이 재발하였다. CBT 제3의 물결은 탈중심화와 재발 방지의 목표에 초점을 맞추었다. MBCT의 핵심 특징은 사람들의 우울하고 비합리적인 생각을 바꾸는 것에서 왜곡된 인지와의 관계를 바꿀 수 있도록 돕는 것으로 변화되었다. 탈중심화라고 불리는 이 과정은 내담자가 잘못된 인지를 자신의 일부로 수용하도록 돕는 것이다. 또한 내담자들은 이런 생각을 한다고 해서 그들이 우울한 사람이라는 것을 의미하지는 않는다는 것을 배웠다.

CBAT 치료사가 MBCT를 미술치료 실제에 통합하는 하나의 방법은 캐런에게 했던 것과 마찬가지로 먼저 내담자에게 고통스러운 인지와 감정을 확인하고 그리도록 요청하는 것이다. 그런 다음 내담자에게 이러한 생각이 나타나는 때를 기록하고, 그 사건에 대한 미술 작품을 만들도록 미술 저널을 사용하게 한다. 미술작업을 할 때, 내담자가 호흡하고 그 순간을 알아차리도록 한다. 또 다른 개입방법은 안전하거나 평온하다고 느끼는 것을 그리도록 하는 것이다. 우울한 생각이 나타날 때, 마음챙김 호흡이나 주의집중을 위한 촉구로써 안전한 그림을 활용한다. 캐런의 '평온한'의 그림은 자신의 생각과 감정이 단지 지나가는 사건이라는 것을 상기시키는 열쇠가 되었다([그림 6-13] 참조). 그녀는 자신이 느끼도록 허용했지만, 이러한 사건이 그녀가 우울에 빠지는 것을 의미한다는 공포에 사로잡히지 않도록 하였다.

주요 정신질환

정신과에서 일하는 미술치료사는 그들의 임상에서 부분적으로 CBAT를 활용해 왔다. 행동 조형과 문제 해결을 위해 촉구하기, 강화하기, 구조 제공하기, 현실지향성 보장하기와 미술작업 활용하기가 표준이 되는 방식이다. 현실지향성은 환자에게 일상의 사물이나 꽃, 나무와 같은 자연물을 그리게 함으로써 쉽게 달성할 수 있다. 왜곡된 사고에 도전하기와 감정 조절력 증진시키기는 스트레스 내성 기르기처럼 이 장애를 가진 사람들을 위한 치료의 일부이다. DBAT 접근법을 사용할 때, 미술치료사는 왜곡된 인지 해결하기와 문제 행동 토의하기라는 힘든 과제에 균형을 맞추려는 목적으로 특이한 행동과 다루기 힘든 생각을 수용하는 것이 필수적이다.

미술치료실에 환자를 들이기 전에, 미술치료사는 공간과 제공되는 미술 재료의 유형과 관련된 문제를 해결할 필요가 있다. 이것은 정신과에서 CBAT를 시행하는 데 필수적인 기술이다. 허크빌과 리어먼스(2009)가 제시한 사례 연구는 한 환자를 미술치료에 참가하도록 격려하기 위해 환경을 바꾼 중요한 예가 된다. 환자는 지저분함에 대해 불안해하였고, 그래서 미술치료사는 도화지 아래에 비닐을 깔고 손이 더럽혀지지 않도록 비닐장갑을 끼는 것을 허용함으로써 그녀를 수용하였다. 근본적인 이유는 만약 그들이 이러한 요구를 받아준다면 환자는 미술치료에 참가할 것이고 궁극적으로 그녀가 미술치료 회기에 참가하면서 행동의 변화가 일어난다는 것에 있다.

드래스(2015)는 또한 환자의 혼란스러운 내적 풍경에 질서를 부여하도록 장려하기 위해 의도적으로 구조화한 미술치료실의 중요성을 강조하였다. 로렌조 드 라 페냐(2016)는 대형 주립병원의 미술치료 집단에서 환자들의 성취를 촉진하기 위하여 특별한 목표를 염두에 두고 구조화된 단계별 과정으로 각 미술치료 회기를 의도적으로 계획하였다. 또한 사용된 미술 재료는 환자의 안전과 성취를 얻는 데 도움이 되도록 의도적으로 선택되었다. 매체 탐색은 로렌조 드 라 페냐가 환자에게 도입한 첫 개입방법들 중 하나이다. 또 그녀는 매체 탐색의 일환으로 다양한 질감과 색이 있는 재료를 사용한다. 그녀는 최종 작품에 초점을 맞추기보다 미술작업 과정에 초점을 맞추기 위해 선과 색의 활용을 권한다. 이러한 훈련은 신체와 감각 자각을 촉진한다.

DBAT와 마음챙김은 만성 정신질환을 가진 환자들을 대상으로 연구하기 위한 부가적인 접근방법이다. 헤크울프 등(2014)은 환자가 두 개의 상반되는 감정이 같은 공간에 있을 수 있다는 것을 이해하도록 돕기 위하여 두려운 심상과 안전한 심상을 결합하는 것을 추천하였다. 헤링(2014)은 보디스캔, 호흡 그림과 같은 몇 가지 DBAT 미술치료 방식을 도입하였다. 관찰 훈련(예: 나무를 그리기 전 나무에 대해 당신이 할 수 있는 모든 것에 주목하기)을 포함하여 단순하고 시간 제한적인 접지하기(grounding)와 마음챙김 훈련들은 이들에게 유용하다.

행동 및 정서 장애

행동 및 다른 정서 장애가 있는 개인을 위한 CBAT는 잘못 발달된 도식, 잘못된 생각과 비합리적인 감정 반응을 재평가하는 데 중점을 둔다. 각 생각은 내담자에 의해 독특하게 생성되기 때문에, CBAT의 첫 번째 단계는 비합리적인 사고를 평가하거나 밝히고 문제가 되는 감정 반응이 어떻게 발달되었는지 탐색하는 것이다. 개인구성개념 심리학(PCP) 평가 도구가 이 과정에 도움이 될 수 있다. PCP 도구는 특정 사람들과 연령군에 맞게 설계되어야 한다. 예를 들어, 레이브넷(2005)은 아동이 행동에 대한 타인의 반응을 어떻게 지각하는지 탐색하기 위하여 다양한 감정 상태(예: 부주의한, 똑똑한, 무례한 등)를 가진 아동의 얼굴을 그리는 데 PCP 도구를 사용하였다([그림 4-5] 참조). 반대되는 것에 대한 그림을 사용하는 것도 도움이 된다(예: 규칙 준수 대 규칙 위반). 성인은 켈리(1955/1991)와 라인(1979a, 1979b)에 의해 개발된 더욱 복잡한 PCP 평가를 사용할 수 있다. 이 평가들은 문제가 되는 사고와 감정을 정확히 설명하는 데 도움이 되며, 치료 목표를 세우는 데 활용될 수 있다.

문제 행동은 다양한 환경에서 발생한다. 따라서 문제 행동을 나타내는 환경에서 개인이 자기를 어떻게 느끼고 경험하는지를 창조하는 것은 유용하다. 이것은 각 환경에서 경험했던 감정 상태에 기반을 둔 작품으로 이어질 수 있다. 예를 들어, 스콧은 학교에서 따돌림을 당하는 것에 대해 그림을 그리고, 그 상황을 3단계—즉, 교실에서 무슨 일이 일어나고 있는지, 따돌림이 어떻게 발생

했는지, 그리고 그의 반응—로 그렸다. 행동장애에 대한 다른 CBAT 개입은 문제 해결과 관련이 있다. 때때로 문제 해결은 스콧의 사례처럼 직접적으로 다루어진다(즉, 만약 …… 한다면 당신은 어떻게 하겠습니까?). 또 어떤 경우에는 감옥에서처럼 은유의 형태일 수 있다. 구사크(2009)는 수감자에게 흰색 A4 용지와 테이프만 사용하여 조형물을 만들게 하였다. 수감자들에게 이것은 많은 창조성과 해결 지향적 사고를 요구하였는데, 특히 집단에게 모든 집단원 개개의 조형물을 통합한 단일 조형물을 만들도록 하였을 때이다.

자기효능감과 권능감은 문제가 되는 품행장애를 가진 개인을 위한 또 다른 두 가지 목표이다. 대개 파괴적이거나 유해한 행동은 열등감이나 경멸감에서 초래된다. 통제력을 기르는 것은 CBAT 실제에서 매우 중요하다. 매토 등(2003)이 물질남용 문제가 있는 청소년을 대상으로 했던 것처럼, 긍정적인 특징을 찾기 위해 강점을 강조하거나 까다로운 행동을 재구성함으로써 성취된다. 이것은 은유를 활용함으로써 이룰 수도 있다. 심상 훈련에서 유도된 권능감은 스콧에게 문제를 해결하고 내적 자원을 발견하는 데 유용하였다.

스트레스 감소

카밧진(1982)은 의료 환자의 급성 및 만성 스트레스를 감소시키기 위하여 CBT 제3의 물결 또는 MBSR을 처음 사용하였다. 마음챙김과 명상의 사용은 현재는 스트레스와 통증 관리를 위한 일반적인 개입방법이다. 미술치료 또한 의료 환경에서 CBAT 제3의 물결을 사용한다. 스트레스 감소를 위해 CBAT를 사용하는 것의 전제는 미술작업이 현재 순간에 대한 자각을 향상시키고 참가자가 그들 주변에서 일어나고 있는 일에 지속적으로 집중할 수 있도록 돕는다는 것이다. 호흡 라인,[1] 보디스캔, 마음챙김 낙서와 정기적인 저널 쓰기 훈련과 같은 간단한 미술 훈련은 대처 기술과 자기조절력을 향상시키는 데 도움이 된다. 카밧진에게 배웠던 아이시스(2014)는 스트레스 감소를 위한 8주 미술치

1) 역자 주: 한 호흡에 한 선 그리기

료 프로그램을 제공하였다. 매주 주제를 기반으로 하였다. 보디스캔과 호흡 그림 이외에도, 그녀는 이야기와 사회적 원자 그림에 대한 반응미술을 소개하였다.

직장 스트레스는 비스놀라 등(2010)이 창안한 미술치료 프로그램에서 다루어졌다. 그들의 CBAT 프로그램은 감정을 확인하고 이러한 감정이 신체의 어디에 있는지 확인하는 것으로 시작되었다. 그다음, 집단원들은 스트레스가 많은 직장 상황을 확인하고 대처방법과 문제 해결 방법을 찾아내었다. 인지 재구성을 위해 그들은 집단원들에게 음악에 대한 그들의 감정을 그리도록 한 후 그림에 대한 이야기를 쓰게 하였다. 또 다른 중요한 미술 경험은 집단원들이 직장에서의 만족 자원과 직장에서의 대처 자원을 정확히 나타내는 것과 관련되었다. 그들이 배운 것을 통합하기 위해 만다라와 긍정적인 자기상징을 만들었다.

암과 만성 질환

만성 통증, 암 및 다른 만성 질환이 있는 개인을 위한 CBAT 제3의 물결은 대부분 카밧진의 MBSR에 기반하고 있다. 예를 들어, 몬티 등(2006)은 CBAT 방법을 그의 8주 프로그램에 기반하였다. 이 연구팀의 미술치료사였던 피터슨에 의하면, 암 환자를 위한 이 프로그램에서 CBAT의 도입은 마음챙김 미술 재료의 탐색으로 시작되었다. 피터슨은 이러한 탐색이 시간 제한적이며 탐구 기반이기를 원하였다. 환자들이 명상 훈련을 하도록 간단한 미술 활동이 준비되었다. 다른 CBAT 활동으로는 신체의 통증을 확인하기 위한 보디스캔, 예를 들어 유쾌한/불쾌한과 같은 사건들을 탐색하기 위하여 반대되는 구성개념을 활용하기, 치유의 장소 만들기가 포함되었다. 피터슨(2015)은 또 환자들에게 도보 여행을 도입하였다. 이 과정은 환자가 병원이나 의원을 돌아다니며 의미를 지닌 장면이나 관찰한 것을 사진으로 찍도록 하였다. 그다음 마음챙김 관찰 경험을 향상시키기 위하여 사진은 차후 미술 경험에 활용된다. 피터슨이 암 환자를 위해 이 미술치료 경험들을 개발했지만, 그것은 광범위한 만성 질환 환자에게도 치료적이다.

종합

CBT의 최우선 목표는 내담자가 적응성을 성취하기 위해 자기통제력과 자기효능감을 얻는 것이다(Bandura, 1997). 성인의 경우, CBAT는 외상 이미지의 힘을 완화시키고, 잘못되고 문제가 되는 인지를 재검토하고, 문제 행동을 감소시키며, 자해나 사회적으로 부적절한 행동을 유발하는 촉발에 대한 자각을 높이고, 통제소재를 개선시킨다. 또 CBAT는 비합리적인 생각의 의미를 바꾸기 위해 집중과 마음챙김을 성취하는 데 도움이 된다. 마지막으로, CBAT는 대처 전략을 개선할 수 있고 개인의 삶의 선택을 개선하기 위한 합리적인 해결방법을 선택할 수 있다.

아동을 위한 CBAT는 행동의 자기통제력을 높이고, 학대의 영향을 감소시키며, 따돌림의 영향을 완화하고, 자기효능감을 기른다. 이 모든 것이 발달에 필수적이다. 항상 책임질 성인이나 조직이 필요하기보다, CBAT에서 아동은 자신의 행동의 측면들을 이해하고 관리하는 방법을 배울 수 있다. 모든 연령대의 사람에게 증가된 자기통제력은 많은 개인적인 선택과 자유로 이어질 수 있으며, 개인적인 힘은 결국 더 풍부하고 더 의미 있는 삶을 이끌 수 있다.

결론

CBAT는 계속되고 있고 만족할 만하다. 미술치료 문헌은 CBAT 개입의 삽화로 뒤덮여 있다. 미술치료사들이 사용하는 흥미롭고 구체적인 CBAT 과정이 많이 있다. 저자들은 그들의 접근방법을 CBAT로 인식하지 않았을 수 있지만, 문헌 속 수많은 미술치료 개입은 CBT에 기반하고 있는 것이 분명하다. CBAT가 우리 분야에서 얼마나 중요한지 파악하는 한 가지 방법은 CBAT 관점을 통해 미술치료 문헌을 읽고, 스트레스 감소, 문제 해결, 감정 조절, 자기효능감 발달, 지각의 수정과 대처 전략과 같은 핵심 용어를 찾는 것이다(Rosal, 2016b).

CBT가 미술치료의 실제에서 중심에 있다는 사실을 받아들이는 것은 중요하고 시의적절하다. 예를 들어, CBAT는 현재 PTSD 치료의 중요한 구성요소로 인식되고 있다. PTSD 치료 패러다임의 엄청난 성장은 최근 아프가니스탄과 이라크 전쟁에서 외상 증상을 가지고 돌아온 참전 군인들과 어린 시절의 신체적 · 성적 학대와 인신매매의 후유증과 같은 사회적 문제에 대한 새로운 관심이 계기가 되었다. PTSD 치료는 둔감화, 대처하기, 긍정적인 감정의 확인과 재활성화 그리고 자기효능감 향상을 포함한 수많은 CBT 접근방법을 포함한다(Collie, Backos, Malchiodi, & Spiegel, 2006). 이 저자들은 미술치료가 PTSD 치료에 대한 밝은 전망을 나타내고 있다고 설명하며, 다른 미술치료사들은 확실히 이 견해에 동의한다(Chapman et al., 2001; Pifalo, 2002, 2007; Rankin & Taucher, 2003). 다른 미술치료사들은 외상의 영향을 줄이기 위해 인지 재구성, 심상 다시 쓰기, 마음챙김과 명상 훈련을 포함한 최근 CBT 기법들을 사용한다.

새리드와 후스(2010)는 CBT의 원리를 미술치료 원리와 비교하였다. 그들은 외상성 스트레스와 불안을 가진 두 환자를 살펴보았고, 두 양식 모두 감각 경험을 탐색하고, 외상 기억을 조절하고, 새로운 인지를 구성하고, "외상 기억의 신체적 · 감정적 · 인지적 구성요소 간에 새로운 관계와 경로를 생성할 수 있는 잠재력"을 향상시킬 수 있는 안전한 공간을 제공한다는 것을 발견하였다(p. 10). 저자들은 겉보기에 다른 두 가지 접근방식(CBT와 CBAT)이 "시상하부의 코르티솔 방출을 억제함으로써 불안과 부정적인 감정적 반응을 감소시키는 조절과정"을 포함하여 비슷한 구성요소를 포함하고 있다는 것을 발견하고 놀랐다(p. 11). 이 저자들은 또한 CBT와 미술치료는 유사한 결과를 보이며 스트레스를 감소시키기 위하여 유사한 전체적인 방법론을 사용하며 그리하여

"더 긍정적인 기억의 재구성"을 돕는다고 가정하였다(p. 11).

CBAT는 또한 학교(특히 행동장애 학생; Rozum, 2001)와 교도소 제도(Breiner et al., 2011)에서의 미술치료에 적합하다. 이 두 분야에서 긍정적이고 친사회적인 행동을 증가시키는 것은 내담자와 환경에 중요하다. CBAT 참가자는 개인적인 성공감과 자기효능감을 발달시키고, 이러한 환경은 살아가는 데 더 안전하고 더 생산적인 장소가 될 수 있다.

CBAT의 힘에 대한 강력한 주장이 이제 입증되었다. CBAT는 미술치료의 감각적·감정적 능력의 중요성을 부인하지 않는다. 그것은 새롭고 적응적인 사고 양식 상상하기, 행동하기, 문제 해결하기 그리고 대처하기에 대한 이 개념들의 의미를 포함한다. 스트레스가 많고, 외상적이며, 혼란스러운 사고, 행동, 사건의 시각화와 재구성은 CBAT의 영역이다. 나는 미술치료사들이 이 책에서뿐만 아니라 다른 CBAT 문헌에서도 논의된 CBAT 개념을 받아들이고 있다고 생각한다. CBAT 구성요소를 이해하고, 활용하고, 재고하는 것은 앞으로 오랫동안 내담자에게 도움이 될 것이다.

부록

부록 01 켈리의 레퍼토리 그리드와 인물 기록지

레퍼토리 그리드

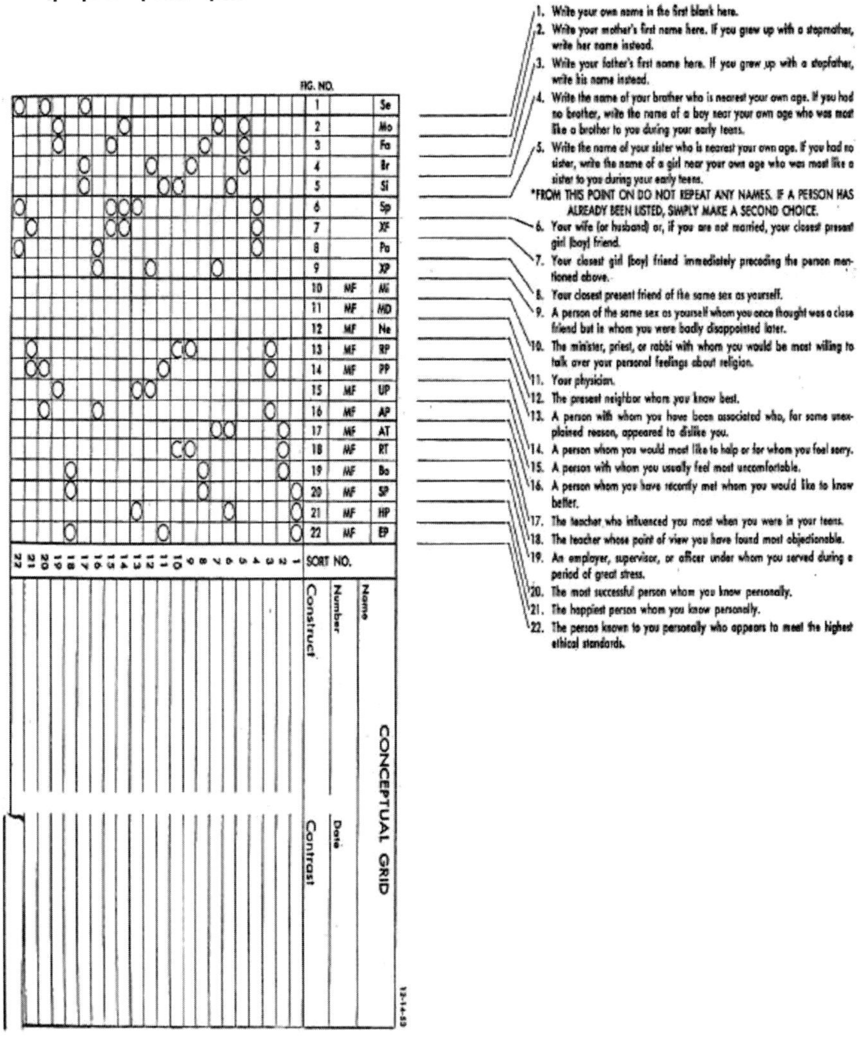

출처: Kelly, G. (1995), *The Psychology of Personal Constructs* (p. 270)에서 발췌. 저작권은 Routledge에 있음.

인물 기록지

1. 첫 빈칸에 당신의 이름을 쓰세요.
2. 여기에 어머니의 이름을 쓰세요. 만약 새어머니에게서 자랐다면 그녀의 이름을 쓰세요.
3. 여기에 아버지의 이름을 쓰세요. 만약 새아버지에게서 자랐다면 그의 이름을 쓰세요.
4. 당신의 나이와 가장 가까운 형제의 이름을 쓰세요. 만약 형제가 없다면 당신이 10대일 때 당신에게 가장 형 같은 당신 또래의 소년의 이름을 쓰세요.
5. 당신의 나이와 가장 가까운 자매의 이름을 쓰세요. 만약 자매가 없다면 당신이 10대일 때 당신에게 가장 자매 같은 당신 또래의 소녀의 이름을 쓰세요.

이제부터 이미 기록한 사람이라면 반복해서 쓰지 마세요. 단순히 제2의 선택을 하세요.

6. 당신의 아내(또는 남편) 또는 결혼하지 않았다면, 당신에게 가장 가까운 현재 여자 친구나 남자 친구
7. 앞에서 언급한 사람 다음으로 가장 가까운 여자 친구나 남자 친구
8. 당신과 같은 성의 가장 가까운 현재의 친구
9. 처음에는 가까운 친구라 생각했는데 나중에 심하게 실망한 당신과 같은 성의 사람
10. 종교에 대한 당신의 감정에 대해 기꺼이 이야기할 수 있는 목사, 신부 또는 랍비
11. 당신의 주치의
12. 당신을 가장 잘 아는 현재 이웃

13. 몇 가지 설명되지 않은 이유로 당신을 싫어하는 것으로 보이는 당신과 관련된 사람
14. 당신이 가장 돕고 싶은 사람이나 죄책감이 느껴지는 사람
15. 대개 가장 편안하게 느껴지는 사람
16. 더 잘 알고 싶은 최근에 만난 사람
17. 당신이 10대일 때 당신에게 가장 영향을 미친 사람
18. 관점이 가장 객관적이라고 생각되는 선생님
19. 가장 심한 스트레스를 받는 동안 당신이 보좌했던 고용주, 슈퍼바이저나 관리자
20. 개인적으로 아는 가장 성공한 사람
21. 개인적으로 아는 가장 행복한 사람
22. 개인적으로 아는 가장 높은 도덕적 기준에 충족되는 사람

출처: Kelly, G. (1995), *The Psychology of Personal Constructs* (p. 270)에서 발췌. 저작권은 Routledge에 있음.

부록 02 라인의 개인구성개념 그림 견본과 레퍼토리 그리드

그림 견본

MAKE DRAWING IN THE SQUARE ABOVE

WRITE CONCEPT WORD IN THIS SPACE

WRITE 5 WORDS OR PHRASES THAT APPLY
TO YOUR EXPERIENCE OF THIS MIND-STATE

1.

2.

3.

4.

5.

Figure 3

Card on which drawings were made; perforated so that the rds below could be detached from the drawing above.

출처: Rhyne, J. (1979). *Drawings as Personal Constructs: A Study in Visual Dynamics*. (Unpublished doctoral dissertation). University of California, Santa Cruz.

감정/마음 상태에 대한 개인구성개념 그리드

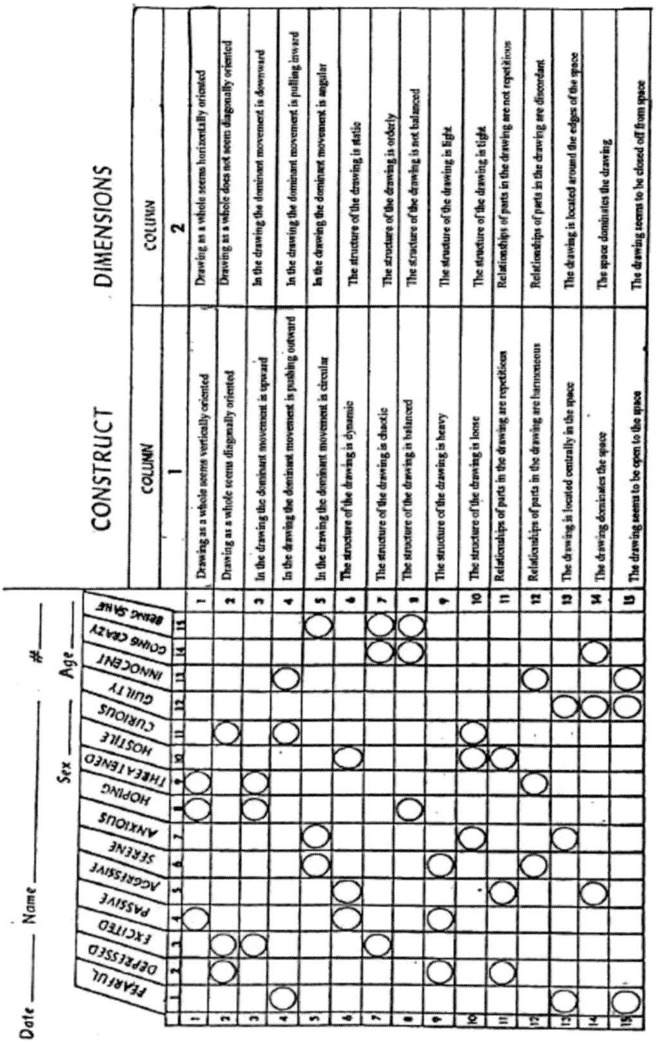

출처: Rhyne, J. (1979). *Drawings as Personal Constructs: A Study in Visual Dynamics*. (Unpublished doctoral dissertation). University of California, Santa Cruz.

감정 상태 목록: 두려운, 우울한, 흥분된, 수동적인, 공격적인, 고요한, 불안한, 희망적인, 위협적인, 적대적인, 호기심 어린, 자책하는, 순수한, 미친, 제정신인

참고문헌

Abbenante, J., & Wix, L. (2016). Archetypal art therapy. In D. E. Gussak & M. L. Rosal (Eds.), *The Wiley handbook of art therapy* (pp. 37–46). West Sussex, UK: John Wiley & Sons.

Ahsen, A. (1986). Image psychology and the empirical method. In D. Marks (Ed.), *Theories of image formation* (pp. 1–46). New York, NY: Brandon House.

Anderson, F. E. (1992). *Art for all the children: Approaches to art therapy for children with disabilities* (2nd ed.). Springfield, IL: Charles C. Thomas.

Anderson, F. E. (2001). Commentary. In J. A. Rubin (Ed.), *Approaches to art therapy: Theory and technique* (2nd ed., pp. 254–255). New York, NY: Brunner/Routledge.

Anderson, R. C. (1984). Some reflections on the acquisition of knowledge. *Educational Researcher, 13*(3), 5–10.

Ando, M., Kira, H., Hayashida, S., & Ito, S. (2016). Effectiveness of mindfulness art therapy short version for Japanese patients with advanced cancer. *Art Therapy, 33*(1), 35–40. DOI: 10.1080/0741656.2016.1128764

Arch, J. J., & Craske, M. G. (2008). Acceptance and commitment therapy and cognitive behavior therapy for anxiety disorders: Different treatment, similar mechanisms? *Clinical Psychology: Science and Practice, 16*(4), 263–279.

Armstrong, L., & Rimes, K. A. (2016). Mindfulness-based cognitive therapy for neuroticism (stress vulnerability): A pilot randomized study. *Behavior Therapy, 47*(3), 287–298. DOI: 10.1016/j.beth.2015.12.005

Arnheim, R. (1969). *Visual thinking.* Berkeley, CA: University of California Press.

Arntz, A. (2011). Imagery rescripting for personality disorders. *Cognitive and Behavioral Practice, 18*, 466–481.

Arntz, A., Tiesema, M., & Kindt, M. (2007). Treatment of PTSD: A comparison of imaginal exposure with and without imagery rescripting. *Journal of Behavioral Therapy and Experimental Psychiatry, 38*, 45–370. DOI: 10.1016/j.jbtep.2007.10.006

Arntz, A., & Weertman, A. (1999). Treatment of childhood memories: Theory and practice. *Behavior Research and Therapy, 37*(8), 715–740.

Azulay, J., Smart, C. M., Mott, T., & Cicerone, K. D. (2013). A pilot study examining the effect of mindfulness-based stress reduction on symptoms of chronic mil d traumatic brain injury/postconcussive syndrome. *The Journal of Head Tra uma Rehabilitation, 28*(4), 323–331. DOI: 10.1097/HTR.0b013e318250ebda

Baars, B. J. (1986). *The cognitive revolution in psychology*. New York, NY: Guildford Press.

Backos, A. (2016). *Veterans with PTSD: Art therapy and acceptance and commitment therapy (ACT)*. Paper presented at the annual conference of the American Art Therapy Association, Baltimore, MD.

Backos, A., & Mazzeo, C. (2017). Group therapy and PTSD: Acceptance and commitment art therapy groups with Vietnam veterans with PTSD. In P. Howie (Ed.), *Art therapy with military populations: History, innovation, and applications* (pp. 165–176). New York, NY: Routledge.

Baddeley, A. D., & Andrade, J. (2000). Working memory and the vividness of imagery. *Journal of Experimental Psychiatry-General, 129*(1), 126–145.

Baer, R. (2003). Mindfulness training as a clinical intervention: A conceptual and empirical review. *Clinical Psychology: Science and Practice, 10*, 125–143.

Bandura, A. (1969). *Principles of behavior modification*. New York: Holt, Rinehart, and Winston.

Bandura, A. (1971). Vicarious and self-reinforcement processes. In H. Glaser (Ed.), *The nature of reinforcement* (pp. 228–278). New York, NY: Academic Press.

Bandura, A. (1977). Self-efficacy: Toward a unifying theory of behavioral change. *Psychological Review, 84*, 191–215.

Bandura, A. (1997). *Self-efficacy: The exercise of control*. New York, NY: Freeman.

Bandura, A. (1986). *Social foundations of thought and action: A social cognitive theory*. Englewood Cliffs, NJ: Prentice-Hall.

Bankart, C. R. (2003). Five manifestations of the Buddha in the west: A brief history. In K. H. Dockett, G. R. Dudley-Grant, & C. P. Bankart (Eds.), *Psychology and Buddhism: From individual to global community* (pp. 45–70). New York, NY: Kluwer Academic/Plenum Publishers.

Bankart, C. R., Dockett, K. H., & Dudley-Grant, G. R. (2003). On the path of the Buddha: A psychologists' guide to the history of Buddhism. In K. H. Dockett, G. R. Dudley-Grant, & C. P. Bankart (Eds.), *Psychology and Buddhism: From individual to global community* (pp. 13–44). New York, NY: Kluwer Academic/Plenum Publishers.

Barlow, D. H. (1988). *Anxiety and its disorders: The nature and treatment of anxiety and panic*. New York, NY: Guilford Press.

Barry, E. S. (1982). A relaxation therapy program for hyperactive children. *Dissertation Abstracts International, 42*(10–B), 4179.

Beck, A. T. (1970). Role of fantasies in psychotherapy and psychopathology. *Journal of Nervous and Mental Disease, 150*, 3–17.

Beck, A. T. (1971). Cognitive patterns in dreams and daydreams. In J. A. Masserman (Ed.), *Scientific Proceedings of the American Academy of Psychoanalysis, Vol. 19: Dream dynamics: Science and psychoanalysis* (pp.2–7). New York, NY: Grune & Stratton.

Beck, A. T. (1976). *Cognitive therapy and the emotional disorders*. New York, NY: International Universities Press.

Beck, A. T. (2002). Cognitive patterns in dreams and daydreams. *Journal of Cognitive Psychotherapy, 16*, 23–28.

Beck, A. T., & Emery, G. (1985). *Anxiety disorders and phobias: A cognitive perspective*. New York, NY: Basic Books.

Beck, A. T., Rush, A. J., Shaw, B. F., & Emery, G. (1979). *Cognitive therapy of depression*. New York, NY: The Guilford Press.

Benight, C. C., & Bandura, A. (2004). Social cognitive theory of posttraumatic recovery: The role of perceived self-efficacy. *Behaviour Research and Therapy, 42*, 1129–1148. DOI: 10.1016/jbrat.2003.08.008

Betensky, M. (1977). The phenomenological approach to art expression and art therapy. *The Arts in Psychotherapy, 4*(3/4), 173–180.

Bishop, S. R. (2002). What do we really know about mindfulness-based stress reduction? *Psychosomatic Medicine, 64*, 71–84.

Blackledge, J. T. (2003). An introduction to relational frame theory: Basics and applications. *The Behavior Analyst Today, 3*(4), 421–433.

Bonny, H., & Kellogg, J. (1976). Guided imagery and music and the mandala: A case study illustrating an integration of music and art therapies. In R. H. Shoemaker & S. E. Gonick-Barris (Eds.), *Proceedings of the Seventh Annual Conference of the American Art Therapy Association* (pp. 71–75). Baltimore, MD: American Art Therapy Association.

Bowen, C. A., & Rosal, M. L. (1989). The use of art therapy to reduce the maladaptive behaviors of a mentally retarded adult. *The Arts in Psychotherapy, 16*, 211–218.

Breiner, M. J., Tuomisto, L., Bouyea, E., Gussak, D. E., & Aufderheide, D. (2011). Creating an art therapy treatment anger management protocol for male inmates through a collaborative relationship. *International Journal of Offender Therapy and Comparative Criminology*, *56*(7), 1124–1143. DOI: 10.1177/0306624X11417362

Brodsky, B. B., & Standley, B. (2013). *The dialectical behavior primer: How DBT can inform clinical practice*. New York, NY: John Wiley & Sons.

Bruner, J. (1990). *Acts of meaning*. Cambridge, MA: Harvard University Press.

Bugelski, B. R. (1971). The definition of the image. In S. J. Segal (Ed.), *Imagery: Current cognitive approaches* (pp. 49–68). New York, NY: Academic Press.

Butler, K. (2001). Revolution on the horizon. *Psychotherapy Networker, 25*(3), 26–39.

Campbell, M., Decker, K. P., Kruk, K., & Deaver, S. P. (2016). Art therapy and cognitive processing therapy for combat-related PTSD: A randomized controlled trial. *Art Therapy, 33*(4), 169–177. DOI: 10.1080/07421656.2016.1226643

Carnes, J. J. (1978). Toward a cognitive approach to art therapy. In L. Gantt, G. Forrest, D. Silverman, & R. Shoemaker (Eds.), *Proceedings of the Ninth Annual Conference of the American Art Therapy Association* (pp. 91–92). Baltimore, MD: American Art Therapy Association.

Carnes, J. J. (1979). Toward a cognitive theory of art therapy. *The Arts in Psychotherapy, 6*(2), 69–76.

Chapman, L. (2014). *Neurologically informed art therapy with children and adults: Understanding the mechanisms of change*. New York, NY: W.W. Norton & Company.

Chapman, L., Morabito, D., Ladakakos, C., Schreier, H., & Knudson, M. M. (2001). The effectiveness of art therapy interventions in reducing post traumatic stress disorder (PTSD) symptoms in pediatric trauma patients. *Art Therapy: Journal of the American Art Therapy Association, 18*(2), 100–104.

Chiesa, A., & Serretti, A. (2011). Mindfulness based cognitive therapy for psychiatric disorders: A systematic review and meta-analysis. *Psychiatry Research, 187*(3), 441–453. DOI: 10.1016/j.psychres.2010.08.011

Ciornai, S. (2016). Gestalt art therapy: A path to consciousness expansion. In D. E. Gussak & M. L. Rosal (Eds.), *The Wiley handbook of art therapy* (pp. 47–56). Chichester, UK: Wiley-Blackwell.

Clark, S. M. (2017). *DBT-informed art therapy: Mindfulness, cognitive-behavior therapy, and the creative process*. Philadelphia, PA: Jessica Kingsley Press.

Clarkson, P., & Pokorny, M. (Eds.). (1994). *The handbook of psychotherapy*. London, UK: Routledge.

Coholic, D. A. (2011). Exploring the feasibility and benefits of arts-based mindfulness based practices with young people in need: Aiming to improve aspects self-awareness and resilience. *Child Youth Care Forum, 40*, 303–317.

Collie, K., Backos, A., Malchiodi, C., & Spiegel, C. (2006). Art therapy for combat related PTSD: Recommendations for research and practice. *Art Therapy: Journal of the American Art Therapy Association, 23*(4), 157–164.

Conway, M. A. (2001). Sensory-perceptual episodic memory and its context: Autobiographical memory. *Philosophical Transactions of the Royal Society of London Series B-Biological Sciences, 356*, 1375–1384.

Coppin, G., & Sander, D. (2013). Contemporary theories and concepts in the psychology of emotions. In C. Pelachaud (Ed.), *Emotion-oriented systems* (pp. 3–31). Hoboken, NJ: John Wiley & Sons, Inc. DOI: 10.1002/9781118601938.ch1

Curl, K. (2008). Assessing stress reduction as a function of artistic creation and cognitive focus. *Art Therapy, 25*(4), 164–169. DOI: 10.1080/07421656.2008.10129550

Dalrymple, K. L., & Herbert, J. D. (2007). Acceptance and commitment therapy for generalized social anxiety disorder: A pilot study. *Behavior Modification, 31*(5), 543–568. DOI: 10.1177/0145445507302037

Darwin, C. (1872). *The expression of emotions in man and animals*. New York, NY: Philosophical Library.

Davey, G. (2013). Review of cognitive behavioural therapy in mental health care. *Asia Pacific Journal of Counselling and Psychotherapy, 4*(1), 102–103. DOI: 10.1080/21507686.2012.741070

De Francisco, J. (1983). Implosive art therapy: A learning-theory-based, psychodynamic approach. In L. Gantt & S. Whitman (Eds.), *Proceedings of the Eleventh Annual Conference of the American Art Therapy Association* (pp. 74–79). Baltimore, MD: American Art Therapy Association.

De Silva, P. (2005). *An introduction to Buddhist psychology* (4th ed.). New York,

NY: Palgrave Macmillan.

Dewey, J. (1895). The theory of emotions: II. The significance of emotions. *Psychological Review, 2*, 13–32.

Diamond, C. T. P. (1982). Understanding others: Kellyian theory, methodology, and application . *International Journal of Intercultural Relations, 6*, 395–420.

DiGiuseppe, R. A. (1981). Cognitive therapy with children. In G. Emery, S. D. Hollon, & R. D. Berosian (Eds.), *New directions in cognitive therapy: A casebook* (pp. 50–67). New York, NY: The Guilford Press.

Drass, J. M. (2015). Art therapy for individuals with borderline personality: Using a dialectic behavioral therapy framework. *Art Therapy, 32*(4), 168–176. DOI: 10.1080/07421656.2015.1092716

Dryden, W., & Still, A. (2006). Historical aspects of mindfulness and self-acceptance in psychotherapy. *Journal of Rational-Emotive and Cognitive-Behavioral Therapy, 24*(1), 3–28. DOI: 10.1007/s10492-006-0026-1

D'Zurilla, R. J., & Goldfried, R. (1971). Problem solving and behavior modification. *Journal of Abnormal Psychology, 78*, 107–126.

Edwards, D. (1990). Cognitive therapy and the restructuring of early memories through guided imagery. *Journal of Cognitive Psychotherapy, 4*, 31–54.

Edwards, D. (2007). Restructuring implicational meaning through memory-based imagery: Some historical notes. *Journal of Behavior Therapy and Experimental Psychiatry, 38*, 306–316. DOI: 10.1016/j.jbtep.2007.10.001

Edwards, D. (2011). From ancient shamanic healing to twenty-first century psychotherapy: The central role of imagery methods in effecting psychological change. In A. Hackmann, J. Bennett-Levy, & E. A. Holmes (Eds.), *Oxford guide to imagery in cognitive therapy* (pp. xxxiii-xlii). Oxford, UK: Oxford University Press.

Edwards, M. (1987). Jungian analytic art therapy. In J. A. Rubin (Ed.), *Approaches to art therapy: Theory and technique* (pp. 92–113). New York, NY:

Brunner/Mazel.

Efland, A. D. (2002). *Art and cognition: Integrating the visual arts in the curriculum*. New York, NY: Teachers College, Columbia University.

Ehlers, A., & Clark, D. M. (2000). A cognitive model of posttraumatic stress disorder. *Behaviour Therapy and Research, 38*(4), 319–345.

Eisendrath, S. J., Gillung, E., Delucchi, K. L., Segal, Z. V., Nelson, J. C., McInnes, L. A., Mathalon, D. H., & Feldman, M. D. (2016). A randomized controlled trial of mindfulness-based cognitive therapy for treatment-resistant depression. *Psychotherapy and Psychosomatics, 85*(2), 99–110. DOI: 10.1159/000442260

Eisner, E. W. (2002). *The arts and the creation of the mind*. New Haven, CT: Yale University Press.

Elkis-Abuhoff, D. L. (2008). Art therapy applied to an adolescent with Asperger's syndrome. *The Arts in Psychotherapy, 35*, 262–270. DOI: 10.10616/j.aip.2008.06.007

Ellis, A. (1962). *Reason and emotion in psychotherapy* . New York, NY: Lyle Stuart.

Ellsworth, P. C., & Smith, C. A. (1988). From appraisal to emotion: Differences among unpleasant feelings. *Motivation and Emotion, 12*(3), 271–302.

Epp, K. M. (2008). Outcome-based evaluation of a social skills program using art therapy and group therapy for children on the autism spectrum. *Children & Schools, 30*(1), 27–36.

Epting, F. R., Gemignani, M., & Cross, M. C. (2005). An audacious adventure: Personal construct counseling. In F. Fransella (Ed.), *The essential practitioner's handbook of personal construct psychology* (pp. 113–122). Chichester, UK: John Wiley & Sons.

Fenner, L. B. (2016). Constructing the self: Three-dimensional form. In D. E. Gussak & M. L. Rosal (Eds.), *The Wiley handbook of art therapy* (pp. 154–162). Chichester, UK: Wiley-Blackwell.

Flaxman, P. E., Blackledge, J. T., & Bond, F. W. (2011). *Acceptance and commitment therapy: Distinctive features*. New York, NY: Routledge.

Fleming, S., & Robinson, P. (2001). Grief and cognitive-behavioral therapy: The reconstruction of meaning. In M. S. Stroebe, R. O. Hansson, & W. Stroebe (Eds.), *Handbook of bereavement research: Consequences, coping, and care* (pp. 647–670). Washington, DC: American Psychological Association.

Foa, E. B., Hembree, E. A., & Rothbaum, B. O. (2007). *Prolonged exposure therapy for PTSD: Emotional processing of traumatic experiences*. New York, NY: Oxford University Press.

Folkman, S., Lazarus, R. S., Dunkel-Schetter, C., DeLongis, A., & Gruen, R. (1986). The dynamics of a stressful encounter: Cognitive appraisal, coping, and encounter outcomes. *Journal of Personality and Social Psychology, 50*, 992–1003.

Forman, E. M., Herbert, J. D., Moitra, E., Yeomans, P. D., & Geller, P. A. (2007). A randomized controlled effectiveness trial of acceptance and commitment therapy and cognitive therapy for anxiety and depression. *Behavior Modifi-cation, 31* (6), 772–799. DOI: 10.1177/014544550730220

Fosnot, C. T., & Perry, R. S. (2005) Constructivism: A psychological theory of learning. In C. T. Fosnot (Ed.), *Constructivism: Theory, perspectives, and practice* (pp. 8–38). New York, NY: Teachers College Press.

Fransella, F., & Bannister, D. (1977). *A manual of repertory grid techniques*. New York, NY: Academic Press.

Fransella, F., & Neimeyer, R. A. (2005). George Alexander Kelly: The man and his theory. In *The essential practitioner's handbook of personal construct psychology*. Chichester, UK: John Wiley & Sons.

Freeman, A., & White, B. (2002). Dreams and the dream image: Using dreams in cognitive therapy. *Journal of Cognitive Psychotherapy: An International Quarterly, 16* (1), 39–53.

Freud, S. (1913). *The interpretation of dreams* (3rd ed.). (A. A. Brill, Trans). New York, NY: The Macmillan Company.

Freud, S., & Strachey, J. T. (1930/1961). *Civilization and its discontents.* New York, NY: Norton.

Fritsche, J. (2014). Mind-body awareness in art therapy with chronic pain. In L. Rappaport (Ed.), *Mindfulness and the arts therapies: Theory and practice* (pp. 81–94). London, UK: Jessica Kingsley Publishers.

Fulton, P. R. (2014). Contributions and challenges to clinical practices from Buddhist psychology. *Clinical Social Work Journal, 42*, 208–217. DOI:10.1007/s10615-013-0469-7

Gantt, L., & Tinnin, L. W. (2007). Intensive trauma therapy of PTSD and dissociation: An outcome study. *The Arts in Psychotherapy, 34,* 69–80. DOI: 10.1016/j.aip.2006.09.007

Garai, J .E. (1987). A humanistic approach to art therapy. In J. A. Rubin (Ed.), *Approaches to art therapy: Theory and technique* (pp. 188–207). New York, NY: Brunner/Mazel.

Gentile, D. (1997). Art therapy's influence on locus of control with eating disorder patients [Abstract]. *Proceedings of the American Art Therapy Association*, p. 196.

Gentry, H., & Rosal, M. L. (1998). Structured cognitive-behavioral art therapy of adolescents with comorbid depression and conduct problems [Abstract]. *Proceedings of the American Art Therapy Association*, p. 76.

Gerber, J. (1994). The use of art therapy in juvenile sex offender specific treatment. *The Arts in Psychotherapy, 21*, 367–374.

Getzels, J. W., & Csikszentmihalyi, M. (1976). *The creative vision: A longitudinal study of problem finding in art.* New York, NY: John Wiley & Sons.

Goldfried, M. R. (1971). Systematic desensitization as training in self-control. *Journal of Consulting and Clinical Psychology, 37*, 228–234.

Goldfried, M. R., & Davidson, G. C. (1976). *Clinical behavior therapy*. New York, NY: Rinehart & Winston.

Greenberg, L. S., & Safran, J. D. (1984). Integrating cognition and affect: A perspective on the process of therapeutic change. *Cognitive Therapy and Research, 8*, 559–578.

Gross, J. J. (1998). The emerging field of emotion regulation: An integrated review. *Review of General Psychiatry, 2*, 271–299.

Grossman, P., Niemann, L., Schmidt, S., & Wallach, H. (2004). Mindfulness-based stress reduction and health benefits: A meta-analysis. *Journal of Psychosomatic Research, 57*, 35–43.

Grunert, B. K., Smucker, M. R., Weis, J. M., & Rusch, M. D. (2003). When prolonged exposure fails: Adding an imagery-based cognitive restructuring component in the treatment of industrial accident victims suffering from PTSD. *Cognitive and Behavioral Practice, 10*(4), 333–346.

Grunert, B. K., Weis, J. M., Smucker, M. R., & Christianson, H. F. (2007). Imagery rescripting and reprocessing therapy after failed prolonged exposure for post-traumatic stress disorder following industrial injury. *Journal of Behavior Therapy and Experimental Psychiatry, 38*, 317–328. DOI: 10.1016/j.jbtep.2007.10.005

Gussak, D. E. (2009). The effects of art therapy on male and female inmates: Advancing the research base. *The Arts in Psychotherapy, 36*, 5–12. DOI: 10.1016/j.aip.2008.10.002

Hackmann, A. (2011). Imagery rescripting in posttraumatic stress disorder. *Cognitive and Behavioral Practice, 18*, 424–432.

Hackmann, A., Bennett-Levy, J., & Holmes, E. A. (2011). *Oxford Guide to Imagery in Cognitive Therapy*. Oxford, UK: Oxford University Press.

Hackmann, A., & Holmes, E. A. (2004). Reflecting on imagery: A clinical perspective and overview of the special issue of *Memory* on mental imagery and memory in psychopathology. *Memory, 12*(4), 389–402. DOI: 10.1080/09658210444000133

Haydicky, J., Shecter, C., Wiener, J., & Ducharme, J. M. (2015). Evaluation of MBCT for adolescents with ADHD and their parents: Impact on individual and family functioning. *Journal of Child and Family Studies, 24*(1), 76–94. DOI: 10.1007/s10826-013-9815-1

Hayes, A., Hope, D. A., & Hayes, S. (2007). Towards an understanding of the process and mechanisms of change in cognitive behavioral therapy: Linking innovative methodology with fundamental questions. *Clinical Psychology Review, 27*(6), 679–681. DOI: 10.1016/j.cpr.2007.01.006

Hayes, S. C. (2002). Buddhism and acceptance and commitment therapy. *Cognitive and Behavioral Practice, 9*, 58–66. DOI: 10.1016/S1077-7229(02)80041-4

Hayes, S. C. (2004). Acceptance and commitment therapy, relational frame theory, and the third wave of behavioral and cognitive therapies. *Behavioral Therapy, 35*, 639–665.

Hayes, S. C. (2008). Climbing our hills: A beginning conversation on the comparison of acceptance and commitment therapy and traditional cognitive behavior therapy. *Clinical Psychology Science and Practice, 15*, 286–295.

Hayes, S. C., Follette, V. M., & Linehan, M. M. (2004). *Mindfulness and acceptance: Expanding the cognitive-behavioral tradition*. New York, NY: Guildford Press.

Hayes, S. C., & Lillis, J. (2012). *Acceptance and commitment therapy*. Washington, DC: American Psychological Association.

Hayward, J. W., & Varela, F. J. (1992). *Gentle bridges: Conversations with the Dalai Lama on the sciences of mind*. Boston, MA: Shambala.

Heckwolf, J. I., Bergland, M. C., & Mouratidis, M. (2014). Coordinating principles of art therapy and DBT. *The Arts in Psychotherapy, 41*, 321–335. DOI:

10.1016/j.aip.2014.03.006

Herbert, J. D., & Forman, E. M. (Eds.). (2011a). *Acceptance and mindfulness in cognitive behavior therapy: Understanding and applying the new therapies.* Hoboken, NJ: John Wiley & Sons.

Herbert, J. D., & Forman, E. M. (2011b). The evolution of cognitive behavior therapy: The rise of psychological acceptance and mindfulness. In J. D. Herbert & E. E. Forman (Eds.), *Acceptance and mindfulness in cognitive behavior therapy: Understanding and applying the new therapies* (pp. 3–25). Hoboken, NJ: John Wiley & Sons.

Herring, D. (2014). Mindfulness-based expressive therapy for people with severe and persistent mental illness. In L. Rappaport (Ed.), *Mindfulness and the arts therapies: Theory and practice* (pp. 24–36). London, UK: Jessica Kingsley Publishers.

Hinz, L. (2009). *The expressive therapies continuum: A framework for using art in therapy.* New York, NY: Routledge.

Hinz, L. (2016). Media considerations in art therapy: Discussions for future research. In D. E. Gussak & M. L. Rosal (Eds.), *The Wiley handbook of art therapy* (pp. 135–145). Chichester, UK: Wiley-Blackwell.

Hofmann, S. G., & Asmundson, G. J. G. (2008). Acceptance and mindfulness-based therapy: New wave or old hat? *Clinical Psychology Review, 28*, 1–16. DOI: 10.1016/j.cpr.2007.09.003

Hofmann, S. G., Asmundson, G. J. S., & Beck, A. T. (2013). The science of cognitive therapy. *Behavior Therapy, 44*, 199–212.

Holmes, E. A., Arntz, A., & Smucker, M. R. (2007). Imagery rescripting in cognitive behaviour therapy: Images, techniques, and outcome. *Journal of Behavior Therapy and Experimental Psychiatry, 38*, 297–305. DOI: 10.1016/j.jbtep.2007.08.007

Holmes, E. A., Grey, N., & Young, K. A. D. (2005). Intrusive imagery and "hotspots" of trauma memories in posttraumatic stress disorder: An experimental of investigation of emotions and cognitive themes. *Journal of Behavior Therapy and Experimental Psychiatry, 36*(1), 3–17.

Holmes, E. A., & Matthews, A. (2010). Mental imagery in emotion and emotional disorders. *Clinical Psychology Review, 30*, 349–362.

Huckville, K., & Learmonth, M. (2009). A case example of art therapy in relation to Dialectical Behaviour Therapy. *International Journal of Art Therapy: Formerly Inscape, 14*(2), 52–63. DOI: 10.1080/17454830903329196

Ilgen, M. A., Bohnert, A. S. B., Chermack, S., Conran, C., Jannausch, M., Trafton, J., & Blow, F. C. (2016). A randomized trial of a pain management intervention for adults receiving substance use disorder treatment. *Addiction, 111*(8), 1385–1393. DOI: 10.1111/add.13349

Isis, P. (2014). Mindfulness-based stress reduction and the expressive arts therapies in a hospital-based outreach program. In L. Rappaport (Ed.), *Mindfulness and the arts therapies: Theory and practice* (pp. 155–167). London, UK: Jessica Kingsley Publishers.

Janet, P. (1889). *L'automatisme psychologique*. Paris, France: Félix Alcaln.

Johnston, M., Foster, M., Shennan, J., Starkey, N. J., & Johnson, A. (2010). The effectiveness of an acceptance and commitment therapy self-help intervention for chronic pain. *The Clinical Journal of Pain, 26*(5), 393–402. DOI: 10.1097/AJP.0b013e3181cf59ce

Juarascio, A., Shaw, J., Forman, E., Timko, C. A., Herbert, J., Butryn, M., Bunnell, D., Matteucci, A., & Lowe, M. (2013). Acceptance and commitment therapy as a novel treatment for eating disorders: An initial test of efficacy and mediation. *Behavior Modification, 37*(4), 459–489. DOI: 10.1177/0145445513478633

Jung, C. G. (1935). *Analytical psychology: Its theory and practice* (The Tavistock Lectures, delivered 1935, reprinted 1990). London, UK: ARK Routledge.

Jung, C. G. (1965). *Memories, dreams, and reflections*. New York, NY: Vintage Books.

Kabat-Zinn, J. (1982). An outpatient program in behavioral medicine for chronic pain patients based on the practice of mindfulness meditation: Theoretical considerations and preliminary results. *General Hospital Psychiatry, 4*, 33–47.

Kabat-Zinn, J. (1994). *Wherever you go, there you are: Mindfulness meditation in everyday life*. New York, NY: Hyperion.

Kagin, S. L., & Lusebrink, V. B. (1978). The expressive therapies continuum. *The Arts in Psychotherapy, 5*(4), 171–180.

Kanfer, F. H. (1970). Self-regulation: Research, issues, and speculations. In C. Neuringer & J. L. Michael (Eds.), *Behavior modification in clinical psychology* (pp. 178–220). New York, NY: Appleton-Century-Crofts.

Kanfer, F. H., & Zich, J. (1974). Self-control training: The effects of external control on children's resistance to temptation. *Developmental Psychology, 10*(1), 108–115.

Kaufmann, G. (1986). The conceptual basis of cognitive imagery models: A critique and a theory. In D. F. Marks (Ed.), *Theories of image formation* (pp. 169–196). New York, NY: Brandon House.

Kazdin, A. E. (1974). Effects of covert modeling and modeling reinforcement on assertive behavior. *Journal of Abnormal Behavior, 83*, 24–252.

Kazdin, A. E. (1978). *History of behavior modification: Experimental foundations of contemporary research* . Baltimore, MD: University Park Press.

Kazdin, A. E., & Nock, M. K. (2003). Delineating mechanisms of change in child and adolescent therapy: Methodological issues and research recom-mendation. *Journal of Child Psychology and Psychiatry, 44*(8), 1116–1129.

Kazdin, A. E., Siegel, T. C., & Bass, D. (1992). Cognitive problem-solving skills training and parent management training in the treatment of antisocial behavior in children. *Journal of Consulting and Clinical Psychology, 60*(5), 733–747.

Keane, T. M., & Kaloupek, D. G. (1982). Imaginal flooding in the treatment of a posttraumatic stress disorder. *Journal of Consulting and Clinical Psychology, 50*(1), 138–140.

Kelly, G. A. (1955). *The psychology of personal constructs.* New York, NY: Norton. (Republished, 1991, London & New York: Routledge.)

Keltner, D., & Gross, J. J. (1999). Functional accounts of emotions. *Cognition and Emotion, 13*(5), 467–480.

Kenny, M. A., & Williams, J. M. G. (2007). Treatment-resistant depressed patients show a good response to mindfulness-based cognitive therapy. *Behaviour Research and Therapy, 45*, 617–645.

Khoury, B., Sharma, M., Rush, S. E., & Fournier, C. (2015). Mindfulness-based stress reduction for healthy individuals: A meta-analysis. *Journal of Psychosomatic Research, 78*(6), 519–528. DOI: 10.1016/j.jpsychores.2015.03.009

King, A. P., Erickson, T. M., Giardino, N. D., Favorite, T., Rauch, S. A. M., Robinson, E., Kulkarni, M., & Liberzon, I. (2013). A pilot study of group mindfulness-based cognitive therapy (MBCT) for combat veterans with post traumatic stress disorder (PTSD). *Depression and Anxiety, 30*(7), 638–645. DOI: 10.1002/da.22104

King, J. L. (2016). Art therapy: A brain-based profession. In D. E. Gussak & M. L. Rosal (Eds.), *The Wiley handbook of art therapy* (pp. 77–89). Chichester, UK: Wiley-Blackwell.

Kosslyn, S. M., Ganis, G., & Thompson, W. L. (2001). Neural foundations of imagery. *Nature Reviews: Neuroscience, 2*, 635–642.

Kramer, D. (1971). *Art as therapy with children.* New York, NY: Schocken Books.

Kreitler, H., & Kreitler, S. (1972). *Psychology of the arts.* Durham, NC: Duke

University Press.

Kuan, T.-F. (2012). Cognitive operations in Buddhist meditation: Interface with Western psychology. *Contemporary Buddhism, 13*(1), 35–60. DOI: 10.1080/14639947.2012.669201

Kudesia, R. S., & Nyima, V. T. (2015). Mindfulness contextualized: An integration of Buddhist and neuropsychological approaches to cognition. *Mindfulness, 6*, 910–925. DOI: 10.1007/s12617-014-0337-8

Kuyken, W., Watkins, E., Holden, E., White, K., Taylor, R. S., Byford, S., Evans, A., Radford, S., Teasdale, J. D., & Dalgleish, T. (2010). How does mindfulness-based cognitive therapy work? *Behaviour Therapy and Research, 48*, 1105–1112. DOI: 10.1016/jbrat.2010.08.003

Kwee, M. G. T., & Ellis, A. (1998). The interface between rational emotive therapy and Zen. *Journal of Rational-Emotive and Cognitive Behavioral Therapy, 16*, 5–43.

Lang, P. J. (1979). A bio-informational theory of emotional imagery. *Psycho-physiology, 16*, 495–512.

Larochelle, M., & Bednarz, N. (1998). Constructivism and education: Beyond epistemological correctness. In M. Larochelle, N. Bednarz, & J. Garrison (Eds.), *Constructivism and education* (pp. 3–20). Cambridge, UK: Cambridge University Press.

Lazarus, R. S. (1968). Emotion and adaptation: Conceptual and empirical relations. In W. J. Arnold (Ed.), *Nebraska Symposium on Emotion* (pp. 175–270). Lincoln, NE: University of Nebraska Press.

Lazarus, R. S. (1971). *Behavior therapy and beyond*. New York, NY: McGraw-Hill.

Lazarus, R. S. (1991). *Emotion and adaptation*. Oxford, UK: Oxford University Press.

Lazarus, R. S., & Folkman, W. (1984). *Stress, appraisal, and coping*. New York, NY: Springer Publishing.

Lazarus, R. S., & Smith, C. A. (1988). Knowledge and appraisal in the cognition-emotion relationship. *Cognition and Emotion, 2*(4), 281–300.

Lefcourt, H. M. (1976). *Locus of control: Current trends in theory and research.* New York, NY: John Wiley & Sons.

Levin, M., & Hayes, S. C. (2009). ACT, RFT, and contextual behavioral science. In J. T. Blackledge, J. Ciarrochi, & F. P. Deane (Eds.), *Acceptance and commitment therapy: Contemporary theory, research, and practice* (pp. 1–40). Bowen Hills, Queensland: Australian Academic Press.

Lewis, G. (1979). Adler's theory of personality and art therapy in a nursing home. *The Arts in Psychotherapy, 6*(1), 47–50.

Lewis, M. D. (1996). Self-organizing cognitive appraisals. *Cognition and Emotion, 10*(1), 1–25. DOI: 10.1080/026999396380367

Linehan, M. (1993a). *Cognitive behavioral treatment of borderline personality disorder.* New York, NY: The Guilford Press.

Linehan, M. (1993b). *Skills training manual for treating borderline personality disorder.* New York, NY: The Guilford Press.

Lorenzo de la Peña, S. (2016). 2D expression is intrinsic. In D. E. Gussak & M. L. Rosal (Eds.), *The Wiley handbook of art therapy* (pp. 146–153). Chichester, UK: John Wiley & Sons.

Luedtke, B., Davis, L., & Monson, C.(2015). Mindfulness-based cognitive-behavioral conjoint therapy for posttraumatic stress disorder: A case study. *Journal of Contemporary Psychotherapy, 45*(4), 227–234. DOI: 10.1007/s10879-015-9298-z

Luria, A. R. (1961). *The role of speech in the regulation of normal and abnormal behavior.* New York, NY: Liveright.

Lusebrink, V. B. (1990). *Imagery and visual expression in therapy.* New York, NY: Plenum Press.

Lusebrink, V. B. (2016). Expressive therapies continuum. In D. E. Gussak & M. L.

Rosal (Eds.), *The Wiley handbook of art therapy* (pp. 57–67). Chichester, UK: John Wiley & Sons.

Mace, C. (2008). *Mindfulness and mental health: Therapy, theory, and science.* New York, NY: Routledge.

Mahoney, M. J. (1977). Personal science: A cognitive learning therapy. In A. Ellis & R. Grieger (Eds.), *Handbook of rational-emotive therapy* (pp. 352–366). New York, NY: Springer.

Mahoney, M. J., & Arnkoff, D. (1978). Cognitive and self-control therapies. In S. L. Garfield & A. E. Bergin (Eds.), *Handbook of psychotherapy and behavior change* (2nd ed., pp. 689–722). New York, NY: John Wiley & Sons.

Mahoney, M. J., & Thoresen, C. E. (1974). *Self-control: Power to the person.* Monterey, CA: Brooks/Cole Publishing.

Makransky, J. (2012). Compassion in Buddhist psychology. In C. K. Germer & R. D. Siegel (Eds.), *Wisdom and compassion in psychotherapy* (pp. 61–74). New York, NY: he Guilford Press.

Marchand, W. R. (2012). Mindfulness-based stress reduction, mindfulness-based cognitive therapy, and Zen meditation for depression, anxiety, pain, and psychological distress. *Journal of Psychiatric Practice, 18*(4), 233–252. DOI: 10.1097/01.pra.0000416014.53215.86

Marks, D. F. (1986). The neuropsychology of imagery. In D. F. Marks (Ed.), *Theories of image formation* (pp. 225–241). New York, NY: Brandon House.

Masten, A. S., Cutuli, J. J., Herbers, J. E., & Reed, M. G. J. (2009). Resilience in development. In C. R. Snyder & S. J. Lopez (Eds.), *Oxford handbook of positive psychology* (pp. 117–131). New York, NY: Oxford University Press.

Matos, L. (1979). An introduction to Tibetan Buddhist psychology. *The Tibetan Journal, 4*(3), 20–27.

Matto, H. C. (1997). An integrative approach to the treatment of women with eating disorders. *The Arts in Psychotherapy, 24*, 347–352.

Matto, H. C., Corcoran, J., & Fassler, A. (2003). Integrating solution-focused and art therapies for substance abuse treatment: Guidelines for practice. *The Arts In Psychotherapy, 30*, 265–272.

McKellar, P. (1986). Imagery and the unconscious. The neuropsychology of imagery. In D. F. Marks (Ed.), *Theories of image formation* (pp. 47–71). New York, NY: Brandon House.

McNiff, S. (1998). *Trust the process*. Boulder, CO: Shambala.

Meekums, B. (2013). Review: Effects of mindfulness-based cognitive therapy on mental disorders: A systematic review and meta-analysis of randomised controlled trials. *Journal of Research in Nursing, 18*(2), 156–157. DOI: 10.1177/1744987112466188

Meichenbaum, D. (1974). *Cognitive behavior modification*. Morristown, NJ: General Learning Press.

Meichenbaum, D. (1975). A self-instructional approach to stress management: A proposal for stress inoculation training. In I. Sarason & C. D. Spielberger (Eds.), *Stress and anxiety: Vol. 2* (pp. 227–263). New York, NY: John Wiley & Sons.

Meichenbaum, D. (1977). *Cognitive-behavior modification: An integrative approach*. New York, NY: Plenum Press.

Meichenbaum, D. (1978). Why does using imagery in psychotherapy lead to change? In J. L. Singer & K. S. Pope (Eds.), *The power of human imagination* (pp. 381–394). New York, NY: Plenum Press.

Meichenbaum, D., & Cameron, R. (1973). Training schizophrenics to talk to themselves: A means of developing attentional controls. *Behavior Therapy, 4*, 515–534.

Meichenbaum, D., & Goodman, J. (1971). Training impulsive children to talk to themselves: A means of developing self-control. *Journal of Abnormal Psychology, 77*(2), 115–126.

Mellberg, C. (1998). Increasing control: Watercolor painting and students with developmental disabilities [Abstract]. *Proceedings of the American Art Therapy Association,* p. 183.

Mennin, D. S., Ellard, K. K., Fresco, D. M., & Gross, J. J. (2013). United we stand: Emphasizing commonalities across cognitive-behavioral therapies. *Behavior Therapy, 44*, 234–238.

Mercer, A., Warson, E., & Zhao, J. (2010). Visual journaling: An intervention to influence stress, anxiety and affect levels in medical students. *The Arts in Psychotherapy, 37*, 143–148. DOI: 10.1016/j.aip.2009.12.003

Miller, N. E., & Dollard, J. (1941). *Social learning and imitation.* New Haven, CT: Yale University Press.

Monte, C. F. (1980). *Beneath the mask: An introduction to theories of personality* (2nd ed.). New York, NY: Holt, Rinehart, & Winston.

Monti, D., Peterson, C., Shakin Kunkel, E. J., Hauck, W. W., Pequignot, E., Rhodes, L., & Brainard, G. (2006). A randomized, controlled trial of mindfulness-based art therapy (MBAT) for women with cancer. *Psycho-Oncology, 15*, 363–373. DOI: 10.1002/pon.988

Moon, B. (1990). *Existential art therapy: The canvas mirror.* Springfield, IL: Charles C. Thomas.

Moon, C. H. (2010). *Materials and media in art therapy: Critical understandings of diverse artistic vocabularies.* New York, NY: Routledge.

Morris, F. (2013). *Brief cognitive behavioral art therapy for anxiety disorders.* (Unpublished master's thesis.) Florida State University, Tallahassee, FL.

Morris, F. (2014). Should art be integrated into cognitive behavioral therapy for anxiety disorders? *The Arts in Psychotherapy, 41*, 343–352. DOI: 10.1016/j.aip.2014.07.002

Naruse, G. (1986). On imaginal mental activity and the imaginal mental state. In D. F. Marks (Ed.), *Theories of image formation* (pp. 73–99). New York, NY:

Brandon House.

Naumburg, M. (1966). *Dynamically Oriented Art Therapy: Its Principles and Practice.* New York, NY: Grune & Stratton. (Republished 1987, Chicago, IL: Magnolia Street.)

Nissimov-Nahum, E. (2008). A model for art therapy in educational settings with children who behave aggressively. *The Arts in Psychotherapy, 35*, 341–348.

Ojserkis, R., McKay, D., Badour, C. L., Feldner, M. T., Arocho, J., & Dutton, C. (2014). Alleviation of moral disgust, shame, and guilt in posttraumatic stress reactions: An evaluation of comprehensive distancing. *Behavior Modification, 38*(6), 801–836. DOI: 10.1177/0145445514543465

Oster, I., Svensk, A. C., Magnusson, E., Thyme, K. E., Sjodin, M., Astrom, S., & Lindh, J. (2006). Art therapy improves coping resources: A randomized controlled study among women with breast cancer. *Palliative and Supportive Care, 4*, 57–64.

Oster, I., Magnusson, E., Thyme, K. E., Sjodin, M., Astrom, S., & Lindh, J. (2007). Art therapy for women with breast cancer: The therapeutic consequences of boundary strengthening. *The Arts in Psychotherapy, 34*, 277–288. DOI: 10.1016/j.aip.2007.04.003

Packard, S. (1977). Learning disabilities: Identification and remediation through creative art activity. In R. H. Shoemaker & S. E. Gonick-Barris (Eds.), *Proceedings of the Seventh Annual Conference of the American Art Therapy Association* (pp. 57–61). Baltimore, MD: American Art Therapy Association.

Paivio, A. (1971). Imagery and language. In S. J. Segal (Ed.), *Imagery: Current cognitive approaches* (pp. 7–32). New York, NY: Academic Press.

Parsons, M. (1998). [Review of *Child development in art* by A.M. Kindler, ed.]. *Studies in Art Education, 40*(1), 80–91.

Pavlov, I. P. (1927). *Conditioned reflexes.* G. V. Anrep (Trans. and Ed.). London, UK: Oxford University Press.

Pearson, D. G., Deeprose, C., Wallace-Hadrill, S. M. A., Heyes, S. B., & Holmes, E. A. (2013). Assessing mental imagery in clinical psychology: A review of imagery measure and a guiding framework. *Clinical Psychology Review, 33*, 1–23. DOI: 10.1016/j.cpr.201209.001

Perky, C. W. (1910). An experimental study of imagination. *American Journal of Psychology, 21*, 422–452.

Peterson, C. (2014). Mindfulness-based art therapy: Applications for healing. In L. Rappaport (Ed.), *Mindfulness and the arts therapies: Theory and practice* (pp. 64–80). London, UK: Jessica Kingsley Publishers.

Peterson, C. (2015). "Walkabout: Looking in, looking out": A mindfulness-based art therapy program. *Art Therapy, 32*(2), 78–82. DOI: 10.1080/ 07421656.2015.1028008

Piaget, J. (1952). *The origins of intelligence in children.* Madison, CT: International Universities Press.

Piaget, J. (1954). *Construction of reality in the child.* New York, NY: Basic Books.

Piaget, J. (1962). *Play, dreams, and imitation in childhood.* New York, NY: Norton & Co.

Piaget, J. (1967). *Biologie et connaissance (Biology and knowledge).* Paris, France: Gallimard.

Piaget, J., & Inhelder, B. (1969). *The psychology of the child.* New York, NY: Basic Books.

Pifalo, T. (2002). Pulling out the thorns: Art therapy with sexually abused children and adolescents. *Art Therapy, 19*(1), 12–22.

Pifalo, T. (2007). Jogging the cogs: Trauma-focused art therapy and cognitive behavioral therapy with sexually abused children. *Art Therapy, 24*(4), 170–175. DOI: 10.1080/07421656.2007.10129471

Rankin, A. B., & Taucher, L. C. (2003). A task-oriented approach to art therapy in trauma treatment. *Art Therapy, 20*(3), 138–147.

Rappaport, L., & Kalmanowitz, D. (2014). Mindfulness, psychotherapy, and the arts. In L. Rappaport (Ed.), *Mindfulness and the arts therapies: Theory and practice* (pp. 24–36). London, UK: Jessica Kingsley Publishers.

Ravenette, T. (2005). Constructive intervention with children when presented as problems. In F. Fransella (Ed.), *The essential practitioner's handbook of personal construct psychology* (pp. 133–144). Chichester, UK: John Wiley & Sons.

Reynolds, F. (1999). Cognitive behavioral counseling of unresolved grief through the therapeutic adjunct of tapestry-making. *The Arts in Psychotherapy, 26*(3), 165–171.

Rhyne, J. (1974). *The gestalt art experience*. Monterey, CA: Brooks/Cole.

Rhyne, J. (1979a). Expanding our comprehension of visual imagery. In L. Gantt, G. Forrest, D. Silverman, & R. Shoemaker (Eds.), *Proceedings of the Ninth Annual Conference of the American Art Therapy Association* (pp. 95–97). Baltimore, MD: American Art Therapy Association.

Rhyne, J. (1979b). *Drawings as personal constructs: A study in visual dynamics*. (Unpublished doctoral dissertation.) University of California, Santa Cruz, CA.

Rhyne, J. (1987). Gestalt art therapy. In J. A. Rubin (Ed.), *Approaches to art therapy: Theory and technique* (pp. 167–187). New York, NY: Brunner/Mazel.

Robins, C. J., Schmidt, H., & Linehan, M. M. (2004). Dialectical behavior therapy: Synthesizing radical acceptance with skillful means. In S. C. Hayes, V. M. Follette, & M. M. Linehan (Eds.), *Mindfulness and acceptance: Expanding the cognitive-behavioral tradition* (pp. 30–44). New York, NY: The Guilford Press.

Rogers, C. (1951). *Client-centered therapy: Its current practices, implications, and theory*. New York, NY: Houghton Mifflin.

Rogers, N. (2001). Person-centered expressive arts therapy: A path to wholeness.

In J. A. Rubin (Ed.), *Approaches to art therapy: Theory and technique* (2nd ed., pp. 163–177). New York, NY: Brunner/Routledge.

Roghanchi, M., Mohamad, A. R., Mey, S. C., Momeni, K. M., & Golmohamadian, M. (2013). The effect of integrating rational emotive behavior therapy and art therapy on self-esteem and resilience. *The Arts in Psychotherapy, 40*, 179–184.

Rosal, M. L. (1985). *The use of art therapy to modify the locus of control and adaptive behavior of behavior disordered students.* (Unpublished doctoral dissertation.) University of Queensland, Brisbane, Australia.

Rosal, M. L. (1992). Approaches to art therapy with children. In F. D. Anderson (Ed.), *Art for all the children* (2nd ed., pp. 142–183). Springfield, IL: Charles C. Thomas.

Rosal, M. L. (1993). Comparative group art therapy research to evaluate changes in locus of control. *The Arts in Psychotherapy, 20*, 231–241.

Rosal, M. L. (1996) *Approaches to art therapy with children.* Burlingame, CA: Abbeygate Press.

Rosal, M. L. (2001). Cognitive-behavioral art therapy. In J. A. Rubin (Ed.), *Approaches to art therapy: Theory and technique* (2nd ed., pp. 210–225). New York, NY: Brunner/Mazel.

Rosal, M. L. (2016a). Cognitive-behavioral art therapy. In J. A. Rubin (Ed.), *Approaches to art therapy: Theory and technique* (3rd ed., pp. 333–352). New York, NY: Routledge.

Rosal, M. L. (2016b). Cognitive-behavioral art therapy revisited. In D. E. Gussak & M. L. Rosal (Eds.), *The Wiley handbook of art therapy* (pp. 68–76). Chichester, UK: John Wiley & Sons.

Rosal, M. L., Ackerman-Haswell, J. F., & Johnson, L. (1994). Humanity behind the offense: Group art therapy with special needs sex offenders [Abstract]. *Proceedings of the American Art Therapy Association*, p. 127.

Rose, S. D. (1980). *Treating children in groups*. San Francisco, CA: Jossey-Bass.

Rosner, R. I. (2002). Aaron T. Beck's dream theory in context: An introduction to his 1971 article on cognitive patterns in dreams and daydreams. *Journal of Cognitive Psychotherapy, 16*(1), 7–21.

Roth, E. (1978). Art therapy with emotionally disturbed-mentally retarded children: A technique of reality shaping. In B. K. Mandel et al.(Eds.), *The dynamics of creativity* (pp. 168–172). Baltimore, MD: American Art Therapy Association.

Roth, E. (1987). Behavioral art therapy. In J. A. Rubin (Ed.), *Approaches to art therapy: Theory and technique* (pp. 195–209). New York, NY: Brunner/Mazel.

Roth, E. (2001). Behavioral art therapy. In J. A. Rubin (Ed.), *Approaches to art therapy: Theory and technique* (2nd ed., pp. 213–232). Philadelphia, PA: Brunner/Routledge.

Rotter, J. B. (1954). *Social learning and clinical psychology*. Englewood Cliffs, NJ: Prentice-Hall.

Rotter, J. B. (1966). Generalized expectancies for internal versus external control of reinforcements. *Psychological Monographs, 80*(1), 1–28.

Rozum, A. (2001). Integrating the language of art into a creative cognitive-behavioral program with behavior-disordered children. In S. Riley (Ed.), *Group process made visible* (pp. 115–138). Philadelphia, PA: Brunner/Routledge.

Rubin, J. A. (1984). *Child art therapy* (2nd ed.). New York, NY: John Wiley & Sons.

Rubin, J. A. (1987). *Approaches to art therapy: Theory and technique*. New York, NY: Brunner/Mazel.

Rubin, J. A. (2016). Psychoanalytic art therapy. In D. E. Gussak & M. L. Rosal (Eds.), *The Wiley handbook of art therapy* (pp. 146–153). Chichester, UK: Wiley-Blackwell.

Russell, B. (1945). *A history of western philosophy, and its connection with political and social circumstances from the earliest of times to the present day*. New York, NY: Simon & Schuster.

Salmon, P. (1976). Grid measure with child subjects. In P. Slater (Ed.), *Explorations of intrapersonal space, Vol. I* (pp. 15–46). London: John Wiley & Sons.

Samoilov, A., & Goldfried, M. R. (2000). Role of emotion in cognitive-behavior therapy. *Clinical Psychology and Scientific Practice, 7*, 373–385.

Sarid, O., & Huss, E. (2010). Trauma and acute stress disorder: A comparison between cognitive behavioral intervention and art therapy. *The Arts in Psychotherapy, 37*, 8–12. DOI: 10.1016/j.aip.2009.11.004

Scheffler, I. (1991). *In praise of cognitive emotions and other essays in the philosophy of education*. New York, NY: Routledge.

Segal, Z. V., Williams, J. M. G., & Teasdale, J. D. (2002). *Mindfulness-based cognitive therapy for depression: A new approach to preventing relapse*. New York, NY: The Guilford Press.

Semple, R. J., Reid, E. F., & Miller, L. (2005). Treating anxiety with mindfulness: An open trial of mindfulness training for anxious children. *Journal of Cognitive Psychotherapy, 19*, 379–392. DOI: 10.1891/jcop.2005.19.4.379

Shaw, M. L. G. (1980). *On becoming a personal scientist: Interactive computer elicitation of personal models of the world*. London, UK: Academic Press.

Sibinga, E. M. S., Kerrigan, D., Stewart, M., Johnson, K., Magyari, T., & Ellen, J. M. (2011). Mindfulness-based stress reduction for urban youth. *Journal of Alternative and Complementary Medicine, 17*(3), 213–218. DOI: 10.1089/acm.2009.0605

Silver, R. (1987). A cognitive approach to art therapy. In J. A. Rubin (Ed.), *Approaches to art therapy: Theory and technique* (pp. 233–250). New York, NY: Brunner/Mazel.

Singer, J. L. (1974). *Imagery and daydream methods in psychotherapy and behavior modification*. New York, NY: Academic Press.

Singer, J. L. (1975). *The inner world of daydreaming*. New York, NY: Harper Colophon Books.

Singer, J. L. (2006). *Imagery in psychotherapy*. Washington, DC: American Psychological Association.

Singer, J. L., & Pope, K. S. (1978). *The power of human imagination: New methods in psychotherapy*. New York, NY: Plenum Press.

Skinner, B. F. (1953). *Science and human behavior*. New York, NY: The Free Press.

Skinner, B. F. (1971). *Beyond freedom and dignity*. New York, NY: Knopf.

Smucker, M. R. (1997). Post-traumatic stress disorder. In R. L. Leahy (Ed.), *Practicing cognitive therapy* (pp. 193–220). Northvale, NJ: Jason Aronson.

Smucker, M. R., Dancu, C. V., Foa, E. B., & Neideree, J. L. (1995). Imagery rescripting: A new treatment for survivors of childhood sexual abuse suffering from post-traumatic stress. *Journal of Cognitive Psychotherapy, 9*, 3–17.

Sobol, B. (1985). Art therapy, behavior modification, and conduct disorder. *American Journal of Art Therapy, 24*, 35–43.

Somerville, K., Cooper, M., & Hackmann, A. (2007). Spontaneous imagery in women with bulimia nervosa: An investigation into content, characteristics and links to childhood memories. *Journal of Behavior Therapy and Experimental Psychiatry, 38*, 435–446. DOI: 10.1016/j.jbtep.2007.09.003

Speckens, A. E., Hackmann, A., Ehlers, A., & Cuthbert, E. (2007). Imagery special issues: Intrusive images and memories of earlier adverse events in patients with obsessive-compulsive disorder. *Journal of Behavior Therapy and Experimental Psychiatry, 38* , 411–422. DOI: 10.1016/j.jbtep.2007.09.004

Spivack, G., & Shure, M. B. (1974). *Social adjustment of young children: A cognitive approach to solving real-life problems*. San Francisco, CA: Jossey-Bass.

Stanley, P. D., & Miller, M. M. (1993). Short-term art therapy with an adolescent male. *The Arts in Psychotherapy, 20*, 397–402.

Stanton, H. E. (1982). Modification of locus of control: Using the RSI technique in the schools. *Contemporary Educational Psychology, 7*, 190–194.

Suinn, R. M., & Richardson, F. (1971). Anxiety management training: A non-specific behavior therapy program for anxiety control. *Behavior Therapy*, *2*(4), 498–510.

Tartakovsky, M. (2017). 5 common myths about cognitive-behavioral therapy. *PsychCentral*. Retrieved on August 16, 2017, from https://psychcentral.com/lib/5-common-mythsabout-cognitive-behavioral-therapy/

Teasdale, J. D. (1999). Metacognition, mindfulness, and the modification of mood disorders. *Clinical Psychology and Psychotherapy, 6*, 146–155.

Tirch, D., Silberstein, L. R., & Kolts, R. L. (2016). *Buddhist psychology and cognitive-behavioral therapy: A clinician's guide*. New York, NY: Guilford Press.

Toneatto, T. (2002). A metacognitive therapy for anxiety disorders: Buddhist psychology applied. *Cognitive and Behavioral Practice, 9*, 72–78.

Trungpa, C., & Goleman, D. (2005). *The sanity we are born with: A Buddhist approach to psychology*. Boston, MA: Shambala.

Uhlin, D. (1972). *Art for exceptional children*. Dubuque, IA: William C. Brown.

Visnola, D., Sprudza, D., Bake, M. A., & Pike, A. (2010). Effects of art therapy on stress and anxiety of employees. *Proceedings of the Latvian Academy of Sciences, 64*(1–2), 85–91. DOI: 10.2478/v10046–010–0020–y

Vogt, J. M., & Vogt, G. M. (1983). Group art therapy: An eclectic approach. *American Journal of Art Therapy, 22*, 129–135.

von Daler, K., & Schwanbeck, L. (2014). Creative mindfulness: Dialectical behavioral therapy and expressive arts therapy. In. L. Rappaport (Ed.), *Mindfulness and the arts therapies: Theory and practice* (pp. 235–247).

London: Jessica Kingsley Publishers.

von Glasersfeld, E. (1995). *Radical constructivism: A way of knowing and learning.* London, UK: The Falmer Press.

Vygotsky, L. S. (1964). Thought and language. *Annals of Dyslexia, 14*(1), 97–98.

Vygotsky, L. S. (1965). *Thought and language* (E. Hanfmann & G. Vakar, Trans). Cambridge, MA: MIT Press.

Vygotsky, L. S. (1978). *Mind in society: The development of higher psychological processes.* M. Cole, V. John-Steiner, S. Scribner, & E. Souberman (Eds.). Harvard, MA: Harvard University Press.

Vygotsky, L. S. (2004). Imagination and creativity in childhood. *Journal of Russian and East European Psychology, 42*(1), 7–97.

Wadeson, H. (1987). An eclectic approach to art therapy. In J. A. Rubin (Ed.), *Approaches to art therapy: Theory and technique* (pp. 299–313). New York, NY: Brunner/Mazel.

Wadeson, H. (2016). An eclectic approach to art therapy-revisited. In D. E. Gussak & M. L. Rosal (Eds.), *The Wiley handbook of art therapy* (pp. 122–131). Chichester, UK: Wiley-Blackwell.

Wadsworth, B. (1971). *Piaget's theory of cognitive development: An introduction for students of psychology and education.* New York, NY: David McKay.

Walker, M. S., Kaimal, G., Koffman, R., & DeGraba, T. J. (2016). Art therapy for PTSD and TBI: A senior active duty service member's therapeutic journey. *The Arts in Psychotherapy, 49*, 10–18. DOI: 10.1016/j.aip.2016.05.015

Wallace, D. B., & Gruber, H. E. (1989). *Creative people at work: Twelve cognitive case studies.* New York, NY: Oxford University Press.

Wallace, E. (1987). Healing through the visual arts-a Jungian approach. In J. A. Rubin (Ed.), *Approaches to art therapy: Theory and technique* (pp. 114–133). New York, NY: Brunner/Mazel.

Waller, D., Schweitzer, J., Brunton, R., & Knudson, R. M. (2012). A century of imagery research: Reflections on Cheves Perky's contribution to our understanding of mental imagery. *The American Journal of Psychology, 125*(3), 291–305. Retrieved from http://jstore.org/stable/10.5460/amerjpsych/125.3.0291

Watson, J. B. (1913). Psychology as the behaviorist views it. *Psychology Review, 20,* 158–177.

Watson, J. B. (1924). *Psychology: From the standpoint of a behaviorist* (2nd ed.). Philadelphia, PA: Lippincott.

Waugh, C. E., Fredrickson, B. L., & Taylor, S. F. (2008). Adapting to life's slings and arrows: Individual differences in resilience when recovering from an anticipated threat. *Journal of Research in Personality, 42*, 1031–1046.

Weisberg, R. W. (1986). *Creativity: Genius and other myths.* New York, NY: Freeman.

Wells, A., & Matthews, G. (1994). *Attention and emotion: A clinical perspective.* Hillsdale, NJ: Erlbaum.

Wheatly, J., Brewin, C. R., Patel, T., Hackmann, A., Wells, A., Fisher, P., & Myers, S. (2007). "I'll believe it when I see it": Imagery rescripting of intrusive sensory memories in depression. *Journal of Behavior Therapy and Experimental Psychiatry, 38*, 371–385. DOI: 10.1016/j.jbtep.2007.08.005

Wild, J., & Clark, D. M. (2011). Imagery rescripting of early traumatic memories in social phobia. *Cognitive and Behavioral Practice, 18*, 433–443.

Wilson, G. T. (1978). Cognitive behavior therapy: Paradigm shift or passing phase? In J. P. Foreyt & D. P. Rathjen (Eds.), *Cognitive behavior therapy: Research and application* (pp. 7–32). New York, NY: Plenum Press.

Wilson, L. (1977). The theory and practice of art therapy with the mentally retarded. *American Journal of Art Therapy, 16*, 87–97.

Wilson, L. (2016). Psychoanalytic study of artists and their art: Its relevance for art therapists. In D. E. Gussak & M. L. Rosal (Eds.), *The Wiley handbook of art therapy* (pp. 17–25). Chichester, UK: Wiley-Blackwell.

Wittels, B. (1978). Jung, art therapy, and the psychotic patient. *The Arts in Psychotherapy, 5*(3), 115–122.

Wodarski, J. S., Feldman, R. A., & Flax, N. (1974). Group therapy and anti-social children: A social learning theory perspective. *Small Group Behavior, 5*(2), 182–210.

Wolpe, J. (1958). *Psychotherapy by reciprocal inhibition.* Stanford, CA: Stanford University Press.

Wooster, A. (1970). Formation of stable and discrete concepts of personality by normal and mentally retarded boys. *Journal of Mental Subnormality, 16,* 24–28.

Zainal, N. Z., Booth, S., & Huppert, F. A. (2013). The efficacy of mindfulness-based stress reduction on mental health of breast cancer patients: A meta-analysis. *Psycho-Oncology, 22*(7), 1457–1465. DOI: 10.1002/pon.3171

찾아보기

인명

내용

저자 소개

마샤 L. 로살(Marcia L. Rosal)

마샤 L. 로살 박사는 루이빌 대학교에서 미술치료 석사학위를 받았으며, 퀸즈랜드 대학교에서 교육심리학 박사학위를 받았다. 루이빌 대학교에서 14년간 강의한 후 1998년에 대학 교육 공로상을 받은 그녀는 1999년에 플로리다 주립대학교의 교수로 임용되었다. 그 후 플로리다 주립대학교 미술교육학과의 학과장을 역임하였으며 미술치료 프로그램의 책임자 역할을 하였다. 또한 최근에는 플로리다 주립대학교 명예교수 칭호를 받았다. 로살 박사는 1979년 미술치료사 자격증을 받았고 40년 동안 미술치료 교육 연구, 집단미술치료와 아동미술치료를 전문으로 하는 미술치료사(ATR-BC)로서 일하고 있다. 미국미술치료협회의 명예회원이자 회장을 역임하였던 그녀는 풀브라이트 장학생이었고(Taiwan, 2008), 풀브라이트 전문가(Latvia, 2014)였다. 미국, 호주, 뉴질랜드, 영국, 한국을 넘나들며 강의하였으며, 수많은 논문과 편저서를 출간하였고, 『윌리 미술치료 핸드북(The Wiley Handbook of Art Therapy)』(2016)을 공동 편집하였다. 현재는 『미술치료(Art Therapy)』 『예술심리치료(The Arts in Psychotherapy)』, 『임상미술치료와 삶을 위한 미술 저널(Journal of Art for Life)』의 편집위원으로 활동하고 있다.

역자 소개

정은주(Jeong Eunju)

영남대학교 대학원 미술치료학과 졸업(미술치료학 박사)
영국 Institute of Psychoanalysis 정신분석 수련
The British Psychological Society 인지행동치료 수련
현 영남대학교 환경보건대학원 미술치료학과 겸임교수
울산 정앤정 미술치료연구소 소장
한국미술치료학회 수련감독임상미술심리전문상담사

〈주요 저 · 역서〉
미술치료학개론(공저, 학지사, 2011)
미술치료기법 II(공저, 학지사, 2013)
색채심리(공저, 학지사, 2015)
미술치료와 신경과학: 관계, 창조성 그리고 탄력성(공역, 학지사, 2018)
자기탐색을 통한 인지행동치료 경험하기(역, 학지사, 2020)

김갑숙(Kim Gabsook)

영남대학교 대학원 가정학과 졸업(가정학 박사)
미국 George Washington University Visiting Scholar
한국미술치료학회장, 한국미술치료사협회장
현 영남대학교 환경보건대학원장
영남대학교 환경보건대학원 미술치료학과 교수
한국미술치료학회 수련감독임상미술심리전문상담사
한국교류분석학회장

〈주요 저 · 역서〉
마음을 나누는 미술치료(공저, 학지사, 2006)
미술치료기법(공저, 학지사, 2006)
풍경구성기법(공역, 학지사, 2012)
집단미술치료(공역, 학지사, 2013)
미술치료와 신경과학: 관계, 창조성 그리고 탄력성(공역, 학지사, 2018)
그림을 통한 심리진단 및 평가 I, II(공저, 학지사, 2019)

인지행동 미술치료

Cognitive-Behavioral Art Therapy
: From Behaviorism to the Third Wave

2022년 1월 5일 1판 1쇄 인쇄
2022년 1월 10일 1판 1쇄 발행

지은이 • Marcia L. Rosal
옮긴이 • 정은주 · 김갑숙
펴낸이 • 김진환
펴낸곳 • (주) 학지사
04031 서울특별시 마포구 양화로 15길 20 마인드월드빌딩
대표전화 • 02)330-5114 팩스 • 02)324-2345
등록번호 • 제313-2006-000265호

홈페이지 • http://www.hakjisa.co.kr
페이스북 • https://www.facebook.com/hakjisabook

ISBN 978-89-997-2557-9 93180

정가 20,000원

역자와의 협약으로 인지는 생략합니다.
파본은 구입처에서 교환해 드립니다.